Manfred Geier
Die kleinen Dinge der großen Philosophen

SERIE PIPER

Zu diesem Buch

Philosophie einmal anders: Manfred Geier entdeckt bei vielen großen Denkern den Hang zu kleinen Dingen. So forschte Johann Wolfgang von Goethe anhand einer Fächerpalme und eines Nelkenstocks nach den Geheimnissen des Lebens, Karl Popper betrachtete ein Glas Wasser, um zu zeigen, wie die Wissenschaft funktioniert, und Sigmund Freud veranschaulichte mit Hilfe einer Holzspule seine Idee des Todestriebs. Manfred Geier nimmt die Leser mit in die Werkstätten acht berühmter Philosophen und zeigt, wie diese Menschen philosophische Krisen lösten, indem sie ihr Denken an konkreten Dingen des Alltags orientierten. Dafür hat er einige der wichtigsten Protagonisten der modernen Geistesgeschichte ausgewählt und gibt ganz nebenbei eine Einführung in die bestimmenden Denktraditionen der Philosophie.

Manfred Geier, geboren 1943, promovierte über Noam Chomskys Sprachtheorie und die amerikanische Linguistik. Zahlreiche Buchveröffentlichungen. Er lebt in Hamburg und ist seit 1982 als Sprach- und Literaturwissenschaftler an der Universität Hannover tätig.

Manfred Geier
Die kleinen Dinge
der großen Philosophen

Piper München Zürich

Ungekürzte Taschenbuchausgabe
Piper Verlag GmbH, München
Dezember 2002
© 2001 Rogner & Bernhard GmbH & Co. Verlags KG, Hamburg
Illustrationen: Eva Muggenthaler, Hamburg
Umschlag/Bildredaktion: Büro Hamburg
Isabel Bünermann, Julia Martinez/
Charlotte Wippermann, Katharina Oesten
Umschlagabbildung: René Magritte (»Die zwei Geheimnisse«,
Courtesy Isy Brachot, Brüssel, VG Bild-Kunst, Bonn 2002)
Foto Umschlagrückseite: Asmus Henkel, © Rogner & Bernhard
Satz: Offizin Götz Gorissen, Berlin
Druck und Bindung: Clausen & Bosse, Leck
Printed in Germany   ISBN 3-492-23683-9

www.piper.de

Inhalt

Dinge und Denker

PROLOG: *Von der Verrücktheit der Philosophie* 9

Fächerpalme und Nelkenstock

Wie JOHANN WOLFGANG GOETHE *als Doppelgänger Rousseaus das Gespenst der Urpflanze verfolgte, das er in Palermo mit eigenen Augen gesehen hat* 19

- Warum Rousseau Freundschaft mit den Pflanzen schloß 23
- Goethes Erleuchtung 27
- Wie Schiller Goethe philosophisch auf die Beine half 34
- Goethe versucht, Platons Rätsel zu lösen 41

Der verrückte Tisch

Wie KARL MARX *als Gespensterjäger einem Stück Holz jene Grillen austreiben wollte, die es aus seinem Holzkopf entwickelt hatte* 49

- Der schwere Weg zum »Kapital« 53
- Die Gespenster des jungen Herrn Karl 60
- Ein Tisch betritt die Szene 69
- Das Gespenst des Kommunismus 81

Die hölzerne Spule

Wie SIGMUND FREUD *ein gewöhnliches Kinderspiel interpretierte, um den Dämon des Todestriebs erscheinen zu lassen* 89

– Das Fort/Da-Spiel des kleinen Ernstl 93
– Die Dämonen des Analytikers 102
– Von den letzten Dingen 113

Der Käfer in der Schachtel

Wie der späte LUDWIG WITTGENSTEIN *einen Ausweg aus seinem Ich-Kerker fand, in den sich der frühe Wittgenstein geflüchtet hatte* 119

– Käferexistenzen 123
– Rückblenden: Ich bin meine Welt 129
– Im Wirrwarr zwischen Phänomenen und Dingen 137
– Der Ausweg aus der Schachtel 145

Das verbrannte Streichholz

Warum RUDOLF CARNAP *vom Gespenst des Möglichen heimgesucht wurde, und wie es ihm gelang, es logisch wieder verschwinden zu lassen* 153

– Das Virus der Möglichkeit 156
– Logische Analyse der Sprache in sechs Schritten 162
– Philon von Megara und seine Nachfolger 171
– Auf den Spuren des Diodoros Kronos 176

Ein Glas Wasser

Wie KARL POPPER *die Basis der Erkenntnis zum Schwanken brachte und dabei zugleich den Philosophenkönig Platon von seinem Thron herunter holte* 183

– Im Gebirge 186
– Logik der Forschung 189
– Der Mensch ist kein Kübel 194
– Vermutungen und Widerlegungen 197
– Gegen Platons Ideenlehre 202

Unter einem Baum

Warum sich WALTER BENJAMIN *an seinem vierzigsten Geburtstag nicht umgebracht hat, sondern noch einmal von der Aura des Lebens berühren ließ* 211

– Auf der Flucht 214
– Was ist eigentlich Aura? 220
– Der Baum und die Sprache 223
– Rückblende: Begegnung mit der Mystik 225
– Über das mimetische Vermögen 232

Baum, Fagott und Pfeife

EPILOG: *Wie Philosophen den Anfang des Wissens und der Sprache suchten und dabei kein Ende fanden* 237

– Ein Baum in unserer Nähe 240
– Dies ist ein Fagott 245
– Von den ersten Dingen 250
– Dies ist keine Pfeife 254

ANHANG
Anmerkungen 263
Namensregister 274

Dinge und Denker

PROLOG: *Von der Verrücktheit der Philosophie*

Ich sitze mit einem Philosophen im Garten; er sagt zu wiederholten Malen »ich weiß, daß das ein Baum ist«, wobei er auf einen Baum in unsrer Nähe zeigt. Ein Dritter kommt daher und hört das, und ich sage ihm: »Dieser Mensch ist nicht verrückt: Wir philosophieren nur.«[1]

Ludwig Wittgenstein

Als Martin Heidegger im Wintersemester 1935/36 seine Vorlesung über die Grundfragen der Metaphysik hielt, konzentrierte er sich auf die alte, immer wieder neu gestellte Frage: »Was ist ein Ding?« An einem kleinen Stück Kreide, das er gerade zur Hand hatte, entfaltete er diese Wesensfrage. Vor allem Immanuel Kants Suche nach seinem mysteriösen Ding an sich, das niemand wahrnehmen oder anfassen kann, ließ ihn philosophieren. Für den gesunden Menschenverstand klingt Heideggers Frage eigenartig. Wir wissen doch, was Dinge sind. Sie sind uns alltäglich vertraut. Wir sehen eine Zigarette, ein Glas Wein, einen Apfel, einen Tisch oder ein Auto. Wir sprechen von den vielen Dingen, mit denen wir etwas anfangen können. Die verfügbaren Dinge gebrauchen und genießen, unangenehme oder hinderliche Dinge beseitigen, erforderliche Dinge beschaffen: Das macht Sinn. Doch mit der philosophischen Frage, was die Dinge als Dinge sind, was sie bedingt, hat sich der Standort des Fragenden verrückt. »Nimmt man das alltägliche Vorstellen zum einzigen Maßstab der Dinge, dann ist die Philosophie immer etwas Verrücktes.« So hat Heidegger gleich zu Beginn seiner Vorlesung die Eigenart des philosophischen Fragens charakterisiert und von seinen Zuhörern gefordert: »Diese Verrückung der denkerischen Haltung läßt sich nur in einem Ruck nachvollziehen.«[2]

Über diesen Ruck, der die Welt der vertrauten Dinge in einem neuen Licht erscheinen läßt, amüsierte man sich bereits zu Beginn der abendländischen Philosophie. Schon 600

PROLOG   11

v. Chr. soll eine witzige und hübsche thrakische Dienstmagd über den Philosophen Thales von Milet gelacht haben, der die Dinge am Himmel erforschen wollte und in einen Brunnen gefallen war, weil er mit den alltäglichen Dingen nicht so umgehen konnte oder wollte, wie es allgemein üblich war. »Mit dem nämlichen Spotte nun reicht man noch immer aus gegen alle, welche in der Philosophie leben«, hat zweihundert Jahre später Platon zu dieser Anekdote angemerkt.[3] Zwar klug, aber weltfremd zu sein, gilt noch heute als typisches Kennzeichen eines Philosophen.

Philosophen sind nicht verrückt. Aber in der Philosophie vollzieht sich eine ständige Verrückung der Standorte und der Ebenen. Wer philosophisch zu fragen beginnt, weiß bald nicht mehr, wo ihm der Kopf steht. Gehören auch Wolken und Meere, Zahlen und Gedanken zu den Dingen? Besteht dieses Ding, beispielsweise Heideggers Stück Kreide, aus anderen Dingen, aus Teilstücken, Molekülen, oder gar Superstrings? Gehören der Raum und die Zeit, in denen sich die Dinge befinden, zu ihrer Dinglichkeit? »Ich bin in einem Wirrwarr.«[4] Das ist, Ludwig Wittgenstein zufolge, der allgemeinste Ausdruck einer philosophischen Problemsituation. Mit dieser Bestimmung trifft er recht genau die Tatsache, daß die philosophische Problemlage weder durch das Fehlen sachhaltiger Informationen verursacht ist, noch durch die Unkenntnis einer bestimmten Sprache. Die Verwirrung dessen, was sonst das vertrauteste ist, eröffnet einen neuen Blick auf die Dinge. Sie erscheinen wie rätselhafte Wesen, auf die man sich einlassen muß, um zu erkennen, was wirklich der Fall ist, befreit von den alltäglich eingespielten, oft trügerischen Sicherheiten und Überzeugungen.

Das soll an acht Fallstudien gezeigt und erläutert werden. Die metaphysische Frage nach der Dingheit des Dings soll uns dabei nicht weiter irritieren. Statt dessen soll die Rolle geklärt werden, die bestimmte gewöhnliche Dinge im Leben und Werk großer Philosophen gespielt haben. Sie sollen uns dazu dienen, einen Zugang zu einigen Gedankengebäuden und Weltbildern zu finden, die in den letzten zweihundertfünfzig Jahren einen besonderen Einfluß ausgeübt haben – und zwar auf den verschiedensten Gebieten.

Die Natur. Wir schauen zunächst in das 18. Jahrhundert und folgen dem Pflanzenfreund Jean-Jacques Rousseau auf seinen Spaziergängen durch die menschenleere Natur, in die er sich geflüchtet hatte, weil ihm die Menschen fremd geworden waren. Auch JOHANN WOLFGANG GOETHE verließ die Weimarer Gesellschaft, um unter freiem italienischem Himmel die Natur zu studieren, als deren Teil er sich erlebte. An einer Fächerpalme und einem Nelkenstock glaubte er das Rätsel des natürlichen Lebens gelöst zu haben. In der Vielfalt der Pflanzengestalten suchte er den »gemeinsamen Typus« zu finden, der ihm zunächst unter der sinnlichen Gestalt einer übersinnlichen Ur-Pflanze vorschwebte.

Die Ökonomie. In der Mitte des 19. Jahrhunderts, im Zuge der kapitalorientierten Industrialisierung, drängte sich ein neues Feld in den Vordergrund. Was Goethe als Botaniker erkennen wollte, hat KARL MARX als Ökonom analysiert. Er wollte den rätselhaften Doppelcharakter der Dinge erhellen, als Ware zugleich sinnlichen Gebrauchswert und übersinnlichen Tauschwert zu besitzen. An einem Tisch hat er den Fetischcharakter der Waren aufgedeckt und zugleich von einer friedlichen Gesellschaft gleicher und freier Menschen geträumt.

Der Trieb. Marx hing einer Illusion an, wenn er meinte, die Menschen von ihren zerstörerischen Impulsen kurieren zu können. So sah es jedenfalls der Traumdeuter SIGMUND FREUD zu Beginn des 20. Jahrhunderts. An einer kleinen Holzspule, mit der sein Enkel Wegwerfen und Heranziehen spielte, hat Freud den gigantischen Widerstreit zwischen Eros und Todestrieb aufzuzeigen versucht, der für die dynamische Vielfalt des menschlichen Lebens verantwortlich sein soll.

Die Seele. Während Freud das komplizierte Seelenleben seiner Patienten untersuchte und interpretierte, hat LUDWIG WITTGENSTEIN die philosophischen Fragen gestellt: Woran glaube ich, wenn ich den Menschen als beseeltes Wesen verstehe? Und wie kann ich von dieser Seele sinnvoll sprechen? Ein Käfer in einer Schachtel diente ihm als Denkbild, um darauf eine Antwort zu finden.

Die Logik. RUDOLF CARNAP folgte Wittgensteins Intention: Alle Philosophie ist Sprachkritik und besteht in der Heilung von tiefsitzenden Irrtümern und Mißverständnissen. Strenger als sein Vorbild praktizierte er eine logische Analyse der Sprache, mit der er auch das große Rätsel der Möglichkeit aufzulösen versuchte. Wie wirklich sind die Möglichkeiten, die wir den Dingen und uns selbst zuschreiben? Ein verbranntes Streichholz offenbarte Carnap eine verblüffende Antwort.

Die Forschung. Mit Carnaps Lösung konnte sich sein Freund KARL POPPER nicht einverstanden erklären. Sprachanalyse war ihm zu wenig. Er wollte wissen, wie das Wissen funktioniert, das in der naturwissenschaftlichen Forschung seine erfolgreichste Form besitzt. So schrieb er seine *Logik der Forschung*, die ihn zum Star der modernen Wissenschaftstheorie werden ließ und als Philosoph des Vermutungswissens berühmt machte. An einem Glas Wasser, das er vor sich stehen sah, hat er seine Erkenntnistheorie anschaulich gemacht.

Die Sprache. Einer kritisch-rationalen Haltung à la Carnap und Popper muß widersprechen, wer den Dingen nahe sein will und ihre Sprache zu finden versucht. WALTER BENJAMIN widerfuhr im Sommer 1932 ein magischer Augenblick, der ihn von seiner Krankheit zum Tode befreite und ihm das Geheimnis der Poesie offenbarte. Unter einem Baum erlebte er, wie Natur und Sprache eins wurden.

Der Anfang. Womit ist ein sicherer Anfang des Wissens und der Sprache zu machen? Können wir einen verläßlichen Grund finden, der die verwirrenden Fragen der Philosophie beenden kann? Die Schwierigkeit, den ersten Anfang und ein sicheres Fundament zu finden, kannten schon die griechischen Philosophen. Heute plagen sich moderne Konstruktivisten wie PAUL LORENZEN mit ihr herum, deren Lösungsvorschläge von Dekonstruktivisten wie MICHEL FOUCAULT oder JACQUES DERRIDA zurückgewiesen werden. Und wieder sind es vor allem hölzerne Dinge, an denen die Wortführer dieses Streits ihre Argumente schärfen: Baum, Fagott und Pfeife.

Es sind vertraute Objekte, an denen die philosophischen Gedanken entwickelt und veranschaulicht werden, von Rousseau bis Foucault, von Goethe bis Wittgenstein. Auch wenn es sich auf den ersten Blick nur um beliebiges Anschauungsmaterial zu handeln scheint, die angeführten Gegenstände besitzen doch eine persönliche Bedeutung. Wie die Philosophie insgesamt nie entsubjektivierte Wissenschaft gewesen ist, sondern an die Person des philosophischen Lehrers oder Schriftstellers gebunden blieb, so besitzen auch die kleinen Dinge der großen Philosophen einen individuellen Charakter. Es ist kein Zufall, daß Goethe eine Fächerpalme zu seinem Fetisch machte, daß Marx an einem Tisch seine Gespensteraustreibung unternahm, daß Freud eine Holzspule libidinös besetzte, daß Popper ein Glas Wasser bevorzugte, Wittgenstein einen Käfer imaginierte und Benjamin unter einem Baum von der Magie der Dinge ergriffen wurde.

Statt nach dem metaphysischen Wesen des Dings zu fragen, werden wir versuchen, den Gebrauch zu verstehen, den die einzelnen Philosophen von ihren Dingen machen. Dabei wird sich zeigen, daß auch »der Philosoph« nicht ein feststehender Typus ist. Zwischen den verschiedenen Denkern besteht jene Art von »Familienähnlichkeit«, die Wittgenstein gegen die fixe Idee eines einheitlichen Wesens entworfen hat. Jeder von ihnen hat seine unverwechselbare Eigenart. Aber erkennbar ist auch ein kompliziertes Netz von Ähnlichkeiten, die einander übergreifen und kreuzen.

Sie alle erscheinen zunächst ein wenig verrückt. Sie haben den Ruck vollzogen, der sie aus der alltäglichen Lebenswelt in ein Reich des Denkens versetzte, in dem es rätselhaft zugeht. Sie alle stehen in einer Tradition der »Verwunderung« (*thaumazein*), die seit Platon und Aristoteles als Anlaß und Motiv des Philosophierens gilt und an Thaumas, den Gott

PROLOG 15

des Wunders, erinnert. Als Liebhaber der Weisheit bleiben die Philosophen diesem göttlich »Wunderbaren« verhaftet, über das sie staunen.

Oft wissen Philosophen nicht recht, ob sie sich in ihre eigenen Hirngespinste verfangen haben. Grillen spuken nicht nur in den Köpfen, sondern auch in den Dingen, die ihr eigenes Spiel zu spielen scheinen. Goethe hat es an einer Pflanze erlebt, Marx an einem Tisch, Freud an einem Spielzeug. Sie alle waren besessen vom Geheimnis der alltäglichen Dinge, deren scheinbar eingespielte Wirkungsweise ihnen immer verzwickter erschien, je näher sie sie betrachteten.

In dieser Hinsicht waren sie alle Nachkommen Platons, der eine übersinnliche, transzendente Welt der Ideen beschwor, um Ordnung in die verrückte Welt der Dinge zu bringen. Auf unterschiedliche Weise tritt immer wieder Platon als Vorbild und Souffleur des philosophischen Fragens auf. Seine Ideenlehre dient als Matrix, auf der sich das eigene Denken entwickeln kann. In dieser Matrix ist jedes Ding ein Rätsel und die Aufgabe des Philosophen ist seine Lösung.

Nicht zu übersehen ist schließlich auch jene Gemeinsamkeit der Philosophen, die hier vorgestellt werden: Sie alle waren Männer. Vielleicht hilft das die Intensität zu verstehen, mit der sie sich auf ihre Objekte konzentrierten, als wären es Fetische. Etwas Wichtiges war ihnen verloren gegangen. Als Ersatz wurden die Dinge geliebt. Die kleinen Dinge der großen Philosophen waren abgespaltene Teile ihrer eigenen Sehnsucht. Goethes Fächerpalme, die er noch im hohen Alter in seiner Nähe aufbewahrte; der hölzerne Tisch, an dem Marx seine Hoffnung auf eine sinnliche Erfahrung niederschrieb, die der Unsinnlichkeit der Tauschwertabstraktion widersprach; die Holzspule seines kleinen Enkels, die Freud als Symbol für die an- und abwesende Mutter deutete; die Schachtel Wittgensteins, in deren dunklem Innern das Geheimnis der Seele verborgen war; ein gläserner Hohlkörper voller Flüssigkeit, der Popper zur Suche nach der verlorenen Gewißheit herausforderte; ein Holzblasinstrument, eine

Pfeife. Bereits die Etymologie von »Fetisch« verweist auf einen geheimnisvollen Aspekt. Aus dem portugiesischen »*feitico*« abgeleitet, meint es als Adjektiv »künstlich«, als Substantiv »verzauberter Gegenstand«. Auf ihre Verehrer üben Fetische eine Faszination aus, die weit über den natürlichen, trivialen oder objektiven Status der Objekte hinausreicht. Zaubermittel und -kräfte scheinen am Werk zu sein, deren Andersartigkeit sich normierten wissenschaftlichen oder technischen Methoden verweigert.

All diese Fetischdiener bewältigten ihre geistige Arbeit mit einer ungeheuerlichen Energie. Sie schufen große Werke und zugleich neue Möglichkeiten des Denkens. Sie waren Begründer von Diskursen, haben nicht nur ihre Bücher geschrieben, sondern zugleich die Bildungsgesetze für andere Texte geschaffen. Goethe hat einer »Naturwissenschaft der Goethezeit« die Perspektive eröffnet, die in Alexander von Humboldt ihre Vollendung fand, Marx hat den Marxismus begründet, Freud die Psychoanalyse entwickelt, Wittgenstein lieferte sowohl dem sprachlogischen als auch dem alltagssprachlich orientierten Philosophieren Ausgangspunkte, Verfahrensweisen und Zielvorstellungen, Carnap entfaltete und propagierte den Logischen Empirismus, Popper den Kritischen Rationalismus.

In all diesen philosophierenden Denkern scheint jene schicksalsmächtige Kraft gewirkt zu haben, die Goethe 1817 in seinem Gedicht *Urworte. Orphisch* unter dem Stichwort »DAIMON, Dämon« beschworen hat:

»Wie an dem Tag, der dich der Welt verliehen,
Die Sonne stand zum Gruße der Planeten,
Bist alsobald und fort und fort gediehen
Nach dem Gesetz, wonach du angetreten.
So mußt du sein, dir kannst du nicht entfliehen,
So sagten schon Sibyllen, so Propheten;
Und keine Zeit und keine Macht zerstückelt
Geprägte Form, die lebend sich entwickelt.«

Was es mit dieser »geprägten Form, die lebend sich entwickelt« auf sich hat, soll uns im folgenden Kapitel Goethe selbst sagen. Auf seiner italienischen Reise hat er sie zum ersten Mal begriffen. Das geheimnisvolle Ur-Wort fand seine botanische Entsprechung in der Ur-Pflanze, auch wenn Goethe zunächst fürchtete, einem Hirngespinst hinterherzujagen.

Fächerpalme und Nelkenstock

Wie JOHANN WOLFGANG GOETHE
*als Doppelgänger Rousseaus das Gespenst
der Urpflanze verfolgte, das er in Palermo mit
eigenen Augen gesehen hat*

In meines Vaters Garten soll die Erde
Dich umgetriebnen vielgeplagten Mann
Zum freundlichsten empfangen.
Dort dringen neben Früchten wieder Blüten,
Und Frucht auf Früchte wechseln durch das Jahr.[1]

Johann Wolfgang Goethe

Mit diesen Versen läßt Goethe Nausikaa den schiffbrüchigen Odysseus begrüßen. Die Königstochter preist die Schönheit ihres Inselreichs, das dem Abenteurer zur neuen Heimat werden soll. – Es ist Frühling 1787, als sich der siebenunddreißigjährige Goethe mit dieser bezauberndsten Szene der *Odyssee* beschäftigt. Am 2. April hat ihn seine italienische Reise nach Sizilien geführt, und er findet kaum Worte für die Art, wie ihn diese »Königin der Inseln«[2] empfangen hat. Vor allem der blühende und fruchtreiche Garten von Palermo erscheint ihm als ein Paradies, das ihn in die Welt Homers versetzt.

Befindet nicht auch er sich auf einer Odyssee, seit er dem gesellschaftlichen Leben in Weimar, das ihn zunehmend von den anderen und von sich entfremdet hatte, entflohen ist? Die viertägige Überfahrt von Neapel nach Palermo war wegen des schlechten Wetters für ihn eine große Qual. Er war seekrank, lag in seiner Kammer und stellte sich vor, die Schritte der Matrosen auf Deck seien die seiner toten Großmutter. Als er sizilianischen Boden betritt, fühlt er sich buchstäblich wie Odysseus, der sich nach stürmischer Fahrt und Schiffbruch auf die Insel der Phäaken rettete und nach einem tiefen Schlaf in den Gärten des Alkinoos erwachte. Goethe kauft sich Homers *Odyssee* und läßt sich bei der Lektüre zu einer eigenen Produktion anregen: der *Nausikaa*.

Im öffentlichen Garten Palermos, wo er viele Stunden zubringt und den er für den wunderbarsten Ort der Welt hält, findet er das Anschauungsmittel für seine poetische Einbildungskraft. Es ist ein »Wundergarten«, in dem er von Pflanze zu Pflanze wandert und den Plan seines Dramenprojekts durchdenkt. Aber seine Gedanken schweifen von der vorgenommenen Arbeit ab; sie nehmen eine eigene Richtung, geprägt von einem Schlüsselerlebnis, das er einige Tage zuvor in Padua gehabt hat. Goethe fühlt sich von unwillkommenen »Geistern« verfolgt und verführt. In Palermo, am Dienstag, dem 17. April 1787, glaubt er ein »wahres Unglück« zu erleben: »Heute früh ging ich mit dem festen, ruhigen Vorsatz, meine dichterischen Träume fortzusetzen, nach dem öffentlichen Garten, allein eh' ich mich's versah, erhaschte mich ein anderes Gespenst, das mir schon diese Tage nachgeschlichen. Die vielen Pflanzen, die ich sonst nur in Kübeln und Töpfen, ja die größte Zeit des Jahres nur hinter Glasfenstern zu sehen gewohnt war, stehen hier froh und frisch unter freiem Himmel, und indem sie ihre Bestimmung vollkommen erfüllen, werden sie uns deutlicher. Im Angesicht so vielerlei neuen und erneuten Gebildes fiel mir die alte Grille wieder ein, ob ich nicht unter dieser Schar die Urpflanze entdecken könnte. Eine solche muß es doch geben! Woran würde ich sonst erkennen, daß dieses oder jenes Gebilde eine Pflanze sei, wenn sie nicht alle nach einem Muster gebildet wären?«[3]

Der gute poetische Vorsatz, an der *Nausikaa* zu dichten, ist vergessen, der Garten des Alkinoos ist verschwunden und ein »Weltgarten« hat sich ihm aufgetan, in dem er als reale Pflanze zu finden hofft, was ihm seit Padua vorschwebt: die Urpflanze. Als stünde sie wirklich zwischen all den verschiedenen Blumen, Sträuchern und Bäumen. Später, aus der Erinnerung und philosophisch gebildeter, wird Goethe diese Suche als Phantasma zurückweisen. Aber ist die Urpflanze deshalb nur ein Geist, ein Gespenst, eine Grille? Goethe sprach später lieber von einer »symbolischen« oder »virtuellen« Pflanze, die weder real, noch imaginär ist. Aber im öffentlichen Garten von Palermo ist Goethe noch ganz vom Gedanken an eine tatsächlich existierende Urpflanze überzeugt, und er sucht sie überall.

Einen Monat später befindet Goethe sich wieder in Neapel, und das Gespenst der Urpflanze hat sich in einen wegweisenden Gedanken verwandelt. Am 17. Mai 1787 schreibt er an seinen Freund Johann Gottfried Herder, »daß ich dem Geheimnis der Pflanzenzeugung und -organisation ganz nahe bin«. Die Urpflanze ist ein »Modell«, mit dem man »Pflanzen ins Unendliche erfinden« kann. Sie ist der »Schlüssel« zur Ordnung der Natur. »Dasselbe Gesetz wird sich auf alles übrige Lebendige anwenden lassen.«[4]

Goethe hat unter südlichem Himmel und in freier Natur gelernt, die Welt mit neuen Augen zu sehen; und dieser neue Blick sollte ihm bis zu seinem Tode helfen, nicht nur der Natur abzuschauen, wie sie gesetzlich zu Werk geht, um ihre lebendigen Gestalten in ihrer Vielfalt und Individualität hervorzubringen. Auch sich selbst glaubte er durch diesen neuen Blick erkennen zu können. Am Anfang dieser neuen Sichtweise aber stand die aufmerksame Betrachtung einer Fächerpalme und eines Nelkenstocks. In mancher Hinsicht erging es Goethe dabei wie dem einsiedlerischen Pflanzenfreund Rousseau, dem die Freundschaft zu den Pflanzen half, Schutz vor der Gesellschaft zu finden. Um Goethes Naturanschauung zu verstehen, muß man zunächst Rousseau auf seinen einsamen Wanderungen begleiten. Denn in mehrfacher Hinsicht war es Rousseau, dem Goethe als Doppelgänger gefolgt ist.

Warum Rousseau Freundschaft mit den Pflanzen schloß

Es ist ein warmer Oktobertag, als Jean-Jacques Rousseau sich auf der Landstraße von Paris nach Vincennes befindet. Er will seinen Freund Denis Diderot besuchen, der dort gefangen sitzt, angeklagt wegen seiner atheistischen *Briefe über die Blinden*. In der Tasche trägt Rousseau eine Nummer des *Mer-*

cure de France, in der er während der Wanderung zu lesen beginnt.

Bei seiner Lektüre stößt er auf die Preisfrage der Akademie von Dijon: »Hat die Wiederherstellung der Künste und Wissenschaften zur Reinigung der Sitten beigetragen?« Sie löst in dem Siebenunddreißigjährigen eine unbeschreibliche innere Erregung aus. Sein Geist ist entflammt, Schwindel ergreift ihn, und sein Herz rast. Da er nicht mehr atmen kann, läßt er sich am Fuß eines Baumes nieder. »Eine halbe Stunde bringe ich dort in einer Bewegung zu, daß ich beim Aufstehen den ganzen Vorderteil meiner Weste mit Tränen benetzt finde, ohne gefühlt zu haben, daß ich welche vergoß.«[5] Alles, was Rousseau später dachte und schrieb, lebte von der Erleuchtung dieses Augenblicks.

An diesem Oktobertag 1749 wurde Rousseau für die Geistes- und Kulturgeschichte geboren. Er beantwortete die Preisfrage 1750 mit seinem *Diskurs über die Wissenschaften und die Künste*, in dem er zum ersten Mal das natürliche Gefühl gegen den verwissenschaftlichen Verstand, den natürlichen gegen den künstlichen Menschen, die Natur gegen die überfeinerte Kultur seiner Zeit aufzuwerten versuchte. Denn mit einem Mal war ihm klar geworden, worin die Unzufriedenheit, unter der er litt, begründet war. Bald vierzig Jahre seines Lebens hatte er sich durch gesellschaftliche Meinungen und Anforderungen fesseln lassen, die er für natürlich gehalten hatte. Jetzt aber erschienen sie ihm als künstlich, ihm fremd, als bloß äußerliche Bedingungen, die ihn zu einer ununterbrochenen Verstellung zwangen. »Immer folgt man angenommenen Gebräuchen und niemals seinem eigenen Sinne. Man wagt sich nicht mehr zu zeigen, wie man ist, und unter diesem beständigen Zwang handeln alle Menschen, welche die Herde, die man Gesellschaft nennt, bilden.«[6]

In seinem 1760 erschienenen Briefroman *Julie oder Die neue Héloïse* versuchte Rousseau, eine Welt der wahren Gefühle zu entwerfen. In seinem *Émile* hat er 1762 sein Menschenbild als Erziehungsprogramm entwickelt. Und im gleichen Jahr erschien auch sein *Gesellschaftsvertrag*, in dem Rousseau die Grundsätze einer gerechten Staatsführung vorstellte. »Der Mensch wird frei geboren, und überall ist er in Ketten.«[7] Doch Rousseaus große Hoffnungen auf die Verwirklichung seines freiheitlichen Programms wurden bitter enttäuscht. Am 19. Juni ließ der Rat der Stadt Genf beide Bücher verbrennen und einen Haftbefehl gegen ihren Verfasser ausstellen. Das Verdikt machte die Runde durch die europäischen Staaten. Rousseau war zwar berühmt, mußte die letzten sechzehn Jahre seines Lebens aber auf der Flucht sein und im Exil leben. 1762 war die Glanzperiode in Rousseaus Leben zu Ende, und es begann für ihn jene Zeit, in der er sich eingehüllt fühlte in das Werk der Finsternis. Er war von einer Verschwörung geheimnisvoller Mächte gegen ihn überzeugt. Überall sah er ihre Agenten.

Was sollte er tun? In dieser verzweifelten Situation beschloß Rousseau, sich selbst zum Thema zu machen. Er wollte seine wahren Gefühle offenbaren und sie, gegen alle Mißverständnisse und Unterstellungen, als »natürlich« darstellen. Er schrieb seine großen autobiographischen Schriften: von 1764 bis 1770 die *Bekenntnisse*, 1772 den Dialog *Rousseau als Richter von Jean-Jacques* und schließlich von 1776 bis 1778 die *Träumereien eines einsamen Spaziergängers*. Neben dem Schreiben aber entdeckte Rousseau eine zweite große Leidenschaft: das Studium der Botanik. Wie ein Rausch überfiel ihn das Botanisieren zum ersten Mal auf der Petersinsel im Bieler See, wohin er sich vor seinen Verfolgern geflüchtet hatte. Wenn die Menschen ihn bedrohten und in einen Abgrund von Elend und Einsamkeit stürzten, dann bot nur die unschuldige Natur einen Ort des stillen Glücks.

Rousseau verbrachte im Herbst 1765 einige Wochen auf der einsamen Insel. Länger hat man den Asylanten dort nicht leben lassen. Dabei hätte er sich vorstellen können, zwei Jahre, ja ein ganzes Leben auf der Petersinsel zu bleiben, ohne sich auch nur einen Augenblick zu langweilen. An keinem anderen Ort hat Rousseau sich so glücklich gefühlt. Er überließ sich dem Müßiggang, aber nicht der Untätigkeit. Er streifte durch Feld und Wald und betrachtete die Pflanzenwelt mit höchster Aufmerksamkeit. Es ging ihm nicht um die blinde Bewunderung der Natur und ihrer Schätze, wie vielen seiner schwärmerischen Zeitgenossen: »Sie sehen nichts im einzelnen, weil sie nicht einmal wissen, was sie betrachten müssen, und sie sehen ebensowenig das Ganze, weil sie keine Vorstellung von dieser Kette der Beziehungen und Verbindungen haben, die den Geist des Beobachters mit ihren Wundern überwältigt.«[8] Rousseau wollte alle Pflanzen der Insel mit einer Genauigkeit beschreiben, die ausreichen sollte, ihn sein ganzes übriges Leben zu beschäftigen. Durch ein Vergrößerungsglas betrachtete er jedes Detail, den Bau der Pflanzen ebenso wie die tausend kleinen Spiele der Befruchtung. Bei dieser Tätigkeit fühlte er sich verbunden mit »Mutter Natur«, hier war »kein schlauer, schuftiger Mensch«, der sich zwischen sie und ihn drängte.[9]

Rousseaus botanische Begeisterung war eine Art improvisierter Selbsttherapie. Von seinen Mitmenschen fühlte er sich getäuscht, verraten und verfolgt. Auf der Flucht vor der Gesellschaft suchte er Schutz in einer natürlichen Ordnung, in der das kleinste Einzelne mit dem großen Ganzen harmonisch zusammenspielte. Rousseau war kein ausgebildeter Naturwissenschaftler. Wenn er botanisierte, Pflanzen sammelte und in einem wohlgeordneten Herbarium aufbewahrte, wenn er kleine Aufsätze über botanische Fragen schrieb, zwischen 1771 und 1773 acht *Briefe über die Pflanzenkunde* verfaßte, in denen er vor allem Frauen die Elemente dieser Wissenschaft nahezubringen versuchte, so strebte er kein fundiertes System des Wissens an. Auch verband er mit dem begeisterten Botanisieren keinen praktischen Nutzen. In Rousseaus Augen waren die Pflanzen sich selbst genug. Zu ihnen nahm der aufmerksame Sammler Zuflucht, um seine soziale Einsamkeit zu bewältigen.

In der siebten *Träumerei eines einsamen Spaziergängers*, die Rousseau im Sommer 1777, ein Jahr vor seinem Tod, schrieb, hat er noch einmal das große Glück beschworen, das ihm die Verbundenheit mit der Pflanzenwelt bereitete: »Je tiefer die Einsamkeit ist, in der ich lebe, um so mehr bedarf ich eines Gegenstandes, der die Leere darin ausfüllt, und die Dinge, die meine Einbildungskraft mir versagt oder mein Gedächtnis zurückweist, werden durch wildwachsende Produkte, die die Erde, von den Menschen nicht gezwungen, meinen Blikken allerorten darbietet, ersetzt. Die Freude, meinen Verfolgern zu entwischen, verbirgt sich hinter dem Vergnügen, neue Pflanzen in einer Einöde entdecken zu gehen, und komme ich an die Orte, wo ich keine menschliche Spur gewahr werde, so schöpfe ich frei Atem wie in einer Zuflucht, in der mich der Haß nicht mehr verfolgt.«[10]

Goethes Erleuchtung

1749, in jenem denkwürdigen Jahr, in dem Rousseau sich von der Vision einer natürlichen Lebensweise erleuchtet fühlte, erblickte in Frankfurt am Main Johann Wolfgang Goethe das Licht der Welt. Man mag dieses zeitliche Zusammentreffen für einen Zufall halten. Die Analogien zwischen Goethes und Rousseaus Naturansichten aber sind bemerkenswert. Goethe hat 1831, ein Jahr vor seinem Tod, bekannt, daß seine große Neigung für botanische Naturstudien vor allem von diesem »einsiedlerischen Pflanzenfreund« angeregt worden waren: »Wer wollte nicht dem im höchsten Sinne verehrten Johann Jacob Rousseau auf seinen einsamen Wanderungen folgen, wo er, mit dem Menschengeschlecht verfeindet, seine Aufmerksamkeit der Pflanzen- und Blumenwelt zuwendet, und in echter gradsinniger Geisteskraft sich mit den stillreizenden Naturkindern vertraut macht.«[11] Und er schloß mit dem Hinweis, daß man ihn zwar schon länger als ein halbes Jahrhundert als einen Dichter kennen würde. Daß er sich jedoch, als eine Art autodidaktischer Schüler des Rousseau, begeistert und leidenschaftlich dem Studium der Natur verschrieben habe, das hätte man kaum zur Kenntnis genommen.

Sein Glück als rousseauistischer Pflanzenliebhaber hat Goethe vor allem auf seiner zweijährigen Reise durch Italien gefunden, vom September 1786 bis Juni 1788. Wie Rousseau auf der einsamen Petersinsel die glücklichste Zeit verbracht hatte, die er gerne verlängert hätte, so genoß Goethe die »schönsten Augenblicke meines Lebens«[12] in der italienischen Natur. In den Gärten von Padua, Neapel und Palermo forschte er den Pflanzen nach. Begonnen aber hatte sein Interesse an der Botanik gerade zu jener Zeit, als Rousseau sich den Träumereien eines einsamen Spaziergängers überließ und dabei derart vom Rausch des Botanisierens ergriffen wurde, daß ihm zum Träumen keine Zeit mehr blieb. Denn Goethes aufmerksame Beobachtung der Natur, die ein geduldiges Studieren der Einzelheiten forderte, setzte in größerem Umfang schon in Weimar ein. Der private Lebensraum im unteren Garten, den er 1776 in Besitz genommen hatte, seine Ausgestaltung des Weimarer Landschaftsgartens am »Stern« und des Tiefurter Parks waren bereits Zeichen eines aufkeimenden Interesses an der vielfältigen Pflanzenwelt. Er hatte die Stuben- und Stadtluft mit der freien Atmosphäre von Land, Wald und Garten vertauscht. Die Wachstumsprozesse und Veränderungen der Pflanzen, ihre Fülle und Vielgestaltigkeit faszinierten den Beobachter Goethe. Wie Rousseau fesselte ihn das »ungeheure Geheimnis«[13], ob sich im stetigen Erschaffen und Zerstören etwas Dauerndes erhält, ob im Vielen und Mannigfaltigen etwas »Gemeinsames« erkennbar wird.

Am 9. Juli 1786, wenige Monate vor seiner Abreise nach Italien, hat Goethe in einem Brief an die Freundin Charlotte von Stein das Resümee von zehn Jahren Weimarer Botanik gezogen. Und wieder war es Rousseau, der mitsprach und die entscheidende Perspektive soufflierte: »Ich bin von tausend Vorstellungen getrieben, beglückt und gepeinigt. Das Pflanzenreich rast wieder einmal in meinem Gemüthe, ich kann es nicht einen Augenblick loswerden, mache aber auch schöne

Fortschritte. – Wenn ich nur jemanden den Blick und die Freude mitteilen könnte, es ist aber nicht möglich. Und es ist kein Traum, keine Phantasie; es ist ein Gewahrwerden der wesentlichen Formen, mit der die Natur gleichsam nur immer spielt und spielend das mannigfaltige Leben hervorbringt.«[14] Zwei Monate später macht sich Goethe heimlich aus dem Staub. Weil er niemandem mitteilen kann, was ihn umtreibt. Weil niemand versteht, was er sieht und fühlt, verläßt er die vertraute Umgebung. Er reist nach Italien, weil er dort das Geheimnis der lebendigen Natur zu lüften hofft, die ihm näher ist und ihn mehr beglückt als die Weimarer Gesellschaft. Kaum hat Goethe die Alpen überquert, beginnt sein Interesse an der Welt wieder zu erwachen. Er will seinen Beobachtungsgeist schärfen und prüfen, »ob mein Auge licht, rein und hell ist und ob die Falten, die sich in mein Gemüt geschlagen und gedrückt haben, wieder auszutilgen sind«[15].

Am 26. September 1786 reist Goethe mit der Kutsche durch die fruchtbare Ebene von Vinzenza nach Padua. Ein Pflanzenmeer umgibt ihn, die Fülle der Pflanzen- und Fruchtgehänge über Mauern und Hecken erscheint ihm unbeschreiblich. Noch gesteigert wird diese beglückende Naturansicht am nächsten Tag, als Goethe in Padua den botanischen Garten besucht. Der Reichtum der fremden Vegetation, der sich hier unter freiem Himmel entfaltet, begeistert ihn. Aufmerksam betrachtet er jede einzelne Pflanze, und plötzlich glaubt er an einer von ihnen das virtuelle Urphänomen aller Pflanzen zu sehen. »Alles ist Blatt!«, schießt es ihm durch den Kopf. Aus dem Blatt entfalten sich die so verschieden erscheinenden Organe aller sprossenden und blühenden Pflanzen.

»Eine Fächerpalme zog meine ganze Aufmerksamkeit auf sich; glücklicherweise standen die einfachen, lanzenförmigen ersten Blätter noch am Boden, die sukzessive Trennung derselben nahm zu, bis endlich das Fächerartige in vollkommener Ausbildung zu sehen war.«[16] Der Gärtner ist freundlich genug, ihm die Stufenfolge der sich entfaltenden Blattformen abzuschneiden. In großen Pappen sichert Goethe seinen

Fund wie einen Schatz. Noch fünfundvierzig Jahre später, ein Jahr vor seinem Tod, werden diese Blätter wohlbehalten vor ihm liegen, und Goethe wird bekennen: »ich verehre sie als Fetische, die meine Aufmerksamkeit zu erregen und zu fesseln völlig geeignet, mir eine gedeihliche Folge meiner Bemühungen zuzusagen schienen.«[17] Wie der greise Rousseau seine getrockneten Pflanzen betrachtete, um sich zurückzuversetzen in jene schönen Landschaften, deren prächtige Fauna und Flora sein Herz gerührt hatte, so hat auch Goethe die Palmenblätter als Erinnerungszeichen aufbewahrt an einen der schönsten Augenblicke seines Lebens. Bei Goethe wurden sie darüberhinaus zu einem Fetisch, weil sie für eine Vision standen, die sich ihm in Padua aufdrängte und nicht wieder los ließ: »daß man sich alle Pflanzengestalten vielleicht aus einer entwickeln könne.[18]«

Goethe sieht die Vielfalt und das Wandelbare der Pflanzenteile und -gestalten. Er bewundert ihre Fähigkeit, sich unter verschiedensten Bedingungen bilden und umbilden zu können. Die Pflanzenwelt, die für ihn einen unendlichen Weltgarten bildet, scheint geprägt von unablässiger Veränderung. Doch selbst die unterschiedlichsten Pflanzengestalten erscheinen ihm miteinander verwandt, als Variationen einer einzigen Gestalt, »die mir damals unter der sinnlichen Form einer übersinnlichen Urpflanze vorschwebte«[19]. An diesem Punkt ist Goethe im Garten von Padua in seiner botanischen Philosophie steckengeblieben. Er sieht noch nicht, »wie ich mich entwirren will«[20]. Um das Verhältnis zwischen den »sinnlichen« Formen in ihrer Vielfalt und der »übersinnlichen« Einheit aller Pflanzen zu ergründen, verfällt Goethe einem botanischen Forschungsdrang, dem er sich bis an sein Lebensende nicht mehr entziehen kann. »Und so wird man mir zugeben, daß ich von einem solchen Gewahrwerden, wie von einer Leidenschaft, eingenommen und getrieben, mich, wo nicht ausschließlich, doch durch alles übrige Leben hindurch, damit beschäftigen mußte«[21], wird noch der zweiundachtzigjährige Goethe schreiben.

Am 25. März 1787 ist der siebenunddreißigjährige Goethe in Neapel. Es ist Mariä Verkündigung und Goethe hat gerade die Bekanntschaft eines »Engels« gemacht. »Nach diesem angenehmen Abenteuer spazierte ich am Meere hin und war still und vergnüglich. Da kam mir eine gute Erleuchtung über botanische Gegenstände.«[22] Wie Rousseau, der im gleichen Alter, aber gut siebenunddreißig Jahre zuvor, auf der Landstraße von Paris nach Vincennes von der Vision einer natürlichen Lebensweise überwältigt wurde, so fühlt auch Goethe sich bei seinem Spaziergang erleuchtet. Seine Idee einer Urpflanze wird ihm klarer. Er begreift, daß es sich hier nicht um wissenschaftliche Erkenntnis oder empirische Sachbetrachtung handelt, und nicht grundlos fürchtet er, »daß niemand die übrige Pflanzenwelt darin wird erkennen wollen«[23]. Aber er ist auch davon überzeugt, daß es sich nicht um ein bloßes Hirngespinst handelt.

Die nächste Etappe auf Goethes Italienreise, die seine botanische »Erleuchtung« bestärkt, ist Palermo. Und hier, eingetaucht in die Welt Homers und sich selbst wie Odysseus fühlend, erliegt er einem Phantasma, das ihn auf einen Irrweg führt, wie er später erkennen wird. Denn am 17. April 1787, während er im öffentlichen Garten Palermos seine Arbeit an der *Nausikaa* fortzusetzen versucht, fällt ihm die verrückte »Grille« ein, daß sich zwischen all den verschiedenen Pflanzen auch die eine, ursprüngliche Urpflanze befinden müsse. So läuft er in dem Garten hin und her und sucht sie vergeblich. Erst einen Monat später, wieder zurückgekehrt nach Neapel, gelingt es Goethe, das Gespenst der Urpflanze in einen wegweisenden Gedanken zu verwandeln. Am 17. Mai 1787 schreibt er an Herder, »daß ich dem Geheimnis der Pflanzenzeugung und -organisation ganz nahe bin, und daß es das Einfachste ist, was nur gedacht werden kann. – Die Urpflanze wird das wunderlichste Geschöpf der Welt, um welches mich die Natur selbst beneiden soll. Mit diesem Modell und dem Schlüssel dazu kann man alsdann noch Pflanzen ins Unendliche erfinden, die konsequent sein müssen, das heißt:

die, wenn sie auch nicht existieren, doch existieren könnten und nicht etwa malerische oder dichterische Schatten und Schein sind, sondern eine natürliche Wahrheit und Notwendigkeit haben. Dasselbe Gesetz wird sich auf alles übrige Lebendige anwenden lassen.«[24]

Vom 7. Juni 1787 bis zum 23. April 1788 lebt Goethe in Rom. Er arbeitet an *Tasso*, an *Faust*, an *Egmont* und an dem großen Roman über Wilhelm Meister. Aber immer wieder zieht es ihn in die Natur. Im Garten der Madame Angelica pflanzt er ein Pinienbäumchen. Aus Kernen zieht er Dattelschößlinge, die eingepflanzt werden und prächtig gedeihen. Vor allem die Fortpflanzung der Pflanzen fasziniert ihn. Und ein strauchartig in die Höhe gewachsener Nelkenstock fesselt seine Aufmerksamkeit in besonderer Weise. »Man kennt die gewaltige Lebens- und Vermehrungskraft dieser Pflanze; Auge ist über Auge an ihren Zweigen gedrängt, Knoten in Knoten hineingetrichtert; dieses wird nun hier durch Dauer gesteigert und die Augen aus unerforschlicher Enge zur höchstmöglichen Entwicklung getrieben, so daß selbst die vollendete Blume wieder vier vollendete Blumen aus ihrem Busen hervorbrachte. Zur Aufbewahrung dieser Wundergestalt kein Mittel vor mir sehend, unternahm ich es, sie genau zu zeichnen, wobei ich immer zu mehrerer Einsicht in den Grundbegriff der Metamorphose gelangte.«[25] Goethe ist dem, was er sucht, dicht auf der Spur: Alles befindet sich in ständiger Verwandlung und ist dabei doch durch ein verborgenes Gesetz in seine Grenzen gebunden. Pflanzen, Tiere, Menschen, sie alle sind »geprägte Form, die lebend sich entwickelt«. »Metamorphose« ist der Schlüssel zum Geheimnis des Lebens. Angesichts dieser Erkenntnis erscheint ihm die Zerstreuung durch gesellschaftliche Pflichten »nur desto zudringlicher, und mein Aufenthalt in Rom, dessen Ende ich voraussah, immer peinlicher und belasteter«[26].

Am 23. April 1788 reist Goethe aus Rom ab, am 18. Juni ist er wieder in Weimar. Auf der Rückreise spinnt er seine Gedanken zur Urpflanze fort, denkt über das Einzelne und das

Ganze nach, über das Verhältnis von sinnlicher Vielfalt und geistigem Grundbegriff. Die getrockneten Blätter der Fächerpalme und seine Zeichnung des Nelkenstocks begleiten ihn und halten ihn dazu an, sich über die sukzessive Ausbildung der Palmenblätter und die Metamorphose des Nelkenstocks klar zu werden. Im Stillen ordnet er seine Ansichten, die er dann, bald nach seiner Rückkehr, niederschreibt und drukken läßt.

1790 erscheint seine Schrift über die *Metamorphose der Pflanzen*. Die beiden ersten Sätze des handschriftlichen Fragments halten die wesentliche Einsicht fest, die Goethe während seines zweijährigen Aufenthalts in Italien der lebendigen Natur abgeschaut hat: »So entfernt die Gestalt der organisierten Geschöpfe voneinander ist, so finden wir doch, daß sie gewisse Eigenschaften miteinander gemein haben, gewisse Teile miteinander verglichen werden können. Recht gebraucht, ist dieses der Faden, woran wir uns durch das Labyrinth der lebendigen Gestalten durchhelfen, so wie uns der Mißbrauch dieses Begriffes auf ganz falsche Wege führt und uns in der Wissenschaft eher rück- als vorwärts bringt.«[27]

Goethes naturwissenschaftliches Programm besteht in der Suche nach Ähnlichkeiten und Gleichheiten, der Vergleichenden Morphologie (von griech. *morphé*: Form, Gestalt). Aber er weiß auch, daß dieses Programm, etwas »Gemeinsames« finden zu wollen, auf Irrwege führen kann. In Palermo, am 17. April 1787, hatte er sich von dem »Gespenst« und der »Grille« der Urpflanze verfolgt gefühlt. Die nächsten Jahrzehnte wird Goethe bemüht sein, sich über den Stellenwert solcher Urphänomene klar zu werden. Welchen Sinn kann es haben, von ihnen zu sprechen?

Wie Schiller Goethe philosophisch
auf die Beine half

In Italien glaubte Goethe sich wiedergefunden zu haben. Wie dem »einsiedlerischen Pflanzenfreund« Rousseau hatte auch ihm das aufmerksame Naturstudium geholfen, sich selbst zu heilen. Die Rückkehr nach Weimar wurde für ihn eine große Enttäuschung. Der heitere Himmel war wieder einem düsteren gewichen. Und die Freunde, statt ihn zu trösten und wieder an sich zu ziehen, begriffen seine Enttäuschung nicht. »Mein Entzücken über entfernteste, kaum bekannte Gegenstände, mein Leiden, meine Klagen über das Verlorene schien sie zu beleidigen. Ich vermißte jede Teilnahme, niemand verstand meine Sprache.«[28] Wie Rousseau seine *Bekenntnisse* den Freunden vorgelesen hatte, um sie über seine wahre Natur aufzuklären, aber nur auf eisiges Schweigen gestoßen war, so fanden auch Goethes italienische Schwärmerei und seine Klage über Deutschland kein Gehör. Ist es erstaunlich, daß er in dieser Situation Rousseau auch noch in einer letzten Hinsicht folgte, die keiner verstehen konnte?

Gegen die gesellschaftlichen Konventionen seiner Umgebung hatte Rousseau ein Verhältnis mit der dreiundzwanzigjährigen Wäscherin Thérèse Levasseur gehabt. Mehrere uneheliche Kinder waren aus dieser Beziehung hervorgegangen, bevor sie, nach dreiundzwanzig Jahren, durch eine Eheschließung abgesegnet worden war. Und Goethe? Schon einige Monate nach seiner Rückkehr tuschelte man über das unerhörte Ereignis. Es hieß, Goethe habe sich von Charlotte von Stein distanziert zugunsten eines dreiundzwanzigjährigen Mädchens aus armen Verhältnissen. Am 12. Juli 1788 hatte er Christiane Vulpius kennengelernt, mit der er dann unverheiratet zusammenlebte. Auch dieser wilden Ehe entstammten uneheliche Kinder, und eine kirchliche Trauung fand erst achtzehn Jahre später statt. Ist die Vermutung zu abwegig, daß es sich bei dieser eigenwilligen Liebesgeschichte um eine Nachahmung Rousseaus handelte? War Goethes Christiane nicht in vieler Hinsicht wie Rousseaus Thérèse, und war nicht Goethe selbst in seinen unverstandenen Leidenschaften und Interessen ein Nachfolger des »im höchsten Sinne verehrten Johann Jakob Rousseau«?

Goethe wollte sich in dem peinigenden Zustand nicht verlieren, in dem er sich nach der Rückkehr aus Italien befand. Er brauchte eine Herausforderung für seinen Geist. Ununterbrochen beobachtete er die Natur, sammelte weitere Fundstücke und erforschte ihre Unterschiede und Ähnlichkeiten. Er perfektionierte seine Vergleichende Morphologie. Vor allem botanische Studien, in denen er wissenschaftliche Erkenntnis und poetische Einbildungskraft zu verbinden suchte, beschäftigten ihn und fanden 1790 in der *Metamorphose der Pflanzen* ihren ersten Abschluß.

Es waren die Blätter jener Fächerpalme, die er seit Padua mit sich führte, die ihn zu der grundlegenden Hypothese anregten, daß aus dem Blatt die ganze Vielfalt der Pflanzenwelt hervorgeht. Die sukzessive Ausbildung der Blattform, welche er an der Fächerpalme studiert hatte, wurde zum Urmodell pflanzlicher Entwicklung. »Um den einmal ergriffenen Faden nicht zu verlassen, haben wir die Pflanze durchgehends nur als einjährig betrachtet, und wir haben nur die Umwandlung der Blätter, welche die Knoten begleiten, bemerkt, und alle Gestalten aus ihnen hergeleitet.«[29] Die Vielfalt pflanzlicher Gestaltung verdichtete sich morphologisch im Blatt, in ihm sollen alle Formen begründet sein.

Und es waren die Augen des römischen Nelkenstocks und seine gewaltige Lebens- und Vermehrungskraft, die Goethe halfen, das morphologische Modell durch den Grundbegriff der Metamorphose zu vervollständigen. Denn unter jedem Blatt liegen solche Augen verborgen, die »sich unter gewissen Umständen entwickeln, und unter andern völlig zu verschwinden scheinen«[30]. Die sichtbare Gestalt des Nelkenstocks lenkte den geschulten Blick auf das Ur-Phänomen der pflanzlichen Augen, die sich in der Empirie zu verstecken suchten, aber sich Goethes Betrachtung nicht entziehen konnten. »In der sukzessiven Entwicklung eines Knotens und eines Auges in dessen Nähe, beruht die erste, einfache, langsam fortschreitende Fortpflanzung der Vegetabilien.«[31]

Voller Erwartung legte Goethe *Die Metamorphose der Pflanzen* seinen Bekannten vor und verschickte sie an Zeitschriften und Gelehrte. Aber das Publikum stutzte über diese Wandlung des Autors. Es wollte von ihm als genialem Dichter, nicht als dilettierendem Botaniker bedient werden. Die Rettung kam von unerwarteter Seite. Die entscheidende Begegnung, die am 20. Juli 1794 stattfand, hat Goethe später als »glückliches Ereignis« dargestellt. Denn sie gab Anlaß »zu einem der höchsten Verhältnisse, die mir das Glück in spätern Jahren bereitete«[32]. Scheinbar zufällig trafen sich an diesem denkwürdigen Tag Johann Wolfgang von Goethe und Friedrich Schiller. Schnell waren sie in ein Gespräch verwickelt, das um Goethes Idee einer »symbolischen Pflanze« kreiste. Endlich hatte Goethe den gleichberechtigten Gesprächspartner gefunden, der zu verstehen schien, um was es ihm bei seinem botanischen Bemühen ging.

Die besondere Bedeutung dieser glücklichen Begegnung erklärt sich aus der Vorgeschichte. Denn Goethe hatte bis dahin ein Treffen mit Schiller, der 1787 nach Weimar gezogen war und in seiner Nachbarschaft wohnte, vermieden, so gut er konnte. Die wilden Werke dieses hageren Mannes waren ihm unangenehm. Und seine philosophische Haltung hielt er für verkehrt. Denn angeregt durch Immanuel Kants Hochschätzung des Subjekts hatte Schiller die Natur, die Goethe über alles verehrte, als Göttin zurückgedrängt, hatte sie gegenüber dem Ich auf den zweiten Platz verwiesen. Schiller, so sah es Goethe, »war undankbar gegen die große Mutter, die ihn gewiß nicht stiefmütterlich behandelte«[33]. Er predigte nur das kantsche Evangelium der subjektiven Freiheit und Selbstbestimmung, während Goethe die Rechte der Natur, dieser guten rousseauistischen Mutter, mit der er sich eins zu fühlen suchte, respektiert wissen wollte. So war es Goethe nach seiner Rückkehr aus Italien »fatal«, daß gerade dieser Mann sich in Weimar etabliert hatte und eine starke Wirkung ausübte. Er ging ihm aus dem Weg, ohne einen offenen Eklat zu verursachen. Um ihn loszuwerden, verfiel er schließlich auf den scheinbar gönnerhaften Vorschlag, Schiller 1789 als Dozenten für Geschichte an die Universität Jena berufen zu lassen.

Schiller fühlte sich übertölpelt. Wenn er nur Geld hätte, könnte ihn die Akademie in Jena »im Arsch lecken«[34]. Er hatte längst bemerkt, daß Goethe ihn auf Distanz zu halten versuchte. Seit Goethe aus Italien zurückgekehrt war, hatte Schiller verzweifelt dessen Nähe und Anerkennung gesucht. Aber es war ihm nicht gelungen. Und Schiller, der den berühmten Dichter des *Götz* und des *Werther* bewunderte, mußte das als besondere Enttäuschung und Demütigung erscheinen. Bald wurde ihm dieser abweisende, steife und verschlossene Mensch verhaßt. In einem Brief vom 2. Februar 1789 an den Freund Christian Gottfried Körner gab er seiner Enttäuschung eine aggressive Wendung: »Öfters um Goethe zu sein, würde mich unglücklich machen: er hat auch gegen seine nächsten Freunde kein Moment der Ergießung, er ist an nichts zu fassen; ich glaube in der Tat, er ist ein Egoist in ungewöhnlichem Grade. – Ein solches Wesen sollten die Menschen nicht um sich herum aufkommen lassen. Mir ist er dadurch verhaßt, ob ich gleich seinen Geist von ganzem Herze liebe und groß von ihm denke. Ich betrachte ihn wie eine stolze Prüde, der man ein Kind machen muß, um sie vor der Welt zu demütigen.«[35] Auch Goethes Naturbetrachtung wurde von Schiller ambivalent beurteilt. Er hielt sie für eine überhebliche Mißachtung der philosophischen Spekulation zugunsten einer unverhältnismäßigen Hochachtung der fünf Sinne. »Seine Philosophie«, erläuterte Schiller dem Freund Körner am 1. November 1790, »mag ich auch nicht ganz: sie holt zuviel aus der Sinnenwelt, wo ich aus der Seele hole. Überhaupt ist seine Vorstellungsart zu sinnlich und betastet mir zuviel. Aber sein Geist wirkt und forscht nach allen Direktionen und strebt, sich ein Ganzes zu erbauen – und das macht ihn mir zum großen Mann.«[36]

So ging das bis 1794. Der Bann wurde erst gebrochen, als Schiller am Freitag, dem 13. Juni, an Goethe einen ersten Brief schrieb, in dem er den hochwohlgeborenen Herrn und hochzuverehrenden Herrn Geheimrat zur Mitarbeit an der geplanten Zeitschrift *Die Horen* einlud. Schiller wollte die besten Köpfe für das große Projekt gewinnen, all denjenigen Autoren ein Publikationsorgan zu bieten, die sich dem »Ideal veredelter Menschheit« verpflichtet fühlten. Johann Gottlieb Fichte und Wilhelm von Humboldt hatten bereits zugesagt, Goethe mußte noch zur Mitarbeit verführt werden. Und der Umworbene sagte zu. Mit Freude und von ganzem Herzen wollte er mitmachen. Nicht uneigennützig versprach er sich von der Aussicht, mit »so wackeren Männern, als die Unternehmer sind«, in nähere Verbindung zu kommen, eine Chance, so manches, das bei ihm ins Stocken geraten war, »wieder in einen lebhaften Gang zu bringen«[37].

Etwas mehr als einen Monat später, am 20. Juli, fand dann jene Begegnung statt, die zwischen den beiden Antipoden einen lebenslangen Bund stiftete. Goethe reiste nach Jena, logierte im Jenaer Schloß und hatte vor, einen Vortrag in der »Naturforschenden Gesellschaft« zu hören, deren Ehrenmitglied er war. Schiller mußte davon erfahren haben. Denn er packte die Gelegenheit, die sich ihm bot, beim Schopf. Er konnte sich dem Unnahbaren nähern und er wußte gleich, was zu tun war: Es galt, dessen sinnliche, aufs Ganze der Natur zielende Denkweise zu thematisieren. Ob Goethe diese kommunikative Taktik durchschaut hat, ist ungewiß. Aufschlußreich ist die Art, wie er sich später an dieses glückliche Ereignis erinnert hat. Er traf also Schiller, für ihn unerwartet, bei diesem naturkundlichen Vortrag. »Wir gingen beide zufällig zugleich heraus, ein Gespräch knüpfte sich an, er schien an dem Vorgetragenen teilzunehmen, bemerkte aber sehr verständig und einsichtig und mir sehr willkommen, wie eine so zerstückelte Art, die Natur zu behandeln, den Laien, der sich gern darauf einließe, keineswegs anmuten könne. Ich erwiderte darauf, daß sie den Eingeweihten selbst vielleicht unheimlich bleibe und daß es doch wohl noch eine andere Weise geben könne, die Natur nicht gesondert und vereinzelt vorzunehmen, sondern sie wirkend und lebendig, aus dem Ganzen in die Teile strebend darzustellen. Er wünschte hierüber aufgeklärt zu sein, verbarg aber seine Zweifel nicht; er konnte nicht eingestehen, daß ein solches, wie ich behauptete, schon aus der Erfahrung hervorgehe. Wir gelangten zu seinem Hause, das Gespräch lockte mich hinein; da trug ich die Metamorphose der Pflanzen lebhaft vor und ließ, mit manchen charakteristischen Federstrichen, eine symbolische Pflanze vor seinen Augen entstehen. Er vernahm und schaute das alles mit großer Teilnahme, mit entschiedener Fassungskraft; als ich aber geendet, schüttelte er den Kopf und sagte: ›Das ist keine Erfahrung, das ist eine Idee.‹ Ich stutzte, verdrießlich einigermaßen; denn der Punkt, der uns trennte, war durchaus aufs strengste bezeichnet. – Der alte Groll wollte sich regen; ich nahm mich aber zusammen und versetzte: ›Das kann mir sehr lieb sein, daß ich Ideen habe, ohne es zu wissen, und sie sogar mit Auge sehe.‹«[38]

Es bedurfte beim weiteren Meinungsstreit viel guten Willens auf beiden Seiten. Aber die Kontrahenten nahmen sich zusammen, entschlossen, das Gespräch, kaum begonnen, nicht sofort wieder enden zu lassen. Die Belastung für beide Gesprächspartner war nicht gering. Auf der einen Seite der philosophisch »gebildete Kantianer« Schiller, der Goethe ganz unglücklich machte mit Sätzen wie: »Wie kann jemals Erfahrung gegeben werden, die einer Idee angemessen sein sollte? Denn darin besteht eben das Eigentümliche der letzteren, daß ihr niemals eine Erfahrung kongruieren könne.«[39] Auf der anderen Seite der Augenmensch Goethe, der sich wie Rousseau für die Natur begeisterte. Die Idee der symbolischen Pflanze war für ihn gleichsam ein erweitertes Sehorgan, dessen er sich bediente, um die vielfältigen Erscheinungen der Natur in ihrer Ganzheit zu erfassen.

Daß Goethe Ideen mit Augen zu sehen können glaubte, mußte dem philosophisch gebildeten Schiller als ein erkenntnistheoretischer Witz erscheinen. Aber er machte sich nicht lustig über diese befremdliche Selbstcharakterisierung seines Gesprächspartners, den er so geschickt in seine Wohnung gelockt hatte. Er wollte diese »stolze Prüde« nicht verprellen, deren Interesse er gerade gewonnen hatte. Statt dessen schrieb er Goethe am 25. August, wenige Tage vor dessen fünfundvierzigstem Geburtstag, einen langen Brief, in dem er um gegenseitiges Verständnis warb. Die Unterhaltung mit Goethe habe seine ganze Ideen-Masse in Bewegung gebracht und die Anschauung seines Geistes habe in ihm ein unerwartetes Licht angesteckt. »Mir fehlte das Objekt, der Körper, zu mehreren spekulativischen Ideen, und sie brachten mich auf die Spur davon. Ihr beobachtender Blick, der so still und rein auf den Dingen ruht, setzt sie nie in Gefahr, auf den Abweg zu geraten, in den sowohl die Spekulation als die willkürliche und bloß sich selbst gehorchende Einbildungskraft sich so leicht verirrt. In Ihrer richtigen Intuition liegt alles und weit vollständiger, was die Analysis mühsam sucht, und nur weil es als ein Ganzes in Ihnen liegt, ist Ihnen Ihr eigener Reichtum verborgen; denn leider wissen wir nur das, was wir scheiden. Geister Ihrer Art wissen daher selten, wie weit sie gedrungen sind und wie wenig Ursache sie haben, von der Philosophie zu borgen, die nur von Ihnen lernen kann.«[40] Mit diesem Brief hat Schiller Goethe ganz für sich gewonnen. Denn endlich fühlte Goethe sich verstanden und aus der Isolierung befreit, in der er sich seit seiner Rückkehr aus Italien sah. Seine ganzheitliche, durch Intuition gesteuerte Naturbetrachtung schien bei Schiller auf bewundernde Anerkennung gestoßen zu sein, wenn dieser schrieb: »Sie suchen das Notwendige der Natur, aber Sie suchen es auf dem schwersten Wege, vor welchem jede schwächere Kraft sich wohl hüten wird. Sie nehmen die ganze Natur zusammen, um über das Einzelne Licht zu bekommen, in der Allheit ihrer Erscheinungsarten suchen Sie den Erklärungsgrund für das Individuum auf.«[41]

Goethe versucht, Platons Rätsel zu lösen

Goethe mußte sich geschmeichelt fühlen, als er von Schiller erfuhr, daß die Philosophie von ihm lernen könne und er sich von der Philosophie nichts borgen müsse. Denn für die Philosophie im engeren Sinne hatte Goethe nie ein besonderes Organ gehabt. Aber Philosophie, so vernahm es Goethe von allen Seiten, war eine gewaltige Macht geworden. Immer wieder hörte er von Kant. Die Gebildeten in Weimar und Jena schworen auf ihn und behaupteten, mit Kant habe eine neue Epoche der Geistesgeschichte begonnen. Die erste Auflage der *Kritik der reinen Vernunft* war 1781, die zweite 1787 erschienen, und die Schrift hatte in Deutschland eine wahre Rage des subjektzentrierten Philosophierens provoziert. Auch Goethe wohnte zahlreichen Gesprächen bei, in denen philosophisch um die kantsche Hauptfrage gestritten wurde, »wieviel unser Selbst und wieviel die Außenwelt zu unserem geistigen Dasein beitrage«[42].

Goethe hatte beides nie getrennt. Als er Schiller den Gedanken der symbolischen Pflanze vortrug, nötigte ihm der Kantianer die scheinbar unentrinnbare Alternative auf: »Das ist keine Erfahrung, das ist eine Idee.« Zwischen subjektbezogener Idee und objektbezogener Erfahrung sollte eine unüberbrückbare Lücke bestehen. Im Sinne von Kants Erkenntnislehre wird Schiller unter »Idee« einen grundlegenden Entwurf des menschlichen Subjekts verstanden haben, der als solcher erkenntnisbegründend wirkt. Für den Kantianer muß man bereits eine Idee vom Weltganzen haben, um zu einer wissenschaftlichen Welterkenntnis gelangen zu können. Und gerade daß es in der empirischen Wirklichkeit nichts der Idee Entsprechendes geben kann, macht die besondere Würde der Idee aus.

Goethe mußte zugeben: Die Urpflanze ist kein Gegenstand der wissenschaftlichen Empirie. Unter den Pflanzen, die der Botaniker vorzeigen kann, befindet sie sich nicht. Deshalb nannte Goethe sie »symbolisch« oder »virtuell«. Von der alten »Grille«, man könnte sie unter all den wirklich existierenden Pflanzen finden, hatte Goethe sich schon in Italien befreit. Aber dennoch hielt er an seiner naturorientierten Intuition fest, daß die Idee der Urpflanze nicht nur seiner Phantasie entsprang. In ihr lag die Möglichkeit unendlicher Pflanzenbildung begründet, sie mußte ein wirkliches Gestaltmuster sein. »Woran würde ich sonst erkennen, daß dieses oder jenes Gebilde eine Pflanze sei, wenn sie nicht alle nach einem Muster gebildet wären?«, hatte Goethe sich am 17. April 1787 in Palermo gefragt. Das war nicht kantisch reflektiert, sondern erinnerte an Platon, der gerade diese Frage mit seiner Ideenlehre beantwortet hatte.

Goethe mußte sich zwar, wie ihm sein neuer Freund bewundernd schrieb, von der Philosophie nichts »borgen«. Aber nach seiner Begegnung mit Schiller verstand er, daß er sich intensiver mit der Philosophie beschäftigen mußte, um über das, was er denkend zu sehen vermochte, selbst ins Klare zu kommen. Er befand sich in jenem gedanklichen Wirrwarr, der für philosophische Problemsituationen typisch ist.

Ins Labyrinth von Kants *Kritik der reinen Vernunft* wollte er sich nicht recht wagen. Zu analytisch und abstrakt war ihm der Schreib- und Denkstil dieses Erkenntnislogikers, der sich ganz und gar an der mechanisch-mathematischen Welterklärung Isaac Newtons orientierte. Eine solche Annäherung an die Natur war Goethe fremd. Lieber las er wieder in der 1677 veröffentlichten *Ethik* des holländischen Philosophen Baruch de Spinoza, der pantheistisch Gott und Natur zusammenfallen ließ und allen Einzeldingen Wert und Würde zusicherte. »Quo magis res singulares intelligimus, eo magis Deum intelligimus«: Je mehr wir die einzelnen Dinge erkennen, desto mehr erkennen wir Gott. Das legitimierte auch Goethes eigenes Interesse an den einzelnen Dingen, die, wie Fächerpalme und Nelkenstock, seine ganze Aufmerksamkeit auf sich zogen und an denen er das geheime Gesetz der ganzen wunderbaren Natur zu sehen versuchte. Doch über

Spinoza wollte er lieber schweigen. Was er an Göttlichem in und aus allen einzelnen Dingen erkannte, behielt Goethe für sich. Offensichtlich dagegen ist seine Beschäftigung mit Platons Philosophie. In dessen Ideenlehre fand er das Rätsel formuliert, das auch er lösen wollte.

Es war Platon, der um 400 v. Chr. als erster »gewisse denkbare und unkörperliche Ideen«[43] annahm. Jedes sinnlich wahrnehmbare Ding ist nur die leibhafte Repräsentation eines sinnlich nicht wahrnehmbaren, jedoch durch kritische Reflexion bestimmbaren »eidos«. Nur deshalb ist es auch in seiner Eigenart begrifflich erfaßbar. Ein einzelner Gegenstand kann als schön charakterisiert werden, weil es die Idee der Schönheit gibt. Die in der Welt der Erscheinungen vorkommenden Kreise, die vielmalig, veränderlich und alle mehr oder weniger voneinander unterschieden sind, können geometrisch als Kreise nur erkannt oder berechnet werden, weil die Idee des Kreises existiert, an dem die geometrischen Beweise vorgenommen werden. Von einem einzelnen Individuum können wir sagen, daß es ein Mensch ist, sofern es am *eidos* Mensch teilnimmt und ihm nachgebildet ist. *Eidos* ist das Schlüsselwort der platonischen Philosophie. Sprachgeschichtlich bezeichnete es zunächst das Aussehen der Dinge, sofern sie sich uns als Phänomene zeigen. Abgeleitet aus »*idein*«, Sehen, bezog es sich auf die Sichtbarkeit der Bilder, die wir uns von den Dingen und Tatsachen der Welt machen. Die anfängliche Orientierung des »*eidos*« an Optik, Sehen, Bild und Blick hat Platon extrem zurückgedrängt, wenn auch nicht völlig liquidiert. Seine metaphysischen Ideen sollen unkörperliche, ideelle, rein geistige Wesen sein, unveränderlich und ewig sich selbst gleich, die in einem transzendenten, göttlichen Reich existieren, das sich der sinnlichen Wahrnehmung entzieht. An diese wahre Welt göttlicher Ideen mag sich der erkennende, philosophische Mensch »erinnern«, »wenn er von vielen Wahrnehmungen zu einem durch Denken Zusammengebrachten fortgeht«[44]. Aber sehen kann er sie nicht.

Auch Goethe war davon überzeugt, daß dem Ganzen des

Weltgebäudes eine Idee zu Grunde lag. Aber er war zu sehr Sinnenmensch, um sich mit der platonischen Annahme abstrakter, ewiger oder statischer Ideen zufrieden zu geben. Die platonische Schwierigkeit, »daß zwischen Idee und Erfahrung eine gewisse Kluft befestigt scheint, die zu überschreiten unsere ganze Kraft sich vergeblich bemüht«, war ihm bewußt: »Die Idee ist unabhängig von Raum und Zeit, die Naturforschung ist in Raum und Zeit beschränkt.«[45] Doch er litt unter dieser Trennung, die ihn philosophisch verwirrte und seiner Erkenntnisweise widersprach. Durch Schiller zur philosophischen Reflexion herausgefordert, kam es ihm darauf an, die Kluft zu überbrücken, die zwischen sinnlicher Wahrnehmung und gedanklicher Erkenntnis bestehen soll. Gegen Platon formulierte Goethe sein eigenes Erkenntnisideal: »Demungeachtet bleibt unser ewiges Bestreben, diesen Hiatus mit Vernunft, Verstand, Einbildungskraft, Glauben, Gefühl, Wahn und, wenn wir sonst nichts vermögen, mit Albernheit zu überwinden.«[46]

»Das kann mir sehr lieb sein, daß ich Ideen habe, ohne es zu wissen, und sie sogar mit Augen sehe«, hat Goethe gegen Schillers Einwand festgestellt, seine gezeichnete symbolische Pflanze sei keine Erfahrung, sondern eine Idee. War das eine jener Albernheiten, in die er sich retten mußte, um den ihm unerträglichen Widerstreit von Idee und Erfahrung, Denken und Sehen zu bewältigen? Jedenfalls hielt Goethe mit dieser Entgegnung am ursprünglichen Bedeutungsgehalt von »*eidos*« fest und versuchte ihn freizuhalten von jener wissenschaftlichen Abstraktion und philosophischen Idealisierung, die sich vom lebendigen Anschauen der Natur abgesondert haben. Von seinen *Vorarbeiten zur Morphologie*, 1788/89 nach seiner Rückkehr aus Italien handschriftlich skizziert, über seine *Schriften zur Morphologie* bis hin zu seiner letzten, 1831 erschienenen Veröffentlichung über die *Metamorphose der Pflanzen* hat Goethe versucht, jene Intuition wissenschaftlich zu entfalten und zu begründen, die ihn in Italien erleuchtet hatte. Von den *gegebenen* Phänomenen, die jeder Mensch in der Natur wahrnehmen kann, gelangte er zu den *wissenschaftlichen* Phänomenen, die durch experimentellen Versuch, durch klassifikatorischen Vergleich, durch Analyse und Synthese erkannt werden können. Aber Goethe wollte das *reine* Phänomen erkennen, das ihm in Italien »unter der sinnlichen Form einer übersinnlichen Urpflanze« vorschwebte: »Es kann niemals isoliert sein, sondern es zeigt sich in einer stetigen Folge von Erscheinungen. Um es darzustellen, bestimmt der menschliche Geist das empirisch Wankende, schließt das Zufällige aus, sondert das Unreine, entwickelt das Verworrene, ja entdeckt das Unbekannte.«[47]

Daß die Entdeckung des Unbekannten eine abenteuerliche Odyssee sein kann, hatte Goethe bereits in Italien notiert. Am 17. Mai 1787 – im gleichen Brief, in dem er von seiner Idee der Urpflanze berichtete, – schrieb er an seinen Freund Herder, daß ihm die Lektüre Homers die Augen geöffnet habe. »Selbst die sonderbarsten erlogenen Begebenheiten haben eine Natürlichkeit, die ich nie so gefühlt habe als in der Nähe der beschriebenen Gegenstände.«[48] Die innerliche Notwendigkeit und Wahrheit seiner Urpflanze verband Goethe dabei mit Homers »Lügengeschichte« über den Meergott Proteus: »Es war mir nämlich aufgegangen, daß in demjenigen Organ der Pflanze, welches wir als Blatt anzusprechen pflegen, der wahre Proteus verborgen liege, der sich in allen Gestaltungen verstecken und offenbaren könne.«[49] Wie man diesen Verwandlungskünstler fixieren kann, um von ihm das Unbekannte zu erfahren, hat Homer der Tochter des Proteus, Eidothea, in den Mund gelegt, die dem wißbegierigen Odysseus offenbart:

> »Aber sobald ihr seht, daß er zum Schlummer sich
>   hinlegt,
> Dann erhebet euch mutig und übet Gewalt und Stärke,
> Haltet den Sträubenden fest, wie sehr er auch ringt zu
>   entfliehen!
> Denn der Zauberer wird sich in alle Dinge verwandeln,

Was auf der Erde lebt, in Wasser und loderndes Feuer.
Aber greift unerschrocken ihn an und haltet noch fester!
Wenn er nun endlich selbst euch anzureden beginnet,
In der Gestalt, worin ihr ihn saht zum Schlummer sich
    legen,
Dann laß ab von deiner Gewalt und löse den Meergreis,
Edler Held, und frag ihn, wer unter den Göttern dir
    zürne,
Und wie du heimgelangst auf dem fischdurchwimmelten
    Meere.«[50]

Eidothea öffnete auch Goethes eidetisches Auge. In Vielfalt und Wandelbarkeit, welche die Pflanzengestalten den Sinnen darbieten, verbirgt sich eine Art dynamischer Typus, »ein solcher Proteus, daß er einem schärfsten vergleichenden Sinne entwischt und kaum teilweise und doch immer gleichsam in Widersprüchen gehascht werden kann«[51].

Gegen die philosophisch-platonistische Trennung von Idee und Erfahrung, die ihm sein Freund Schiller suggeriert hat und die uns in eine Art Wahn versetzt und zu Albernheiten verführt, hat Goethe an der Mytho-Poesie Homers festgehalten. Wie ein Held Homers, auf einer Entdeckungsreise ins Unbekannte, verfolgte er seinen symbolischen Pflanzen-Proteus und begründete damit eine dynamische Morphologie, welche ermöglichen soll, in der Natur die reinen Urphänomene zu sehen: »Das ist die wahre Symbolik, wo das Besondere das Allgemeine repräsentiert, nicht als Traum und Schatten, sondern als lebendig-augenblickliche Offenbarung des Unerforschlichen. – Was ist das Allgemeine? Der einzelne Fall. Was ist das Besondere? Millionen Fälle.«[52] Was man als begriffliches Wesen oder als philosophische Idee auffaßt, steht in jedem einzelnen Fall sichtbar vor uns. In den Gärten Paduas, Neapels und Palermos hat Goethe es selbst erlebt. Hier wurden Fächerpalme und Nelkenstock zu den Fetischen, die er sein Leben lang bewunderte.

Daß die an wissenschaftlicher Systematik interessierten

Naturforscher seiner Zeit Goethe als Dichter schätzten, sich von ihm jedoch Kunst und keine mythische Natursymbolik wünschten, ist nicht erstaunlich. Gegen den Vorwurf der Unwissenschaftlichkeit antwortete er jedoch gerne mit dem Hinweis, »daß Wissenschaft sich aus Poesie entwickelt habe«[53] und man bedenken müsse, wie beide sich wieder begegnen könnten. So ist es schließlich auch kein Zufall, daß Goethes dynamische Morphologie ihren poetischen Ausdruck in einem Gedicht fand, das er 1798 schrieb, im Hexameter-Rhythmus von Homers *Odyssee*. Wie Rousseau sein botanisches Wissen am liebsten Frauen vermittelt hatte, so dichtete auch Goethe die Elegie *Metamorphose der Pflanzen* für Christiane Vulpius. Gegen wissenschaftliche Abstraktion und imaginäre Gespenster half die Poesie; und nur wenn das ewige Gesetz erkannt war, das die große Mannigfaltigkeit der Pflanzen im symbolischen Licht einer natürlichen Allheit sehen ließ, bestand die Hoffnung, Platons philosophisches Rätsel zu lösen, den wahren Proteus Natur zu ergreifen und die »heiligen Lettern« der Göttin Natur zu entziffern. Als wäre er Odysseus, der von Nausikaa im blüten- und fruchtreichen Garten ihres Vaters empfangen wurde, antwortete Goethe seiner geliebten Christiane:

»Dich verwirret, Geliebte, die tausendfältige Mischung
Dieses Blumengewühls über dem Garten umher;
Viele Namen hörest du an und immer verdränget,
Mit barbarischem Klang, einer den andern im Ohr.
Alle Gestalten sind ähnlich, und keine gleichet der
    andern;
Und so deutet das Chor auf ein geheimes Gesetz,
Auf ein heiliges Rätsel. O, könnt ich dir, liebliche
    Freundin,
Überliefern sogleich glücklich das lösende Wort!
Werdend betrachte sie nun, wie nach und nach sich die
    Pflanze,
Stufenweise geführt, bildet zu Blüten und Frucht.«[54]

Der verrückte Tisch

Wie KARL MARX *als Gespensterjäger einem
Stück Holz jene Grillen austreiben wollte, die es
aus seinem Holzkopf entwickelt hatte*

Und nun ging ich daran, mir solche Dinge zu verfertigen, die ich am dringendsten brauchte, wie vor allem einen Stuhl und einen Tisch, denn ohne Tisch konnte ich weder mit Vergnügen schreiben noch essen, noch eine ganze Reihe anderer Dinge tun.[1]

Daniel Defoe: Robinson Crusoe

Seit dem Sommer 1849 befindet sich Karl Marx, Doktor der Philosophie und Staatenloser, mit seiner Familie im Londoner Exil, das er bis zu seinem Tode 1883 kaum verlassen wird. Er war aus Preußen vertrieben worden, ebenso aus Paris, und auch England verweigert ihm die Einbürgerung, da er sich gegenüber seinem preußischen König Friedrich Wilhelm IV. nicht loyal verhalten habe. Marx ist einunddreißig Jahre alt, als er in London ankommt, und er hat keine Ahnung, wie und wovon er leben wird. Die nächsten Jahrzehnte werden eine Qual, die kein Ende nehmen will. Die Familie lebt in kümmerlichen Verhältnissen. Und manchmal kann Marx die Misere nur durch bitteren Zynismus und übersteigerten Stoizismus ertragen. 1852 schreibt er dem Freund Friedrich Engels: »Du wirst aus meinen Briefen ersehn haben, daß ich die Scheiße, wie gewöhnlich, wenn ich selbst darin stecke und nicht nur von weitem davon höre, mit großer Indifferenz durchwate. Indes que faire?«[2]

Hinzu kommen die Krankheiten. Seit 1849 leidet Marx an Leber- und Gallenschmerzen. Die Anfälle werden von starken Kopfschmerzen und Augenentzündungen begleitet. 1852 fesselt ihn eine »Hämorrhoidalkrankheit« ans Bett; und ab 1863 quälen ihn immer wieder Furunkel und Karbunkel, die so schmerzhaft sind, daß er nicht mehr weiß, wie er sitzen, liegen oder gehen soll. Wenn er ein wenig Geld übrig hat, besorgt er sich Alkohol und Nikotin. Der Genuß von Wein, Bier und »an immense deal of tobacco«[3] den er selbst für übertrieben hält, läßt den Schmerz ein wenig vergessen. Soll er auch noch auf diese Rauschmittel verzichten, die ihn wenigstens für Momente von den Qualen befreien?

In dieser harten Zeit findet Marx einen nie versiegenden Trost in der wissenschaftlichen Arbeit. Wenn er sich nicht als Journalist der Notwendigkeit der Erwerbsarbeit unterwirft, besucht er das Britische Museum. Von 9 Uhr morgens bis abends 7 Uhr sitzt er an seinem Tisch im Lesesaal. Er plagt sich mit ökonomischem und historischem Material herum, das aus schier unerschöpflichen Quellen immer umfangreicher wird. Das Studienmaterial, das er sammelt, exzerpiert, systematisiert und analysiert, droht ihm über den Kopf zu wachsen.

Allein der Tisch, an dem er fast zwei Jahrzehnte arbeitet, bietet einen festen Halt. Ohne Knarren und Murren trägt er die Last der Manuskripte und Bücher, Akten und Urkunden, an denen Marx sich abarbeitet. Fest steht er auf seinen vier Beinen, robust getischlert und nützlich für die Zwecke seines Benutzers. Der Tischler hat gute Arbeit geleistet, um den Naturstoff Holz in die Form des Tisches zu bringen. Für das Holz selbst mag diese Umformung bedeutungslos, äußerlich und gleichgültig gewesen sein, wie Marx sich notiert: »Das Holz erhält sich als Baum in bestimmter Form, weil diese Form eine Form des Holzes ist; während die Form als Tisch dem Holz zufällig ist und nicht die immanente Form seiner Substanz.«[4] Für Marx dagegen ist die Umarbeitung des Holzes in einen Tisch von wesentlicher Bedeutung. Er braucht diesen Tisch; und er gebraucht ihn als ein nützliches Ding, an dem er sich auch festhalten kann, wenn er erdrückt von der ungeheuren Materialfülle und verstrickt in »vertrackte« Gedanken nicht mehr ein noch aus weiß.

Auch andere stoffliche Qualitäten dieses Tisches helfen Marx bei seiner Arbeit. Vor allem die Maserung, die ihm Jahr für Jahr vertrauter wird, bietet einen unerschöpflichen Fundus an Formen, in die er sich kontemplativ versenken kann. Seine Gedanken entspannen sich, wenn der Blick den Linien und Mustern der hölzernen Oberfläche folgt. Sie werden zu

Flüssen und Gebirgslandschaften, zu Wolken und Meereswellen, die sich immer wieder auflösen und neue Figurationen bilden. Wie Vexierbilder tauchen Gesichter und Figuren auf, um sich wieder in ornamentale, bildlose Muster zu verflüchtigen. Marx liebt das ästhetische Spiel der Maserung, das an der stofflichen Substanz des Holzes imaginäre Gestalten erscheinen und verschwinden läßt.

1849 weiß Marx noch nicht, was auf ihn zukommt, als er sich im Britischen Museum an diesen Tisch setzt; er ahnt nicht, wie lange es dauern wird, bis das Buch, an dem er arbeitet, endlich fertig geschrieben sein wird. Und noch zeichnet sich nicht ab, welche zentrale Rolle der Tisch in einer Schlüsselszene von *Das Kapital* spielen wird, in der Marx den »Fetischcharakter der Ware und sein Geheimnis« dekonstruieren wird.

Der schwere Weg zum »Kapital«

Karl Marx will zunächst nur eine Geschichte der nationalökonomischen Theorien schreiben, um sich als Autodidakt einen Überblick zu verschaffen. Doch der Plan erweitert sich. Marx hat genug davon, immer nur Theorien aus Theorien herzuleiten. Durch die klassischen Schriften von Adam Smith und David Ricardo hat er sich bald hindurchgearbeitet, und er ist sich gewiß, daß die ökonomische Wissenschaft seit diesen Theoretikern keine entscheidenden Fortschritte mehr gemacht hat, trotz aller Detailuntersuchungen. Jetzt will er seine alte Idee verwirklichen, die »materiellen Lebensverhältnisse« zu erforschen, deren Gesamtheit Georg Friedrich Wilhelm Hegel einst, nach dem Vorbild der Engländer und Franzosen des 18. Jahrhunderts, unter dem Namen »bürgerliche Gesellschaft« zusammengefaßt hat. Marx ist fest davon überzeugt, daß es sich dabei nicht nur um geistes- oder kulturwissenschaftliche Phänomene handelt. Für ihn besteht

KARL MARX

die Anatomie der bürgerlichen Gesellschaft in ihrer »Politischen Ökonomie«. Er will der »kapitalistischen Produktionsweise« auf den Grund gehen. Das Ziel seines Buchs ist es, das ökonomische Bewegungsgesetz der modernen Gesellschaft zu enthüllen. Das aber dauert dann doch viel länger als geplant, fast zwei Jahrzehnte, in denen Karl Marx »wie ein Pferd« arbeitet, nur unterbrochen und abgelenkt von journalistischer Erwerbsarbeit und von den immer wiederkehrenden Schmerzattacken.

Am 2. April 1851 glaubt er noch, wie er seinem Freund Friedrich Engels schreibt, so weit zu sein, »daß ich in fünf Wochen mit der ganzen ökonomischen Scheiße fertig bin«[5]. Dann will er sich im Britischen Museum wieder auf andere Dinge konzentrieren, auf Philosophie und Geschichte, Kunst und Ästhetik. Die Ökonomie beginnt ihn zu langweilen; und Engels antwortet ihm bereits einen Tag später: »Ich bin froh, daß Du mit der ›Ökonomie‹ endlich fertig bist. Das Ding zog sich wirklich sehr in die Länge, und solange Du noch ein für wichtig gehaltenes Buch ungelesen vor Dir hast, solange kommst Du nicht zum Schreiben.«[6] Engels kennt die wissenschaftlichen Skrupel seines Freundes, der sich immer tiefer in seine Materialstudien zur Ökonomie, Technologie, Finanzpolitik und zur Geschichte verstrickt, um »wenigstens eine Art Anschauung von dem Dreck zu bekommen«[7]. Denn daß es sich vor allem um »Gelddreck« handelt, das hat Marx ja am eigenen Leib zu Genüge erfahren.

So geht das über viele Jahre. 1857 teilt er mit, ganz »kolossal« zu arbeiten, »meist bis 4 Uhr morgens. Die Arbeit ist nämlich eine doppelte: 1. Ausarbeitung der Grundzüge der Ökonomie. (Es ist durchaus nötig, für das Publikum au fond der Sache zu gehn und für mich, individually, to get rid of this nightmare.)«[8] Nur wenn er der politisch-ökonomischen »Scheiße« auf den Grund geht, glaubt er sich von seinem eigenen Albtraum befreien zu können. Am 22. Februar 1858 schreibt er an Ferdinand Lassalle, daß seine Darstellung des Systems der bürgerlichen Ökonomie, die zugleich deren ra-

54   Der verrückte Tisch

dikale Kritik sein soll, bald abgeschlossen sein werde. Doch er äußert zugleich seine Bedenken. »Die Sache geht aber sehr langsam voran, weil Gegenstände, die man seit vielen Jahren zum Hauptobjekt seiner Studien gemacht, neue Seiten zeigen und neue Bedenken hervorrufen.«[9]

Diese »neuen Seiten« zeigt Marx auch jener Tisch, an dem er seit Jahren arbeitet. Denn je mehr er sich auf die Produktionsgesetze des Kapitals konzentriert, desto mehr eröffnet ihm auch dieser Tisch geheimnisvolle Eigenschaften, die es zu erhellen gilt. Denn immer deutlicher drängt sich ihm sein Charakter als Ware auf. Dieser Tisch besitzt ja nicht nur einen Gebrauchswert für ihn, sei es als Schreibunterlage, Materialträger oder ästhetisches Anschauungsprojekt. Auch wenn man es ihm nicht ansehen kann, daß er Ware ist, so ist dieser Tisch zugleich eingegliedert in den Zirkulationsprozeß von Waren (W) und Geld (G). Vom Tischler wurde er produziert, um verkauft zu werden. Ware wurde gegen Geld getauscht: W – G. Ein Möbelhändler wird ihn gekauft haben, um ihn für mehr Geld weiter zu verkaufen: G – W – G. Das Britische Museum hat diesen Tisch dann gekauft und dafür wieder Geld bezahlt: G – W. Neben seinem Gebrauchswert für Marx, der diesen Tisch liebt und sich auf seine Standhaftigkeit verläßt, besitzt er einen Lebenslauf, der sich in den Metamorphosen von Ware zu Geld und Geld zu Ware vollzog. Dieser Tisch steht nicht einfach nur als stoffliche Form auf seinen vier Beinen, um als nützliches Ding gebraucht zu werden. Als Ware besitzt er die »Doppelform« von Gebrauchswert und Tauschwert.

Das Geheimnis dieser Doppelform will Marx lüften. Und je mehr er darüber forscht und nachdenkt, desto verrückter erscheint ihm die ökonomische Problemsituation. Es kostet Marx einige Zeit, bis er mit diesem ökonomischen Schlamassel, der sich in der Metamorphose der Waren zeigt, zu Rande kommt. Denn die Analyse der ökonomischen Form kann sich nicht auf die sinnliche Erkenntnis verlassen. Weder Mikroskop, noch chemische Reagenzien lassen die Wertform dieses Tisches als Ware erkennen. »Die Abstraktionskraft muß beide ersetzen.«[10]

Diese Abstraktion aber fordert eine geistige Leistung, von deren Ausmaß sich Marx zunächst nichts hatte träumen lassen. Denn bald muß er feststellen, daß »der Menschengeist die Wertform seit mehr als 2000 Jahren vergeblich zu ergründen gesucht«[11] hat, seit Aristoteles in seiner Schrift *De Republica* den Gebrauch jedes Guts aufspaltete: »Der eine ist dem Ding als solchem eigen, der andre nicht, wie einer Sandale, zur Beschuhung zu dienen und austauschbar zu sein. Beides sind Gebrauchswerte der Sandale, denn auch wer die Sandale mit dem ihm Mangelnden, z.B. der Nahrung tauscht, benutzt die Sandale als Sandale. Aber nicht in ihrer natürlichen Gebrauchsweise. Denn sie ist nicht da des Austausches wegen. Dieselbe Bewandtnis hat es auch um die andern Güter.«[12] Was zunächst so einfach klingt, hat Marx als kompliziertes Problem entfaltet. Er will und muß das Rätsel lösen, das Aristoteles und seine Nachfolger offengelassen haben: Wie kann es denn sein, daß so verschiedenartige Dinge wie Sandalen und Nahrungsmittel, Tische und Geld, miteinander verglichen und gegeneinander eingetauscht werden? Die dabei vorgenommene Gleichsetzung kann Aristoteles zufolge nur etwas »der wahren Natur der Dinge Fremdes«[13] sein, nur ein äußerlicher Notbehelf für das praktische Bedürfnis. Mit dieser Sicht der Dinge kann Marx sich nicht zufrieden geben. Gehört denn die Wertform der Ware nicht zur wahren Natur der Dinge, zumindest unter Bedingungen einer entfalteten und totalisierten Warenwelt, in der alles als Ware zirkulieren und für Geld gekauft und verkauft werden kann?

Noch 1866 sieht die Situation trostlos aus. Ein riesiges Manuskript ist zustande gekommen, das aber in seiner ungestalteten Fülle nicht veröffentlicht werden kann. Tag für Tag geht Marx ins Britische Museum und schreibt und schreibt. Teilweise macht es ihm sogar Spaß, »das Kind glattzulecken nach so vielen Geburtswehen«[14]. Er schreibt das Manuskript ab, glättet und strafft es, schärft seine Argumente zu und arbeitet es zu einem lesbaren Text um. Aber immer kommen Krankheiten dazwischen und verhindern die Weiterarbeit. »Gestern lag ich wieder brach, da ein bösartiger Hund von Karbunkel an der linken Lende ausgebrochen. Hätte ich Geld genug, das heißt mehr > -0, für meine Familie, und wäre mein Buch fertig, so wäre es mir völlig gleichgültig, ob ich heute oder morgen auf den Schindanger geworfen würde, alias verrecke. Unter besagten Umständen geht es aber noch nicht.«[15] 1867 ist es dann endlich so weit. *Das Kapital. Kritik der politischen Ökonomie. Von Karl Marx. Erster Band. Buch I: Der Produktionsprozeß des Kapitals* erscheint im Hamburger Verlag von Otto Meissner. Der Albtraum ist zu Ende, der ökonomische Dreck analysiert, die ganze ökonomische Scheiße erledigt.

Doch es erscheint nicht nur das Buch auf dem Büchermarkt. In ihm erscheint auch jener Tisch, an dem Marx fast zwei Jahrzehnte gearbeitet hat. Er tritt auf in jener Doppelnatur, die jede Ware als Elementarform der kapitalistischen Produktionsweise qualifiziert: als Gebrauchswert und als Tauschwert. Er ist nicht nur ein natürliches Ding natürlichen Ursprungs, aus Holz getischlert, um nützlich zu sein. Als Ware betritt er wie ein Schauspieler die Bühne eines gesellschaftlich-ökonomischen Theaters, auf dem Metamorphosen zum Rollenspiel gehören.

Der Tisch eröffnet die berühmt gewordene Szene, in der Marx den *Fetischcharakter der Ware und sein Geheimnis* vorführt und analysiert. »Eine Ware scheint auf den ersten Blick ein selbstverständliches, triviales Ding. Ihre Analyse ergibt, daß sie ein sehr vertracktes Ding ist, voll metaphysischer Spitzfindigkeit und theologischer Mucken. Soweit sie Gebrauchswert ist, ist nichts Mysteriöses an ihr, ob ich sie nun unter dem Gesichtspunkt betrachte, daß sie durch ihre Eigenschaften menschliche Bedürfnisse befriedigt oder diese Eigenschaften erst als Produkt menschlicher Arbeit erhält. Es ist sinnenklar, daß der Mensch durch seine Tätigkeit die Formen der Naturstoffe in einer ihm nützlichen Weise verändert. Die Form des Holzes z.B. wird verändert, wenn man aus ihm einen Tisch macht. Nichtsdestoweniger bleibt der Tisch Holz, ein ordinäres sinnliches Ding. Aber sobald er als Ware auftritt, verwandelt er sich in ein sinnlich übersinnliches Ding. Er steht nicht nur mit seinen Füßen auf dem Boden, sondern er stellt sich allen andren Waren gegenüber auf den Kopf, und entwickelt aus seinem Holzkopf Grillen, viel wunderlicher, als wenn er aus freien Stücken zu tanzen begänne. [Anm.: Man erinnert sich, daß China und die Tische zu tanzen anfingen, als alle übrige Welt still zu stehn schien – pour encourager les autres.][16]

So einfach und »sinnenklar« es um diesen Tisch stand, solange er nur als ein nützliches Ding gebraucht wurde, so mysteriös geht es zu, sobald er als Ware auftritt. In immer wieder neuen Wendungen beschwört Karl Marx auf den dreizehn Seiten des Fetischkapitels des *Kapital* das Mysterium der Ware. Der Charakter eines Dings wird »rätselhaft«, sobald es Warenform annimmt. Ein »Geheimnis« muß gelüftet werden. Wie »unbekannte Hieroglyphen« gilt es die Warenform des Tisches zu entziffern. Als Ware besitzt er eine »gespenstige Gegenständlichkeit«. »Mystische Nebelschleier« lassen seine stoffliche Substanz und seinen nützlichen Gebrauchswert verschwimmen. »Metaphysische Spitzfindigkeiten« und »theologische Mucken« erscheinen in ihm wirksam. Übersinnliches, Spiritualistisches und sogar Spiritistisches taucht auf: Wie in einer verkehrten Welt ist der Tisch auf den Kopf gestellt, aus dem er wunderliche »Grillen entwickelt«. Wie ein Tisch sich in spiritistischen Sitzungen plötzlich selbst bewegen soll, so scheint auch dieser Tisch aus freien Stücken tanzen zu wollen.

Ist der Tisch verrückt? Jedenfalls überrascht Marx seine Leser mit einem verblüffenden Einfall. Er läßt den Tisch als Ware selbst zu Wort kommen und seine Grillen äußern: »Könnten die Waren sprechen, so würden sie sagen, unser Gebrauchswert mag den Menschen interessieren. Er kommt uns nicht als Dingen zu. Was uns aber dinglich zukommt, ist unser Wert. Unser eigner Verkehr als Warendinge beweist das. Wir beziehn uns nur als Tauschwerte aufeinander.«[17]

Haben wir uns verhört? Meint dieser Tisch ernst, was er uns sagt, oder schauspielert er nur, als gehöre er, jenseits seines nützlichen Gebrauchs, einer verqueren Welt an, in der die Dinge ihr eigenes Spiel spielen und auf eigene Faust Unfug treiben? Jedenfalls widerspricht dieser Tisch als Ware der seit Aristoteles vertrauten Sicht der Dinge, die davon ausgeht, daß ihre wahre Natur in ihrem Gebrauchswert begründet liegt, während ihr Tauschwert ihnen selbst äußerlich und fremd ist, nur ökonomisch bedingt, aber nicht dinglich faßbar.

Kaum aber haben die Waren eine Stimme erhalten, hören wir von ihnen, daß der Gebrauchswert dem Tisch als Ding selbst nicht zukommen soll, weil er sich nur im unmittelbaren Nutzverhältnis zwischen Ding und Mensch verwirklicht. Daran aber sind die Dinge nicht besonders interessiert. Ihren Wert sehen sie allein in ihrem »eigenen Verkehr« untereinander begründet. Ausgerechnet der Tauschwert also, der doch nichts mit der stofflichen Materialität des Tischs zu tun hat und den noch kein Chemiker oder Physiker entdecken konnte, soll nun dem Tisch als dingliche, natürliche Qualität zukommen.

Dieses Selbstverständnis der Waren aber ist, wie Marx zu bedenken gibt, eine völlige Verdrehung der Verhältnisse, eine verrückte »Grille«, mit der uns die Warendinge verwirren wollen. Wie läßt sie sich austreiben? Es kommt darauf an, die Dinge wieder zurecht zu rücken. Um Marx bei dieser analytischen Arbeit folgen zu können, muß man die Irrtümer, Phantasmen und Illusionen kennen, gegen die er ein Leben lang gekämpft hat. Bemerkenswerterweise haben dabei auch Alexander von Humboldt und Johann Wolfgang Goethe eine wegweisende Rolle gespielt, der eine eher unrühmlich, der andere noch weitgehend unerkannt.

Die Gespenster des jungen Herrn Karl

Am 7. Januar 1845 empfing Louis Philippe, der seit der Revolution von 1830 als französischer »Bürgerkönig« vor allem die Interessen der Bank- und Finanzoligarchie vertrat, den preußischen Gesandten Alexander von Humboldt. Es war eine etwas heikle Mission, die der fünfundsiebzigjährige Gelehrte im Auftrag seines Königs Friedrich Wilhelm IV. erfüllte. Er überreichte Louis Philippe eine wertvolle Porzellanvase als Geschenk und einen Brief, in dem der preußische König seinen Unwillen gegen mehrere Mitarbeiter der Zeitschrift *Vorwärts!* äußerte, die seit 1844 in Paris erschien und vor allem den dort lebenden deutschen Flüchtlingen als publizistisches Forum diente. Man möge doch bitte dieses oppositionelle Blatt verbieten und seine Redakteure und Mitarbeiter des Landes verweisen.

Das betraf, neben Heinrich Heine, vor allem den fünfundzwanzigjährigen Karl Marx, der dem preußischen König schon durch seine frühere Arbeit als Redakteur der bürgerlich-liberalen *Rheinischen Zeitung* unliebsam aufgefallen war. Seine Artikel über Pressefreiheit und preußische Zensurmaßnahmen, über Holzdiebstahl, Grundeigentum und Ehescheidungsgesetzentwürfe, über den Fetischismus des religiösen Glaubens und die Prinzipien des Kommunismus hatten den königlichen Unwillen erregt und eine verschärfte Zensur provoziert. Um freier schreiben und denken zu können, war Karl Marx mit seiner Frau Jenny, geborene von Westphalen, nach Paris übergesiedelt, wo er seine Attacken gegen die politischen Verhältnisse in Preußen unbeirrt fortsetzte. Man hatte ihn bereits wegen »Hochverrats und Majestätsbeleidigung« angeklagt und gegen ihn einen Haftbefehl erlassen, für den Fall, daß er versuchen sollte, nach Preußen zurückzukehren.

Was war es, das den preußischen König so sehr erzürnte, daß er Marx selbst aus dem Exil noch ausweisen lassen wollte? Heinrich Heine hatte im April 1844 von einem hohen

Grad des »Wahnwitzes« gesprochen, »daß man das Vaterland verließ, um in der Fremde ›die harten Treppen‹ auf und ab zu steigen und das noch härtere Brot des Exils mit seinen Tränen zu feuchten«.[18] War das nicht schon Strafe genug? Doch der preußische König war damit nicht zufrieden. Schließlich ging es um Majestätsbeleidigung und Gotteslästerung. So jedenfalls sah es Friedrich Wilhelm IV.

Vor allem ein Artikel, der am 17. August 1844 im *Vorwärts!*, Nr. 66, erschienen war, hatte ihn maßlos entrüstet. Der Hintergrund: Am 26. Juli hatte Heinrich Ludwig Tschech, der von 1832 bis 1841 Bürgermeister von Storkow gewesen war, in Berlin zwei Schüsse auf den König abgegeben, die aber ihr Ziel verfehlten. Seine Weiterverwendung im Staatsdienst war abgelehnt worden und seine materielle Not hatte ihn zu der Tat getrieben. Nach dem mißglückten Attentat nahm Friedrich Wilhelm IV. die Gelegenheit wahr, sich bei der Aristokratie und beim Volk für das bewiesene Mitgefühl zu bedanken. In einer Kabinettsordre teilte er am 5. August seinen »tiefgefühlten Dank« mit: »Er ist durch die unzähligen mündlichen und schriftlichen Beweise der Liebe zu Uns erzeugt worden, die das Attentat vom 26. Juli hervorgerufen hat, – der Liebe, die Uns im Augenblicke des Verbrechens selbst entgegenjauchzte, als die Hand des Allmächtigen das tödliche Geschoß von Meiner Brust zu Boden geworfen hatte. Im Aufblick zu dem göttlichen Erretter gehe Ich mit frischem Mute an Mein Tagewerk, Begonnenes zu vollenden, Vorbereitetes auszuführen, das Böse mit neuer Siegesgewißheit zu bekämpfen.«[19]

Diese königliche Kabinettsstilübung unterzog Marx einer sprach- und gedankenkritischen Analyse, die das christliche Selbstverständnis des preußischen Königs in seinem Zentrum traf. Nachdem er einige Konfusionen des Ausdrucks aufgezeigt hatte, stellte er den königlichen Glauben in Frage: »Es scheint endlich nicht ganz geeignet, Gottes Hand unmittelbar das ›Geschoß‹ parieren zu lassen, indem einigermaßen konsequentes Denken auf diese Weise zu dem Trugschluß gelangen wird, Gott habe die Hand des Frevlers zugleich auf den König geleitet und zugleich das Geschoß vom König abgeleitet; denn wie kann man eine einseitige Aktion Gottes voraussetzen? – Daß seine Majestät ›im Aufblick zu Gott geht‹, das ›Begonnene zu vollenden, das Vorbereitete auszuführen‹, scheint weder der Vollendung noch der Ausführung günstige Chancen zu versprechen. Um Begonnenes zu vollenden und Vorbereitetes auszuführen, dazu sollte man den Blick fest auf das Begonnene und Vorbereitete richten, und nicht von diesen Gegenständen weg in die blaue Luft schauen. Wer wahrhaft ›im Aufblick zu Gott geht‹, wird der ›nicht im Anblick Gottes aufgehn‹? Werden dem nicht alle weltlichen Pläne und Einfälle vergehn?«[20]

Es wird vor allem der respektlose, ironische Ton dieses Kommentars gewesen sein, der den König von Gottes Gnaden so sehr provozierte, daß er die Ausweisung des Verfassers aus seinem Exil forderte. Nach einer Beratung im Ministerrat erklärte sich der französische Innenminister François Guizot bereit, dem Wunsch des preußischen Monarchen zu entsprechen. Er unterschrieb den Ausweisungsbefehl, und am 3. Februar 1845 übersiedelte Karl Marx nach Brüssel, der nächsten Etappe seines Flüchtlingslebens. Fast vierzig Jahre später, am Grabe von Jenny Marx, wird Friedrich Engels an diese Episode aus der Geschichte des Despotismus erinnern und auch die unrühmliche Rolle Alexander von Humboldts in dieser Angelegenheit nicht unerwähnt lassen.[21]

Marx hatte seine kritische Analyse der königlichen Danksagung, in der die geisterhafte Hand des »Allmächtigen« und »göttlichen Erretters« eine mysteriöse Rolle spielte, nur als eine »Illustration« verstanden, der er selbst keine allzu große Bedeutung zuschrieb. Aber auch diese publizistische Fingerübung läßt etwas von jenen Gespenstern ahnen, die der junge Marx verfolgte, um sich von ihnen zu befreien. Denn er fühlte sich von ihnen geplagt, belagert und heimgesucht. Sie geisterten durch religiöse Glaubensbekenntnisse und theologische Gedankengebäude, durch Philosophien und nationalökonomische Theorien einer universalisierten Warenwelt. Marx wurde nicht müde, die verschiedenen Spielformen des spiritistischen Irrglaubens an allen Ecken und Enden aufzuzeigen. Er wollte nicht an diese Gespenster glauben, aber er dachte an nichts anderes. Er bannte sie als Trugbilder, die er durch kritische Analyse zu zerstören suchte. Die Befreiung vom religiösen Spuk stand am Anfang seiner Gespensterjagd. Ihr folgte die radikale Kritik der philosophischen Geister und metaphysischen Phantome, die von Platon bis Hegel ihr Unwesen trieben. Am Ende befreite sich Marx von den Warengespenstern der Politischen Ökonomie, die ihm exemplarisch in Gestalt eines verrückten Tischs erschienen.

Die Gespenster der Religion. Die Befreiung vom religiösen Glauben an ein personales göttliches Wesen war Karl Marx, 1818 in Trier als Kind einer jüdischen Familie geboren, die religiös gleichgültig geworden war, gleichsam in die Wiege gelegt. Sie wurde zur bewußten Aktion radikalisiert, als Marx während seines Philosophiestudiums in den Kreis der »Junghegelianer« geriet, denen die Aussagen des religiösen Glaubens nur als Projektionen menschlichen Selbstbewußtseins in ein Reich »himmlischer Hirngespinste« galten: Der Gott des Menschen ist nichts weiter als sein eigenes Wesen, von ihm selbst abgesondert und in eine jenseitige Welt verlagert. Die Ausgeburten seines Kopfes sind ihm über den Kopf gewachsen.

In der Doktorarbeit über die *Differenz zwischen der demokritischen und epikureischen Naturphilosophie*, geschrieben 1840 bis März 1841, hat Marx gegen diesen Gespensterglauben die Kraft der freien philosophischen Reflexion ins Feld geführt. Die *Vorrede* ließ keinen Zweifel an seiner religionskritischen Intention: »Die Philosophie, solange noch ein Blutstropfen in ihrem weltbezwingenden, absolut freien Herzen pulsiert, wird stets den Gegnern mit Epikur zurufen: ›Gottlos aber ist nicht der, welcher mit den Göttern der Menge aufräumt, sondern der, welcher die Vorstellungen der Menge den Göttern andichtet‹. Die Philosophie verheimlicht

es nicht. Das Bekenntnis des Prometheus: ›Mit einem Wort, ganz hass' ich all' und jeden Gott‹ ist ihr eigenes Bekenntnis, ihr eigener Spruch gegen alle himmlischen und irdischen Götter, die das menschliche Selbstbewußtsein nicht als die oberste Gottheit anerkennen. Es soll keiner neben ihm sein.«[22]
Das hieß selbstbewußt reden, noch ganz erfüllt vom freien Geist, der im Berliner »Doktorclub« der jungen Hegelianer geweht hatte. Der junge Doktor, der das menschliche Selbstbewußtsein zur obersten Gottheit erklärt hatte, widmete seine Dissertation dem väterlichen Freund, dem Geheimen Regierungsrat Ludwig von Westphalen. Er war der Vater seiner Verlobten Jenny, seiner »verwunschenen Prinzessin« aus bourgeoisem Trierer Haus, die er sein Leben lang liebte. (Sie heirateten am 12. Juni 1843 in Kreuznach, bevor sie nach Paris emigrierten.) Wollte Marx mit seiner Dissertation dem zukünftigen Schwiegervater beweisen, daß er ein würdiger Schwiegersohn sein würde, ganz auf der Höhe der Philosophie seiner Zeit? Bemerkenswert ist der Text der Widmung, in der Marx wie ein Kind den väterlichen Freund gegen ängstigende Gespenster zu Hilfe rief, »der mit jenem überzeugungstiefen, sonnenhellen Idealismus, der allein das wahre Wort kennt, vor dem alle Geister der Welt erscheinen, nie vor den Schlagschatten der retrograden Gespenster, vor dem oft finstern Wolkenhimmel der Zeit zurückbebte, sondern mit göttlicher Energie und männlich-sicherm Blick stets durch alle Verpuppungen hindurch das Empyreum schaute, das im Herzen der Welt brennt«[23]. Die letzten Worte der Widmung beschworen dann noch einmal den »Geist« als den »großen zauberkundigen Arzt«, dem der alte Westphalen sich anvertraut hatte und der ihm die nötige Kraft gab, um gegen alle Gespenster, Verpuppungen und Schattengestalten kämpfen zu können. Der Geist, der die sonnenhelle Wahrheit erkennen will, kämpft gegen die rückwärts gerichteten Gespenster, die in Religion und Politik ihr Unwesen treiben.

      Der verrückte Tisch

Die Gespenster der Philosophie. Was 1841 noch als sonnenheller Idealismus und als antik-mythisches »Empyreum« beschworen worden war, als oberster Himmel und Reich des Lichts, in dem die Götter und reinen Seelen wohnen, wurde bald gegen den »Geist« selbst gewendet. Denn zunehmend wurde Marx klar, daß der Geist auch der Geist der Geister ist. Nicht zu Unrecht hat man vom »Spiritualismus«, der den Geist oder das geistige Prinzip philosophisch zu begreifen versucht, gesagt, daß er im »Spiritismus« seinen gespenstigen Doppelgänger besitzt, weil er den Geist vergegenständlicht und dabei mit dem Anschein eines Leibs versorgt.

Schon in seinen Notizheften zur antiken Philosophie, die Marx während seines Studiums in Berlin 1838/39 für seine Dissertation vollschrieb, hat er Platons Philosophie in eine »Geistergeschichte« eingefügt, die dem wirklichen, sinnlichen Menschen ein selbständiges Reich der Ideen vorgaukelt. Über der wirklichen Wirklichkeit soll ein Jenseits schweben. Aber in ihm spiegelte sich, wie Marx zu entlarven versuchte, nur die eigene Subjektivität des denkenden Philosophen. War der Geist Platons, der sich aus dem düsteren Schattenreich einer Höhle ins Sonnenlicht eines himmlischen »Empyreums« sehnte, nicht bloß eine mythische Illusion? Für alle Fälle hatte sich schon der neunzehnjährige Marx notiert, daß in Platons Ideenlehre die diesseitige Wirklichkeit nur noch wie ein »Medium« erscheint, in dem ein jenseitiges Licht ein »fabelhaftes Farbenspiel« erzeugt. »Die ganze Welt ist eine Welt der Mythen geworden. Jede Gestalt ist ein Rätsel. Auch in neuester Zeit ist dies wiedergekehrt, durch ein ähnliches Gesetz bedingt. Diese positive Auslegung des Absoluten und ihr mythisch-allegorisches Gewand ist der Springquell, der Herzschlag der Philosophie der Transzendenz, einer Transzendenz, die zugleich wesentliche Beziehung auf die Immanenz hat, wie sie wesentlich dieselbe zerschneidet.«[24]

Das platonische »Empyreum, das im Herzen der Welt brennt«, hat die Welt zerschnitten. Die Unterscheidung von Immanentem und Transzendentem, von Sinnlichem und

Übersinnlichem, einer abgegrenzten konkreten Wirklichkeit und eines grenzenlosen Absoluten haben in der Welt einen Riß entstehen lassen, der nur durch wunderliche Geistererscheinungen überbrückt werden kann.

In den kommenden Jahren wurde Marx nicht müde, das philosophische Reich des Selbstbewußtseins und des Geistes, das in Platons Ideenlehre seine erste Darstellung gefunden und in Hegels Philosophie seinen Wiedergänger erhalten hatte, als spiritualistisches »Geisterreich« zu dekonstruieren. Die philosophischen Ideen erschienen ihm als verblaßte Gottheiten der antiken Mythologie; und die entsprechende Philosophie war für ihn nichts als eine Verlagerung der Religion in den Bereich des Denkens. In den *Ökonomisch-philosophischen Manuskripten*, die Marx vom April bis zum August 1844 im Pariser Exil schrieb, war es vor allem Hegels Philosophie, an der er seine Geistervertreibung vollzog. 1807 war die *Phänomenologie des Geistes* erschienen, in der Hegel die verschiedenen »Gestalten des Geistes als Stationen eines Weges in sich« auftreten ließ, »durch welchen er reines Wissen oder absoluter Geist wird«.[25] Hegel selbst hatte die etappenweise Entpuppung vom unmittelbaren Bewußtsein über Selbstbewußtsein und Vernunft bis zur offenbaren Religion und zum absoluten Wissen als eine »Geistergeschichte« erzählt, die auf der »Schädelstätte des absoluten Geistes«[26] endet.

Daran konnte Marx anknüpfen. Er las Hegels *Phänomenologie* als spiritistische Beschwörung eines »ungegenständlichen Wesens«, eines unwirklichen, unsinnlichen, nur gedachten, also nur eingebildeten Scheinwesens. Dagegen stellte er sein Bild des Menschen, befreit von allen illusionären »Verpuppungen«: »Daß der Mensch ein leibliches, naturkräftiges, lebendiges, wirkliches, sinnliches, gegenständliches Wesen ist, heißt, daß er wirkliche, sinnliche Gegenstände zum Gegenstand seines Wesens, seiner Lebensäußerung hat oder daß er nur an wirklichen, sinnlichen Gegenständen sein Leben äußern kann. – Ein ungegenständliches Wesen ist ein Unwesen.[27]

66   Der verrückte Tisch

In der gemeinsam mit Friedrich Engels von Ende August bis November 1844 geschriebenen Kritik an den Illusionen der spekulativen Philosophie – *Die heilige Familie oder Kritik der kritischen Kritik* – attackierten die beiden bereits in der Vorrede den Spiritualismus der zeitgenössischen Philosophen. Gegen ihn führten sie einen realen Humanismus ins Feld, der sich nicht durch spiritualistischen Strahlenzauber blenden ließ. »Der reale Humanismus hat in Deutschland keinen gefährlicheren Feind als den Spiritualismus oder den spekulativen Idealismus, der an die Stelle des wirklichen individuellen Menschen das ›Selbstbewußtsein‹ oder den ›Geist‹ setzt und mit dem Evangelisten lehrt: ›Der Geist ist es, der da lebendig macht, das Fleisch ist kein Nütze‹. Es versteht sich, daß dieser fleischlose Geist nur in seiner Einbildung Geist hat.«[28]

Richtig gespenstig ging es dann in der *Deutschen Ideologie* zu, in der die Doppeldeutigkeit des Begriffs »Geist«, als Wissensform und als Gespenst, zur wichtigsten Waffe zugeschärft worden ist. Diese »materialistische« Polemik gegen alle »idealistischen« oder »spiritualistischen« Philosophen haben Marx und Engels im September 1845 in Brüssel zu schreiben begonnen. Sie bietet die größte Ansammlung von Gespenstern in der neuzeitlichen Geistesgeschichte. In ihr wimmelt es nur so von Wiedergängern, Scheintoten, herumirrenden Seelen, Geistern, Schattengestalten und Phantom-Leibern.

Besonders Max Stirner (Sankt Max) wurde mit seinen Phrasen von einem »ungeheuer großen Geisterreich«[29] zur Zielscheibe eines scharfen und spöttischen Angriffs. Zunächst entlarven Marx und Engels (im Kapitel *Der Geist*) seine »reine Geistergeschichte«, in der sich der Geist selbst aus Nichts erschafft, als hegelianisierendes Zauberkunststück. Die beiden verweisen auf die Lebensform, in der sich die »wirklichen Individuen« entwickeln. Man kommt nicht, »wie in der Hegelschen Logik, von Nichts durch Nichts zu Nichts‹.[30] Natürliche und gesellschaftlich-historische Voraussetzungen sind zu beachten, wenn man die geistige Entfaltung des Menschen verstehen will. Wie eine Anleitung zum »Geistersehen« liest sich ihre Wiedergabe von Stirners »unreiner Geistergeschichte« im Kapitel *Die Besessenen*. Seit der reine göttliche oder absolute Geist »Fleisch geworden ist, seitdem ist die Welt vergeistigt, verzaubert, ein Spuk«[31]. Der heilige Max hat damit selbst die religiöse Dimension seiner Geistergeschichte offenbart. Da können Marx und Engels nur spotten: »Stirner sieht Geister.« Es spukt in der Geschichte des Gottesglaubens: »Die Theologie ist Gespensterglaube. Die gemeine Theologie hat aber ihre Gespenster in der sinnlichen Imagination, die spekulative Theologie in der unsinnlichen Abstraktion.«[32]

In diesen »unreinen Geistern« lebt weiter, was schon von Platon phantasiert worden ist. Denn bereits im Dialog *Phaidon* wurden jene »unrein abscheidenden Seelen« bedauert, die nicht das Glück der reinen Seelen haben, nach dem Tode des Menschen zum unsichtbaren Göttlichen heimzukehren. Die Seele, die zu sehr mit dem Leib verkehrt und ihn geliebt hat, von ihm bezaubert war und das Körperliche, »was man betastet und sieht, ißt und trinkt und zur Liebe gebraucht«, dem rein Geistigen und Vernünftigen vorzog, erwartet ein trauriges Schicksal. Sie bleibt im Fall des menschlichen Sterbens vom Körperlichen durchzogen. Mit dem Anschein eines Leibes versehen, schleicht sie an den Gräbern umher, »an denen daher auch allerlei dunkle Erscheinungen von Seelen gesehen worden sind, wie solche Seelen wohl Schattenbilder darstellen müssen, welche nicht rein abgelöst sind, sondern noch teilhaben an dem Sichtbaren, weshalb sie denn auch gesehen werden.«[33] Platons Phantasmata waren Doppelnaturen, sichtbar-unsichtbar, sinnlich-übersinnlich, lebendige Tote, tote Seelen. Ihren körperlich-seelischen Ursprung hatte Platon im Bauch verortet. »Dem nach Speise und Trank begierigen Teil unserer Seele und nach dem, wonach er sonst vermöge der Natur des Körpers ein Bedürfnis bekommt«, haben die Götter einen Wohnsitz in der Gegend des Nabels zugewiesen, wo er wie ein wildes Tier gefesselt ist und sich ständig »durch Trugbilder und Schattengestalten«[34] leiten läßt.

Ein Tisch betritt die Szene

Von Platons Ideen- und Seelenlehre bis zu Hegels *Phänomenologie des Geistes* und zu der von Stirner erzählten »Geistergeschichte« hat die Philosophie verworfen, was für Marx und Engels als Voraussetzung menschlichen Lebens galt: Der Mensch ist unmittelbar Naturwesen, das innerhalb gesellschaftlicher Lebensformen zunächst seine körperlichen Bedürfnisse befriedigen muß. Gegen alle Geisterseher haben sie insistiert, daß die Menschen zuallererst ihr Leben erhalten müssen: »Zum Leben aber gehört vor allem Essen und Trinken, Wohnung, Kleidung und noch einiges Andere. Die erste geschichtliche Tat ist also die Erzeugung der Mittel zur Befriedigung dieser Bedürfnisse, die Produktion des materiellen Lebens selbst.«[35]

Damit war eine neue Perspektive eröffnet. Die Kritik der religiösen und philosophischen Gespenster hatte Marx und Engels zur Ökonomie geführt. Wie findet »die Produktion des materiellen Lebens« statt? Bereits 1842/43, als Redakteur der *Rheinischen Zeitung*, war Marx in die Verlegenheit geraten, über sogenannte materielle Interessen mitsprechen zu müssen. Holzdiebstahl, Parzellierung des Grundeigentums, Lebensverhältnisse der Moselbauern, Debatten über Freihandel und Schutzzoll gaben erste Anstöße, sich mit ökonomischen Fragen zu beschäftigen. In Paris hat er seine ökonomischen Überlegungen philosophisch vertieft. Nach seiner Ausweisung aus Frankreich schrieb Marx in Brüssel 1846/47 sein erstes größeres ökonomisch-philosophisches Werk. Er las die *Philosophie de la Misère* des französischen Sozialisten Pierre Josef Proudhon und war entsetzt über dessen »lächerliche Philosophie«[36], deren Mangel vor allem in einer Verkennung der gegenwärtigen sozialen Zustände begründet war. Proudhons *Philosophie des Elends*, in der es um Mysterien, Offenbarungen und Geheimnisse ging, dokumentierte für Marx das »Elend der Philosophie«. 1847 erschien seine *Misère de la*

Philosophie, deren erstes Kapitel von der Doppelnatur der Waren handelte, zugleich Gebrauchswert und Tauschwert zu besitzen.

Als Marx 1849 in London ankommt, gesellt sich zum Elend der Philosophie eine allumfassende Misere des Lebens. Die Armut verfolgt ihn wie ein Gespenst, dem er nicht entkommen kann. Fast zwanzig Jahre wird er dort, vor allem im Lesesaal des Britischen Museums, an seiner *Kritik der Politischen Ökonomie* arbeiten. Mit den Geistern in Religion und Philosophie war er fertig geworden. Jetzt beginnt er seinen Kampf gegen die Gespenster der Ökonomie. Er vertraut dabei auf Waffen, die ihm bereits gute Dienste geleistet haben. War es Alexander von Humboldt, der eine unrühmliche Rolle spielte, als Marx Paris verlassen mußte, so ist es jetzt Johann Wolfgang Goethe, der ihn in London als verwandter Geist zu begleiten und seinen Forschungen die Stichworte zu soufflieren scheint. Verblüffend sind die Analogien und Übereinstimmungen zwischen Goethe und Marx, der in seinen ökonomischen Studien der Warenwelt nachvollzieht, worauf Goethe als Naturforscher zielte.

Goethes Schlüsselerlebnis fand 1786 im Garten von Padua statt, als er in der ungeheuren Mannigfaltigkeit der verschiedenen Pflanzengestalten die eine, alles bestimmende Urform zu sehen glaubte, die ihm »unter der sinnlichen Form einer übersinnlichen Urpflanze« vorschwebte. In London findet das ökonomische Schlüsselerlebnis von Marx statt. 1859 hat er es anschaulich beschrieben und dabei die Voraussage erfüllt, die Heinrich Heine bereits 1828 gemacht hat, ohne wissen zu können, daß sie sich bei seinem Freund Marx verwirklichen würde: »Schickt einen Philosophen nach London, beileibe keinen Poeten! Schickt einen Philosophen hin und stellt ihn an eine Ecke von Cheapside, er wird hier mehr lernen als aus allen Büchern der letzten Leipziger Messe; und wie die Menschenwogen ihn umrauschen, so wird auch ein Meer von neuen Gedanken vor ihm aufsteigen, der ewige Geist, der darüber schwebt, wird ihn anwehen, die verbor-

70   Der verrückte Tisch

gensten Geheimnisse der gesellschaftlichen Ordnung werden sich ihm plötzlich offenbaren, er wird den Pulsschlag der Welt hörbar vernehmen und sichtbar sehen – denn wenn London die rechte Hand der Welt ist, die tätige, mächtige rechte Hand, so ist jene Straße, die von der Börse nach Downing Street führt, als die Pulsader der Welt zu betrachten.«[37]

In der ungeheuren Warensammlung, die in den Londoner Kaufhäusern angeboten wird, hat sich für Marx eine Art ökonomische Zellform zu erkennen gegeben, an der er den »Pulsschlag der Welt« spüren kann. Wie unterschiedlich die einzelnen Waren auch sein mögen, sie alle haben etwas gemeinsam; und während es in Goethes Wundergarten noch »heilige Lettern« waren, die es zu entziffern galt, sind es nun arabische Ziffern und kryptische Buchstaben, die alle Waren wie ein Kainsmal auf ihrer Stirn tragen: Sie alle kosten Geld. »In den belebtesten Straßen Londons drängt sich Magazin an Magazin, hinter deren hohlen Glasaugen alle Reichtümer der Welt prangen, indische Schawls, amerikanische Revolver, chinesisches Porzellan, Pariser Korsetten, russische Pelzwerke und tropische Spezereien, aber alle diese weltlustigen Dinge tragen an der Stirne fatale weißliche Papiermarken, worin arabische Ziffern mit den lakonischen Charakteren £, sh., d. eingegraben sind. Dies ist das Bild der in der Zirkulation erscheinenden Ware.«[38]

Als dynamischer Morphologe wollte Goethe die »Metamorphose der Pflanzen« erkennen, diesen ständigen Gestaltwandel, in dem die Natur spielend das mannigfaltige Leben hervorbringt. – »Metamorphose« ist auch das Lieblingswort des ökonomiekritischen Marx. In immer wieder neuen Wendungen konzentriert er sich auf den Gestaltwandel der stofflichen Formen und den Formwechsel der Waren im gesellschaftlichen Zirkulationsprozeß. In einem ununterbrochenen Kreislauf von Waren und Geld, von Kaufen und Verkaufen, vollzieht sich die »Metamorphose der Waren« und die ganze Zirkulation bildet das »*curriculum vitae*«, den Lebenslauf der Ware.[39]

Goethe griff auf Homers Mythos vom Meeresgott Proteus zurück, um Platons philosophisches Rätsel des Gleichen im Ungleichen, des Unveränderlichen im Veränderlichen zu lösen. In allen Gestaltungen konnte sich dieser Proteus verstecken und offenbaren, »daß er einem schärfsten vergleichenden Sinne entwischt und kaum teilweise und doch immer gleichsam in Widersprüchen gehascht werden kann«. Marx hat seinen ökonomischen Proteus in dem Formwechsel zu fassen versucht, worin sich die widerstreitende Doppelnatur der Ware als Gebrauchswert und Tauschwert entfaltet. Und nur eine abstrakte Analyse des Warenverkehrs läßt ihn die Wertsubstanz erfassen, die sich jedem sinnlichen Vergleich entzieht, sei er auch noch so zugeschärft.

Im botanischen Wundergarten von Palermo fühlte Goethe sich von »unwillkommenen Geistern« verfolgt. Ein »Gespenst« schlich hinter ihm her und die alte »Grille« fiel ihm ein, ob er nicht zwischen all den vielen Pflanzen die Ur-Pflanze entdecken könnte. Die Idee, die ihm seit seinem Schlüsselerlebnis mit der Fächerpalme unter der sinnlichen Form einer übersinnlichen Ur-Pflanze vorschwebte, drohte ein bloßes Phantom zu sein. Es gaukelte ihm vor, ein Ding zu sein, obwohl es als solches niemals gefaßt werden kann. – Ist es ein Zufall, daß auch Marx von einem »sinnlich übersinnlichen Ding« spricht, in dessen gespensterhafte Form sich ein gewöhnlicher Tisch verwandelt, sobald er als Ware auftritt und dabei aus seinem Holzkopf die »Grille« entwickelt: »Was mir als Ding zukommt, ist nicht mein sinnlicher Gebrauchswert, sondern allein mein übersinnlicher Tauschwert«? Dieser Verrücktheit will Marx nicht auf den Leim gehen. Er vermeidet den Irrweg, auf den Goethe sich in Palermo begab, als er seine Urpflanze verdinglichte.

Wir sind wieder an jenen mysteriösen Tisch zurückgekehrt, an dem Marx den »Fetischcharakter der Ware und sein Geheimnis« demonstriert und entlarvt hat. Marx hat ihn aus dem Lesesaal im Britischen Museum in einen ökonomischen Raum verrückt, in dem jene kapitalismusgläubigen Fetischdiener am Werk sind, gegen die er bereits am 10. Juni 1842 in der *Rheinischen Zeitung* opponiert hatte: »Die Phantasie der Begierde gaukelt dem Fetischdiener vor, daß ein ›lebloses Ding‹ seinen natürlichen Charakter aufgeben werde, um das Jawort seiner Gelüste zu sein.«[40] Setzen wir uns also noch einmal an diesen Tisch, dem Marx, nachdem er die Gespenster der Religion und der Philosophie verscheucht hat, die »Grille« der kapitalistischen Warenproduktion und -zirkulation austreiben will.

»*Eine Ware scheint auf den ersten Blick ein selbstverständliches, triviales Ding.*« Aller Anfang ist schwer. So auch der Anfang der Kritik der politischen Ökonomie, welcher Marx fast vier Jahrzehnte seines Lebens gewidmet hat. Um sich nicht in einer chaotischen Vorstellung des materiellen Lebens zu verlieren, kommt es zunächst darauf an, eine Elementarform zu finden, von der aus zur konkreten Mannigfaltigkeit der gesellschaftlichen Produktionsverhältnisse »aufgestiegen«[41] werden kann. Die erkenntnistheoretische Metapher des »Aufstiegs« zeigt dabei, daß Marx nicht wie ein Philosophenkönig die Welt von oben überblicken will. Er lebt nicht im »Empyreum« der Götter und der reinen, wissenden Seelen. Er sieht die Welt von unten, um sich von dort zur Erkenntnis emporzuarbeiten. Denn unten ist der kranke und arme Herr Dr. Marx, der kein Geld hat, um sich all die »weltlustigen Dinge« kaufen zu können, die er in den Auslagen der Londoner Kaufhäuser sieht.

All diese Reichtümer scheinen ihn aufzufordern: »Brauche und kaufe mich!« Das ganze Leben kreist um die Waren als Elementarformen jener »ungeheuren Warensammlung«, von der bereits der erste Satz seiner *Kritik der politischen Ökonomie* von 1859 handelt: »Auf den ersten Blick erscheint der bürgerliche Reichtum als eine ungeheure Warensammlung.«[42] Marx bleibt von diesem bürgerlichen Reichtum ausgeschlossen. Kein Wunder, daß er ihm nicht geheuer ist. Die ungeheure Warensammlung, die auch 1867 im ersten Satz des *Kapital* noch einmal zitiert wird, ist für ihn ein Reich von Ungeheuern; und die Fenster der Kaufhäuser erscheinen ihm wie die toten Augen von London, durch die ihn leblose Dinge wie Geistererscheinungen anstarren. Es kommt Marx darauf an, sich von Anfang an gegen diesen ersten Eindruck zu wappnen. Sofort soll man über ihn hinweg sehen. Denn dieser Eindruck vermittelt nur den Schein. Er läßt sich durch die prunkvolle Zurschaustellung dieser Dinge verführen, die auf der Stirn das Preiszeichen tragen und etwas zu versprechen scheinen, was sie nicht wirklich halten können.

Ist nicht zum Beispiel ein Tisch, selbst wenn er eine Ware ist, »ein selbstverständliches, triviales Ding«? »Trivial« ist, was sich ohne weiteres im Umkreis der alltäglichen Verständlichkeit von selbst versteht. Wie der römisch-antike Ort, an dem drei Wege (*tri-via*) zusammenstießen, einen öffentlich viel begangenen Platz bildete, so sind auch Tische als alltägliche Dinge jedermann zugänglich. Sie sind einfach da und erscheinen als das, was sie sind: Ein Tisch ist ein Tisch ist ein Tisch. Jede Ware scheint zunächst so vertraut, alltäglich und gewöhnlich wie der hölzerne Gegenstand, den wir als Tisch wahrnehmen und gebrauchen können. Aber sie ist es nicht. Die Ware maskiert sich gleichsam mit der Selbstverständlichkeit der Naturalform, in der sie erscheint.

Nicht nur der erste Blick täuscht uns. Alles, was man den käuflichen Dingen ansieht, verfehlt das Wesentliche der Warenform. Denn die Frage, welchen Wert die Waren besitzen und woher er stammt, läßt sich durch Anschauung nicht beantworten. Man kann einen Tisch noch so lange anstarren. Seine Wertsubstanz und Wertgröße werden nicht sichtbar. Analyse ist gefordert. Sie aber ergibt, daß die Ware ein *»sehr vertracktes Ding ist, voll metaphysischer Spitzfindigkeit und theologischer Mucken«*. Während der Tisch als Ding »trivial« ist, ist er als Ware »vertrackt«. Das etymologisch aus dem mittelhochdeutschen Verb »trecken« (ziehen) abgeleitete Adjektiv verweist auf etwas Verzogenes, das körperlich entstellt und geistig verwirrt ist: also »verrückt« in seiner Doppeldeutigkeit. Denn mit der Warenexistenz kommt etwas ins Spiel,

Vergötterung

das die Einfachheit eines natürlichen Dings aufhebt und den Warentisch nicht nur rücken, sondern auch »Grillen« über das Verhältnis zwischen Gebrauchswert und Tauschwert entwickeln läßt. Bevor Marx den Warendingen ihre fetischisierte Verrücktheit zu exorzieren beginnt, spielt er noch einmal auf jene Bereiche an, in denen er seine kritische Arbeit bereits geleistet hat. Die Analyse des Warencharakters reaktiviert die Kritik des religiösen Geisterglaubens und des philosophischen Spiritualismus. Jetzt nimmt die Ware die Stelle ein, die früher von Gott oder Idee besetzt war. Die Kritik der politischen Ökonomie ist säkularisierte Religions- und Philosophiekritik.

Die Geistergeschichte der Philosophie verdichtet sich zu »metaphysischer Spitzfindigkeit«. Marx hat darunter alle Anstrengungen zusammengefaßt, die seit Platons Ideenlehre die europäische Philosophie als Metaphysik beherrschen. In die Immanenz der physischen Welt ist etwas eingebrochen, das als Transzendenz metaphysisch ist und die natürliche Wirklichkeit übersteigt. Als gebe es jenseits des in der Erfahrung Gegebenen noch etwas Anderes, eine Art von eigenständiger Hinter- oder Überwelt. Respektlos hat Marx alle metaphysischen Anstrengungen als bloße Spitzfindigkeiten zurückgewiesen, die etwas zu begründen versuchen, für dessen Existenz es keinen Beweis in der Tatsachenwirklichkeit geben kann. Neben den metaphysischen Spitzfindigkeiten stehen die »theologischen Mucken«. Während die Metaphysik sich wenigstens geistig-gedanklich über den Unterschied von Erscheinung und Wesen klar zu werden versuchte, versponn sich der religiöse Glaube an einen Gott oder ein göttliches Prinzip in eine Nebelregion, in der Hirngespinste ihren Spuk treiben.

Als Atheist hat Marx auch die Warenanalyse in diesen anti-theologischen Horizont gestellt. Die Ware trat dabei an die Stelle jenes Objekts der Begierde, von dem die gläubigen Fetischdiener nicht lassen können. Doch wie kam es zu diesem Mysterium? »*Soweit sie Gebrauchswert ist, ist nichts My-*

KARL MARX   75

steriöses an ihr, ob ich sie nun unter dem Gesichtspunkt betrachte, daß sie durch ihre Eigenschaften menschliche Bedürfnisse befriedigt oder diese Eigenschaften erst als Produkte menschlicher Arbeit erhält.« Der Gebrauchswert einer Ware, scheint Marx zu sagen, ist intakt, solange man nicht an ihre Metamorphose in der Warenzirkulation denkt. Unter dem Gesichtspunkt des Gebrauchswerts ist eine Ware nur ein selbstverständliches Ding, notwendig, nützlich oder angenehm für das Leben. Sie ist ein Gegenstand menschlicher Bedürfnisse, ein »Lebensmittel« im weitesten Sinn des Wortes. Ein Diamant zum Beispiel kann als Gebrauchswert sowohl ästhetische als auch mechanische Bedürfnisse befriedigen, sei es »am Busen der Lorette oder in der Hand des Glasschleifers«[43].

Die Nützlichkeit eines Dings schwebt nicht in der Luft. Sie ist an die sinnlichen Eigenschaften des Körpers gebunden. Die aristotelische Sandale, der Tisch im Britischen Museum, der Diamant am Hals der Geliebten, der amerikanische Revolver oder das russische Pelzwerk besitzen als Gebrauchswerte eine »Naturalform«, deren Eigenschaft menschliche Bedürfnisse befriedigen kann. Sie alle führen uns zugleich die Qualität menschlicher Arbeit vor Augen. Schuhmacher, Schreiner und Tischler, Diamantenschleifer, Waffentechniker, Kürschner und Schneider waren am Werk, um natürliche Stoffe so umzuformen, daß sich ihre Nützlichkeit im Gebrauchswert ihrer Arbeitsprodukte darstellen kann. Nützliche Arbeit ist eine ewige Naturnotwendigkeit des menschlichen Lebens. Sie ist ein Prozeß zwischen Mensch und Natur, »worin der Mensch seinen Stoffwechsel mit der Natur durch seine eigne Tat vermittelt, regelt und kontrolliert. Er tritt dem Naturstoff selbst als eine Naturmacht gegenüber.«[44] All das hat nichts Geheimnisvolles oder Gespenstisches an sich, auch wenn die handwerkliche Kunstfertigkeit eines Textilarbeiters oft Wunder zu schaffen scheint: »Er hat gesponnen und das Produkt ist ein Gespinst.«[45]

»Es ist sinnenklar, daß der Mensch durch seine Tätigkeit die Formen der Naturstoffe in einer ihm nützlichen Weise verändert.

Die Form des Holzes z.B. wird verändert, wenn man aus ihm einen Tisch macht. Nichtsdestoweniger bleibt der Tisch Holz, ein ordinäres sinnliches Ding.« Aus dem natürlichen Eichenstamm im Sherwood Forest ist der nützliche Tisch im Londoner Britischen Museum geworden. Marx hat das Prädikat »ordinär« nicht abwertend gemeint. Er verweist damit nur noch einmal auf die alltägliche Eigenschaft des Tisches, auf seinen gesellschaftlich eingespielten Gebrauchswert. Das sinnliche Dasein des geformten Holzes ist der sinnlichen Erkenntnis vertraut. Für den Menschen, der an dem Tisch sitzt, ist »sinnenklar«, womit er es zu tun hat. Als Gebrauchswert besitzt der Tisch eine gegenständliche Bedeutungshaftigkeit, die jeder kennt, der den Tisch als solchen zu nutzen weiß.

»*Aber sobald er als Ware auftritt, verwandelt er sich in ein sinnlich übersinnliches Ding.*« Dieses plötzliche Ereignis ist
überraschend. Der Tisch steht nicht mehr fest auf seinen vier Füßen. Er tritt auf wie ein Schauspieler. Als Warenwert macht er sich geltend und verwandelt sich durch einen »Transsubstantiationsakt«[46] in ein Gespenst, in dem das Übersinnliche einen Leib erhält.

Übersinnlich ist der Tauschwert der Waren. Denn während der Gebrauchswert eines Tischs in seiner sinnlich erfahrbaren Nützlichkeit besteht, gewinnt er seinen Tauschwert nur im Rahmen ökonomischer Verhältnisse, die als solche die erfahrbare Dingwelt übersteigen. Der Tauschwert des Tischs ist unsichtbar, geruch- und geräuschlos, nicht zu schmecken und unberührbar. Er ist eine ökonomische Größe, die allein im Verhältnis der verschiedenen Waren zueinander existiert. Sie können getauscht werden, weil sie etwas gemeinsam haben. »Dieses Gemeinsame kann nicht eine geometrische, physikalische, chemische oder sonstige natürliche Eigenschaft der Ware sein.«[47]

Immer wieder hat Marx insistiert, daß die Waren, als reine Tauschwerte betrachtet, unfaßbar sind und daß ihre sinnliche Beschaffenheit ausgelöscht ist. Marx scheute nicht vor derben Vergleichen zurück, um diese Unsinnlichkeit vorstellbar

KARL MARX

zu machen. Die verhurte Witwe Hurtig aus Shakespeares *König Heinrich IV.* war ihm lieber als diese Ungreifbarkeit des Tauschwerts der Waren: »Die Wertgegenständlichkeit der Waren unterscheidet sich dadurch von der Wittib Hurtig, daß man nicht weiß, wo sie zu haben ist. Im graden Gegenteil zur sinnlich groben Gegenständlichkeit der Warenkörper geht kein Atom Naturstoff in ihre Wertgegenständlichkeit ein. Man mag eine einzelne Ware drehen und wenden wie man will, sie bleibt unfaßbar als Wertding.«[48]

Diese Entkörperung läßt auch die Arbeit in einem neuen Licht erscheinen. Wenn die Ware eine Einheit von sinnlichem Gebrauchswert und übersinnlichem Tauschwert ist, dann muß auch ihre Herstellung einen Doppelcharakter besitzen. Nicht ohne Stolz konnte Marx feststellen: »Diese zwiespältige Natur der in der Ware enthaltenen Arbeit ist zuerst von mir kritisch nachgewiesen worden.«[49] Während Arbeit, soweit sie Gebrauchswerte konkret hervorbringt, differenziert und spezialisiert ist, wird Arbeit, soweit sie in den Tauschwert eingeht, zur abstrakten Größe, unterschiedslos und gleichförmig. Ein Tisch, als Tauschwert gesehen, ist nicht länger das einfache Produkt einer konkreten Tischlerarbeit. Denn alle Dinge, mit denen dieser Tisch den gleichen Wert besitzt, werden als gleiche Volumen von Arbeit berechnet. Sie unterscheiden sich nicht länger, »sondern sind allzusammt reduziert auf gleiche menschliche Arbeit, abstrakt menschliche Arbeit«[50].

Während der Gebrauchswert ein Verhältnis zwischen einem nützlichen Ding und seinem bedürftigen Nutzer bezeichnet, bei dem die Zirkulation der Waren keine Rolle spielt, ist der Tauschwert ein rein ökonomisches Verhältnis zwischen den Waren selbst. Der Tisch als Ware »*steht nicht nur mit seinen Füßen auf dem Boden, sondern er stellt sich allen andren Waren gegenüber auf den Kopf*«. Es scheint, als verliere er den festen Boden unter seinen Beinen, um mit allen anderen Waren seinen Handel zu treiben. Er ist zum Bürger einer Warenwelt geworden. Gleichgültig gegen seine Naturform und ohne Rücksicht auf die besonderen Bedürfnisse seines Benutzers ruft er seinen Brüdern und Schwestern in der Zirkulationssphäre zu: Seid ihr auch so viel wert wie ich? Wer von euch ist wertvoller oder teurer, wer wertloser oder billiger? Nur das zählt im Warenverkehr.

In stets neuen Gleichungen, die sich oft wie Auflistungen im Haushaltsbuch seiner Frau Jenny lesen, hat Marx die Wertform der Waren festgestellt, die schließlich in der Geldform ihr allgemeines Äquivalent findet: 2 Pfund Kaffee = 8 Pfund Brot = 1 Elle Leinwand = $1/2$ Pfund Tee = 6 Ellen Kattun … Während unter dem Gesichtspunkt des Gebrauchswerts die einzelnen Waren ursprünglich als selbständige Dinge erscheinen, deren Qualität nützlich ist, sind sie nun in ein gesellschaftlich-ökonomisches Verhältnis zueinander geraten, bei dem Quantitäten die entscheidende Rolle spielen. Ein Band des römischen Lyrikers Propertius kann gegen 8 Unzen Schnupftabak getauscht werden, weil beides den gleichen Tauschwert besitzt, trotz des unterschiedlichen Charakters von Elegie und Tabak. »Als Tauschwert ist ein Gebrauchswert gerade so viel wert wie der andere, wenn nur in richtiger Portion vorhanden. Der Tauschwert eines Palastes kann in bestimmter Anzahl von Stiefelwichsbüchsen ausgedrückt werden. Londoner Stiefelwichsfabrikanten haben umgekehrt den Tauschwert ihrer multiplizierten Büchsen in Palästen ausgedrückt.«[51]

Vor diesem Hintergrund erscheint es, als habe sich der stabile Tisch in einen hölzernen Dickschädel verwandelt, der störrisch und starrsinnig die Verhältnisse auf den Kopf stellt. Er »*entwickelt aus seinem Holzkopf Grillen, viel wunderlicher, als wenn er aus freien Stücken zu tanzen begänne*«. Wie in der Nebelregion der religiösen Welt die Produkte des menschlichen Kopfes als »mit eignem Leben begabte und mit den Menschen in Verhältnis stehende selbständige Gestalten«[52] angesehen werden, so treten in der Warenwelt die Dinge als eigenständige Wesen auf, die gesellschaftlich miteinander verkehren und die Menschen in ihren ökonomischen Tauschhandel hineinziehen. Geschult durch seine Kritik philosophischer Geister und religiöser Gespenster, hat Marx das »Geheimnis des Fetischcharakters der Ware« gelüftet: »Das Geheimnisvolle der Warenform besteht also einfach darin, daß sie den Menschen die gesellschaftlichen Charaktere ihrer eignen Arbeit als gegenständliche Charaktere der Arbeitsprodukte selbst, als gesellschaftliche Natureigenschaften dieser Dinge zurückspiegelt, daher auch das gesellschaftliche Verhältnis der Produzenten zur Gesamtarbeit als ein außer ihnen existierendes gesellschaftliches Verhältnis von Gegenständen. Durch dieses Quidproquo werden die Arbeitsprodukte Waren, sinnlich übersinnliche oder gesellschaftliche Dinge.«[53]

Etwas für etwas, Verwechslung einer Sache mit einer anderen: Das Verhältnis der Menschen zueinander versteckt sich unter der dinglichen Hülle von Waren, wobei zahlreiche Menschen nichts anderes anzubieten haben als ihre Ware Arbeitskraft; und das Tauschwert-Verhältnis der Sachen in der Zirkulationssphäre spielt sich als gesellschaftliche Beziehung auf. Dieses mysteriöse *Quidproquo* ist viel wunderlicher, als wenn der verrückte Tisch aus freien Stücken zu tanzen begänne.

Marx hat diesen Hinweis durch eine Anmerkung näher ausgeführt: »*Man erinnert sich, daß China und die Tische zu tanzen anfingen, als alle übrige Welt still zu stehen schien – pour encourager les autres (um die anderen zu ermutigen).*« Die Herausgeber der Marx-Engels-Werkausgabe haben diese Anmerkung wiederum durch eine Anmerkung erläutert: Man solle sich an die Periode der konservativen Reaktion auf die gescheiterten bürgerlichen Revolutionen von 1848/49 besinnen. »Während man sich um diese Zeit in den aristokratischen und auch bürgerlichen Kreisen Europas für den Spiritismus, besonders für das Tischerücken begeisterte, entfaltete sich in China eine mächtige anti-feudale Befreiungsbewegung insbesondere unter den Bauern, die als Taiping-Revolution in die Geschichte eingegangen ist.«[54]

Vom Tischerücken hat Marx sich zweifellos nicht viel versprochen. Tanzende Tische mögen als spiritistischer Hokuspokus unterhaltsam sein, oder als Bild, um den ganzen Spuk zu veranschaulichen, der die Arbeitsprodukte auf Grundlage der Warenproduktion umnebelt. Als Hoffnungsschimmer dagegen erscheint Marx, »daß China zu tanzen anfing«. Denn die großen Bauernaufstände, die zwischen 1850 und 1864 das Reich des Himmels erschüttern und die mandschurisch-chinesische Ch'ing-Dynastie schwächen, lassen ihn davon träumen, »daß die chinesische Revolution den Funken in das übervolle Pulverfaß des gegenwärtigen industriellen Systems (Englands) schleudern und die seit langem heranreifende allgemeine Krise zum Ausbruch bringen wird, der dann beim Übergreifen auf das Ausland politische Revolutionen auf dem Kontinent unmittelbar folgen werden«[55]. So jedenfalls beschwört es Marx am 20. Mai 1853 im Leitartikel für die *New York Daily Tribune* Nr. 3794. Seitdem die englischen Kanonen China das Opium aufgezwungen hatten und damit zugleich die Silbermünze als Zahlungsmittel nach Britisch-Ostindien abfließen ließen, hat das chinesische Volk den Aufstand geprobt. China tanzte. »Die Frage ist jetzt, nachdem England die Revolution über China gebracht hat, wie diese Revolution mit der Zeit auf England und über England auf Europa zurückwirken wird.«[56]

Das Gespenst des Kommunismus

Wir wollen den Tisch, an dem Marx saß, las, dachte und schrieb, nicht verlassen, ohne einen letzten Blick auf die Revolution zu werfen, von der sich Marx eine endgültige Vertreibung aller Gespenster und Geister erhoffte, die in Religion, Philosophie und Politischer Ökonomie ihr Unwesen trieben. Was auf dem Kopf stand, sollte wieder auf seine Füße gestellt werden. Das gesellschaftliche Verhältnis des Men-

KARL MARX

schen zum Menschen sollte wieder zum Grundprinzip werden, und die produzierten Gegenstände sollten als Gebrauchswerte dazu dienen, seine Bedürfnisse zu befriedigen. Abgeleitet aus dem lateinischen »*communis*« (gemeinschaftlich, gemeinsam, öffentlich, allgemein üblich) hießen Impuls und Ziel dieser revoltierenden Umwertung: Kommunismus.

Bereits in den Pariser *Ökonomisch-philosophischen Manuskripten von 1844* hat Marx die Formel aufgestellt, die ihm sein Leben lang als Richtschnur seines Denkens und Handelns diente: »Dieser Kommunismus ist als vollendeter Naturalismus = Humanismus, als vollendeter Humanismus = Naturalismus, er ist die wahrhafte Auflösung des Widerstreites zwischen dem Menschen mit der Natur und mit dem Menschen, die wahre Auflösung des Streits zwischen Existenz und Wesen, zwischen Vergegenständlichung und Selbstbestätigung, zwischen Freiheit und Notwendigkeit, zwischen Individuum und Gattung. Er ist das aufgelöste Rätsel der Geschichte und weiß sich als diese Lösung.«[57]

Gegen alle Formen des Spiritualismus zielte die Gleichung »Naturalismus = Humanismus« auf den Menschen als Naturwesen, das Marx mehr liebte und höher achtete als jene »ungegenständliche Unwesen«, die er in Religion, Philosophie und ökonomischer Abstraktion herumspuken sah. Alle Bestimmungen, mit denen der frühe Marx den Menschen charakterisierte, beruhten auf dieser naturalistischen Grundüberzeugung, daß der Mensch ein wirkliches, leibliches, auf der festen Erde stehendes Lebewesen ist, lebendig, sinnlich, gegenständlich, leidend und leidenschaftlich. Dieses naturalistische Menschenbild hatte Marx zunächst nur innertheoretisch und -philosophisch entwickelt – als negative Kritik an den verschiedenen »Zauberformeln« der Religion und Philosophie, die sich nur für Bewußtsein, Geist und Gott interessierten. In den folgenden Jahren, vor allem zwischen 1845 und 1848, fand dann jener Anschluß der Theorie an die politische Praxis statt, die dem »Marxismus« sein besonderes Profil verlieh.

Anfang 1845, gerade aus Paris vertrieben, nahm Marx Kontakt mit dem »Bund der Gerechten« auf, der sich 1836 als demokratisch-revolutionärer Geheimbund von Arbeitern und Handwerkern gebildet hatte. 1846 gründeten Marx und Engels dann das Brüsseler »Kommunistische Korrespondenz-Komitee«, um den organisatorischen Zusammenschluß und das theoretische Fundament der kommunistischen Bewegungen zu stärken. In der gemeinsam geschriebenen *Deutschen Ideologie* ist die Wende zur politischen Praxis bereits deutlich lesbar: »Der Kommunismus ist für uns nicht ein Zustand, der hergestellt werden soll, ein Ideal, wonach die Wirklichkeit sich zu richten haben (wird). Wir nennen Kommunismus die wirkliche Bewegung, welche den jetzigen Zustand aufhebt.«[58] Das bereits existierende Proletariat wurde als revolutionärer Akteur aufgefaßt, der aufgrund seiner Lebensform und Arbeitsweise dazu befähigt ist, die philosophische Gleichung »Naturalismus = Humanismus« praktisch zu verwirklichen.

Unter dem Einfluß von Marx und Engels hat sich der »Bund der Gerechten« vom putschistischen Geheimbund zur Propagandaorganisation gewandelt. Auf dem Londoner Bundeskongreß im Sommer 1847 fand man einen neuen Namen: »Bund der Kommunisten«. Auf dem zweiten Kongreß im Winter 1847 wurde Marx und Engels der Auftrag erteilt, eine Art Glaubensbekenntnis der kommunistischen Bewegung zu schreiben. So entstand das *Manifest der Kommunistischen Partei*, jenes einzigartige Dokument hochgesteckter Hoffnungen und gescheiterter Prophezeiungen.

Nun taucht bereits in den ersten Sätzen dieses Manifests jenes Substantiv dreimal auf, mit dem Marx bisher seine religiösen und philosophischen Widersacher identifiziert hat. Der radikalste Gespensterjäger des 19. Jahrhunderts spielt gegen die herrschenden Mächte aus, woran diese allein glauben können: »Ein Gespenst geht um in Europa – das Gespenst des Kommunismus. Alle Mächte des alten Europa haben sich zu einer heiligen Hetzjagd gegen dies Gespenst verbündet.«[59]

KARL MARX

Zunächst scheint es so, als existiere der Kommunismus nur in den Angstvorstellungen seiner Gegner, die alle möglichen Allianzen bilden, um ihn zu bekämpfen. Aber zugleich wird dieses »Gespenst des Kommunismus« mit einem wirklichen Leib versehen. Denn für Marx und Engels ist es »hohe Zeit, daß die Kommunisten ihre Anschauungsweise, ihre Zwecke, ihre Tendenzen vor der ganzen Welt offen darlegen und dem Märchen vom Gespenst des Kommunismus ein Manifest der Partei selbst entgegenstellen«[60].

Ihre revolutionären Hoffnungen werden nicht erfüllt. Vor allem die politische Entwicklung in Frankreich widerspricht ihren Erwartungen vollkommen. Schon in den Junitagen 1848 erlebt das aufständische Proletariat seine vernichtende Niederlage; Anfang 1849 vollzieht sich der Fall der republikanischen Bourgeoisie; am 2. Dezember 1851 geht das parlamentarische System insgesamt unter, und Louis Bonaparte, ein Neffe Napoleons I., liest ihm, wenn auch mit beklommener Stimme, sein Todesurteil. Ein Jahr später besteigt er als Napoleon III., Kaiser der Franzosen, den Thron. Die Mächte des alten Europa haben gesiegt. Der Kommunismus bleibt ein Phantom, seine Verwirklichung nur angekündigt und versprochen. Der Geist der großen Französischen Revolution von 1789 ist nicht lebendig geworden. »1848–1851 ging nur das Gespenst der alten Revolution um.«[61]

Seit dem Sommer 1849 lebt Karl Marx mit seiner Familie im Londoner Exil. Seine revolutionären Hoffnungen haben sich zerschlagen. Die Familie steckt in einer ungeheuren »ökonomischen Scheiße«, der Kehrseite jenes »bürgerlichen Reichtums«, der in London zur Schau gestellt ist. Jahrelang sitzt Marx an seinem Tisch im Britischen Museum und erforscht die ökonomischen Grundlagen der modernen Gesellschaften. Die Gespenster der Politik haben für ihn an Macht verloren und dem Spuk der Warenwelt den Rang abgetreten. Marx will unbedingt herausfinden, wie das alles zusammenhängt: Ware, Geld, Kapital, Mehrwert, Profit, Lohn, Zinsen, Rente, Grundrente.

84   Der verrückte Tisch

Warum kann einerseits der Stiefelwichsfabrikant in einem lichtdurchfluteten, privaten Palast wohnen, in dem sich der Tauschwert multiplizierter Wichsbüchsen ausdrückt? Und warum haust andererseits der Fabrikarbeiter, der die Stiefelwichse herstellt, in einem dunklen Loch, aus dem er, sobald er die Miete nicht zahlen kann, hinausgeworfen wird? Warum verwandelt sich fast jedes Ding zum Waren-Köder, mit dem das Wesen des Käufers, nämlich sein Geld, herausgelockt wird? Die ökonomischen Verhältnisse erschrecken Marx wie Ungeheuer. Aber anders als viele seiner Zeitgenossen will er ihnen klar ins Auge sehen, um sie bekämpfen zu können: »Perseus brauchte eine Nebelkappe zur Verfolgung von Ungeheuern. Wir ziehen die Nebelkappe tief über Aug' und Ohr, um die Existenz der Ungeheuer wegleugnen zu können.«[62] Unter der Schärfe seines Blicks beginnt nun zu allem Überdruß auch noch der Tisch, an dem er arbeitet, zu spuken. Er verwandelt sich in ein »sinnlich übersinnliches Ding« inmitten einer »ungeheuren Warensammlung«.

Um diesem Tisch die Spukgestalt auszutreiben, gibt es nur eine Möglichkeit. Marx versucht sich eine gesellschaftliche Produktionsform vorzustellen, in der die Sinnlichkeit des nützlichen Gebrauchs von der Übersinnlichkeit des ökonomischen Tauschwerts befreit ist. Er träumt von einem Gebrauchswert, der frei von allem ist, was den Tauschwert und die Warenform ausmacht. Um zu profilieren, was ihm vorschwebt, spielt Marx mehrere Möglichkeiten durch und läßt verschiedene Produktionsweisen Revue passieren.

Zunächst erinnert er an die Vorstellungen eines paradiesischen Zustands, in dem der Gebrauchswert der Dinge den Menschen ohne Arbeit verfügbar war. Doch der Mensch ist kein Adam mehr. »Luft, jungfräulicher Boden, natürliche Wiesen, wildwachsendes Holz«[63] mögen zwar selbst in einer Welt, in der die kapitalistische Produktionsweise herrscht, noch existieren, aber aus dieser sich selbst versorgenden Natur sind die Menschen vertrieben, und eine allgemeine Rückkehr in den Garten Eden ist ihnen verwehrt.

Als nächste Möglichkeit spielt Marx auf eine literarische Figur an, die auch bei den Nationalökonomen seiner Zeit sehr populär war. »Ein Ding kann nützlich und Produkt menschlicher Arbeit sein, ohne Ware zu sein.«[64] Marx denkt hier an die autarke Produktion eines Robinson auf der einsamen Insel, der durch seine Arbeitsprodukte nur sein eigenes Bedürfnis befriedigt, ohne Gebrauchswerte für andere zu produzieren. Solche Robinsonaden mögen als Abenteuergeschichten unterhaltsam sein; aber sie können kein allgemeines Modell für eine gesellschaftliche Produktion abgeben, die von vorneherein die Arbeitsweise und Lebensform eines einzelnen übersteigt. Selbst Robinson war als Angehöriger einer Kulturnation auf dem Eiland gestrandet; und auch er brauchte seinen Freitag.

In einem nächsten Schritt versetzt Marx uns von Robinsons exotischer Insel ins europäische Mittelalter. Er hat die Abhängigkeitsverhältnisse zwischen Leibeigenen und Grundherren, Vasallen und Lehnsgeber als unfrei abgelehnt. Aber er hat auch darauf hingewiesen, daß im Rahmen dieser Abhängigkeiten Arbeit und Produkte ein gesellschaftliches Band bildeten, das noch nicht durch eine abstrakt allgemeine Tauschwertproduktion bestimmt war. Sie waren Naturaldienste und Naturallieferungen, die nicht als Waren getauscht, sondern durch Macht umverteilt wurden.

Auch an Formen einer gemeinschaftlichen Arbeit, »wie wir sie an der Schwelle der Geschichte aller Kulturvölker finden«[65], hat Marx sich erinnert. Das »naturwüchsige Gemeineigentum«, wie es bei den Römern und Germanen, bei Kelten und Indern vorkam, hat Marx versucht, als eine »Urform« gesellschaftlicher Produktion nachzuweisen. Schließlich wies er auch noch auf das näher liegende Beispiel der Arbeit einer Bauernfamilie hin, die nicht für den Markt, sondern für den eigenen Bedarf Korn, Vieh, Garn, Leinwand, Kleidung, Tische usw. produzierte. Der weibliche Teil der Familie spann, der männliche webte. Gespinst und Leinwand waren gemeinsam hergestellte Produkte, die als Naturalformen innerhalb des

Familienzusammenhangs ihren Wert besaßen. Aber auch diese Produktionsform konnte für Marx kein Vorbild jener gesellschaftlichen Lebensform sein, von der er sich die Vertreibung aller Gespenster erhoffte, die den Menschen narrten. Denn die Bauernfamilie entsprach nicht dem Ideal eines herrschaftsfreien Kommunismus, »worin die freie Entwicklung eines jeden die Bedingung für die Entwicklung aller ist«[66].

All diese Hinweise auf andere Produktionsformen haben das Ziel verfehlt, das Marx anvisiert. Gegen den Mystizismus der Warenwelt erinnerten sie zwar an die Naturalformen nützlicher Gebrauchswerte. Aber sie forderten einen zu hohen Preis. Sie waren weder auf der Höhe der Zeit hochentwickelter Industrie, noch entsprachen sie dem Freiheitsideal des aufgeklärten Philosophen. Sie beschworen die unerträgliche Einsamkeit eines Robinson oder verharrten in starren Machtverhältnissen.

Und so blieb Marx am Ende nur ein Appell an die menschliche Einbildungskraft übrig. Wir sollen uns etwas vorstellen, das es noch nie gab und vielleicht nie geben wird. Es ist die menschliche Phantasie, die ihm die Kraft und Ausdauer gab, gegen alle Gespenster, Geister und Grillen anzukämpfen, die ihn verfolgten: »Stellen wir uns endlich, zur Abwechslung, einen Verein freier Menschen vor, die mit gemeinschaftlichen Produktionsmitteln arbeiten und ihre vielen individuellen Arbeitskräfte selbstbewußt als eine gesellschaftliche Arbeitskraft verausgaben.«[67] Erst in einem solchen »kommunistischen« Verein hätte für Marx der Tisch seine Übersinnlichkeit verloren und wäre ganz einfach nur das, was er als selbstverständliches Ding zu sein schien: ein nützliches Arbeitsmittel, an dem Marx selbstbewußt geistig und schriftstellerisch arbeiten konnte, ohne von den Gespenstern der Warenwelt verfolgt zu werden.

KARL MARX 87

Die hölzerne Spule

Wie SIGMUND FREUD *ein gewöhnliches Kinderspiel interpretierte, um den Dämon des Todestriebs erscheinen zu lassen*

Ich bin der Geist, der stets verneint!
Und das mit Recht: denn alles, was entsteht,
Ist wert, daß es zugrunde geht;
Drum besser wärs, daß nichts entstünde.
So ist denn alles, was ihr Sünde,
Zerstörung, kurz das Böse nennt,
Mein eigentliches Element.[1]

Mephistopheles

Am 18. Februar 1856, während Karl Marx an seinem Londoner Schreibtisch die Gesetze der Politischen Ökonomie feststellen wollte, starb sein Freund Heinrich Heine in Paris. Wenige Monate später, am 6. Mai 1856, wurde Sigmund Freud in der kleinen mährischen Stadt Freiberg geboren. 1860 zog die Familie nach Wien, wo der Begründer der Psychoanalyse achtundsiebzig Jahre lebte und wirkte, bis er sich durch den »Anschluß« Österreichs ans Deutsche Reich gezwungen sah, nach London zu emigrieren. Dort starb er am 23. September 1939. Als Analytiker der Seele hat er den Faden weitergesponnen, den der Dichter Heine und der Philosoph Marx zu knüpfen begonnen hatten. Nicht grundlos nannte er sie seine »Unglaubensgenossen«[2], auch wenn er ihnen an einem entscheidenden Punkt nicht gefolgt ist.

Heine und Marx hatten einen Traum. Sie stellten sich einen Kommunismus vor, in dem die »freie Entwicklung eines jeden die Bedingung für die Entwicklung aller ist«. Freud machte sich über diesen Wunsch-Kommunismus nicht lustig. Er selbst hatte in jungen Jahren unter Armut gelitten und wollte keinesfalls in den Verdacht geraten, »daß er kein Verständnis und kein Wohlwollen« aufbringe »für die Bestrebungen ..., die Besitzungleichheit der Menschen und was sich daraus ableitet, zu bekämpfen«.[3] Vielleicht führte die kommunistische Vergesellschaftung der Produktionsmittel ja tatsächlich zu einer Erlösung vom wirtschaftlichen Übel. Darüber wollte er nicht urteilen. Aber das Leugnen jenes mächtigen Anteils von Aggressionsneigungen, die, wie Freud überzeugt war, zu den Triebausstattungen des Menschen gehörten, erschien ihm als »haltlose Illusion«[4]. In dieser Hinsicht verhielten sich die Kommunisten wie kleine Kinder, die die Welt nur im Licht ihrer eigenen Wünsche sehen wollen. Für Freud war der Mensch des Menschen Wolf – *homo homini lupus* –, und es bedurfte großer kultureller Anstrengungen, um diese »wilde Bestie«[5] im Zaum zu halten.

Gegen die Marxsche »Illusion« führte Freud gern Goethes Weltbild an. Besonders überzeugend fand er den Dualismus, über den der durch Magie herbeigerufene Mephistopheles den wißbegierigen Faust informiert. Mephistopheles identifiziert sich mit dem Prinzip des »Bösen«, das alles zerstören will. Aber dieser Teufel kennt auch seinen Widersacher. Es ist nicht das Heilige, das Gute oder das Göttliche. Es ist die zeugende Kraft der Natur, die sich dem mephistophelischen Nichts entgegen stellt.

> »Und dem verdammten Zeug, der Tier- und Menschenbrut,
> Dem ist nun gar nichts anzuhaben:
> Wie viele hab ich schon begraben,
> Und immer zirkuliert ein neues, frisches Blut!
> So geht es fort, man möchte rasend werden!
> Der Luft, dem Wasser wie der Erden
> Entwinden tausend Keime sich,
> Im Trocknen, Feuchten, Warmen, Kalten!
> Hätt ich mir nicht die Flamme vorbehalten,
> Ich hätte nichts Aparts für mich.«[6]

Der reife Freud hat Goethes diabolischen Dämon zum Zeugen seiner eigenen Triebtheorie erklärt. Neben dem Lebenstrieb existiert der Todestrieb als eine ursprüngliche und selbständige Anlage des Menschen. Beide müssen sich die Weltherrschaft teilen, und ihr Widerstreit allein erklärt die phänomenale Buntheit der Lebenserscheinungen.

Wie kam es bei Freud zur Anerkennung des Todestriebs, den er anfangs nur versuchsweise und zögernd einführte, der aber im Lauf der Zeit eine solche Macht über ihn gewonnen hat, daß er »nicht mehr anders denken kann«[7]? Es war vor allem das Spiel eines Kindes mit einer Spule aus Holz, das dem Analytiker als Anlaß diente, um den Todestrieb als psychische Realität zu beschwören.

Das Fort/Da-Spiel des kleinen Ernstl

Im Sommer 1915 fährt Freud, der in seinem sechzigsten Lebensjahr steht und als Begründer der Psychoanalyse weltweit berühmt ist, nach Berchtesgaden, um in der Nähe seiner Mutter Amalia zu sein. Sie lebt in Ischl, wo sie ihren achtzigsten Geburtstag feiern will. Ihre Gebrechlichkeit läßt den Sohn an den bald zwanzig Jahre zurückliegenden Tod des Vaters denken, ein einschneidendes Erlebnis, das damals den Sohn zu seiner Selbstanalyse veranlaßt hatte. Wird auch die Mutter, wie der Vater Jacob, im einundachtzigsten Lebensjahr sterben?

Einige Wochen bleibt Freud in Berchtesgaden, dessen Umgebung ihn an das geliebte Italien erinnert, das ihm seit Kriegsbeginn versperrt ist. Hatte Freud den Krieg wie so viele seiner Landsleute zunächst fast enthusiastisch begrüßt, voller Liebe zu Österreich-Ungarn und Deutschland, so sind nun, nach nur einem Jahr, auch die letzten Illusionen verflogen. In diesem Sommer schreibt Freud *Zeitgemäßes über Krieg und Tod*. Im Wirbel der Kriegszeit werden die Menschen in ihrer Wahrnehmung und Orientierung verwirrt, in ihrer Leistungsfähigkeit gebremst. Die kulturellen Leistungen der Weltmitbürger scheinen sich in Nichts aufzulösen. Blindwütig wirft der Krieg alles nieder, was sich ihm in den Weg stellt, »als sollte es keine Zukunft und keinen Frieden unter den Menschen nach ihm geben«[8]. Ratlos blicken die Kulturweltbürger auf die Barbarei der zivilisierten Staaten. Sie stehen vor einer ihnen fremd gewordenen Welt.

Aber vielleicht ist, wie Freud zu bedenken gibt, die bittere Enttäuschung gar nicht angemessen. Vielleicht ist nur eine Täuschung aufgedeckt worden. Dann wäre die Verzweiflung über das brutalisierte Verhalten der einst zivilisierten Menschen unberechtigt, denn: »Sie beruhte auf einer Illusion, der wir uns gefangen gaben. In Wirklichkeit sind sie nicht so tief gesunken, weil sie gar nicht so hoch gestiegen waren, wie wirs von ihnen glaubten.«[9] Die Desillusionierung wird komplettiert durch eine veränderte Haltung zum Tod. Er kann nicht mehr übergangen werden. Er drängt sich den Menschen in seiner unbeherrschbaren Grausamkeit auf. Im Grabenkrieg sterben die Menschen, »oft Zehntausende an einem Tage«.[10]

Doch diese Einsichten haben 1915 Freuds fundamentale Lebenslust noch nicht in Frage gestellt. Paradoxerweise hat die Allgegenwart des Sterbens das Leben »wieder interessant« gemacht. Es ist »wahrhaftiger« und »aufrichtiger« geworden. Nur im Bewußtsein des Todes entwickelt es diese besondere Qualität. Dem Tod ins Auge sehen heißt, jeden Moment des Lebens zu schätzen. Das wußten bereits die antiken Stoiker, denen Freud in seiner existenzial-philosophischen Grundhaltung gefolgt ist. In einem philosophisch-literarischen Essay, den er im Sommer 1915 auf Einladung der Berliner Goethegesellschaft für einen Band schreibt, der an Deutschland als *Das Land Goethes* erinnern will, wird dieser Gedanke vertieft. Gegen »einen melancholischen Dichter«, dem die »Vergänglichkeit« alles Schönen und Edlen als dessen Entwertung erscheint, beharrt Freud darauf: Es ist gerade die Vergänglichkeit, die etwas für uns besonders wertvoll macht. »Wenn es eine Blume gibt, welche nur eine einzige Nacht blüht, so erscheint uns ihre Blüte darum nicht minder prächtig.«[11] Selbst der Krieg, der die Schönheit in Kultur und Landschaft zerstört, das Triebleben in seiner aggressiven Nacktheit bloßstellt und die »bösen Geister« entfesselt, die durch Erziehung und zivilisatorische Errungenschaften gebändigt zu sein schienen, steigert die Lust an dem, was übrig geblieben ist. Er intensiviert »die Zärtlichkeit für unsere Nächsten«[12] und die Hochschätzung der bedrohten Kulturgüter. Letztlich bleibt Freud optimistisch. »Wir werden alles wieder aufbauen, was der Krieg zerstört hat, vielleicht auf festerem Grund und dauerhafter als zuvor.«[13]

In dieser ambivalenten Stimmung, in der Todeserfahrung und Lebenslust zusammenspielen, verläßt Freud am 13. September 1915 seine Mutter und reist über München und Berlin nach Hamburg, wo seine zweite Tochter Sophie, verheiratete Halberstadt, lebt. Sie ist zweiundzwanzig Jahre alt und glückliche Mutter eines kleinen Jungen. Zwei Wochen bleibt Freud bei seiner Tochter und seinem ersten Enkel zu Besuch. Während dieser Zeit wird er Augenzeuge eines Spiels, das der eineinhalbjährige Ernst Halberstadt für sich erfunden hat. Dieses Kinderspiel hinterläßt bei dem Großvater einen so starken Eindruck, daß er es 1920 in *Jenseits des Lustprinzips* zum Ausgangspunkt seiner spekulativen Beweisführung für einen eigenständigen Todestrieb macht.

Fünf Jahre vergehen, bevor Freud dieses Spiel psychoanalytisch interpretiert. »Es dauerte ziemlich lange, bis das rätselhafte und andauernd wiederholte Tun mir seinen Sinn verriet.«[14] Wir wissen also nicht genau, was er in diesen Septemberwochen 1915 in Hamburg wirklich gesehen, empfunden und gedacht hat. Wir kennen nur die nachträgliche Darstellung und Analyse in *Jenseits des Lustprinzips*, dieser faszinierenden und kühnen Schrift, für die er die Freiheit in Anspruch nimmt, souverän und frei zu philosophieren.

»Ernstl« ist ein braves Kind. Er gehorcht seinen Eltern, befolgt gewissenhaft ihre Verbote und stört sie auch nicht in ihrer Nachtruhe. Selbst wenn die Mutter für Stunden abwesend ist, weint er nicht, obwohl er sich nach ihrer Zärtlichkeit sehnt. Alle loben Ernstl wegen seines »anständigen« Charakters. In seiner intellektuellen Entwicklung ist er ein normales Kind, das über wenige verständliche Worte verfügt und über einige bedeutsame Laute, die vor allem von der Mutter verstanden werden. »Rätselhaft« wirkt auf den Groß-

SIGMUND FREUD

vater ein »andauernd wiederholtes Tun« seines Enkels, dessen Sinn er zunächst nicht versteht. Diese spielerische Handlungsfolge erscheint auf den ersten Blick als selbstverständlicher, trivialer Vorgang. Freuds Analyse entlockt ihr jedoch eine Fülle verborgener Bedeutungen. Im Kontext des Alltäglichen scheint der Aktion zunächst nichts Mysteriöses anzuhaften. Sie gehört in das allgemein vertraute Handlungsrepertoire kleiner Kinder in der Übergangsphase von senso-motorischen Übungsspielen zu symbolischen Spielformen.[15] Aber sobald dieses Spiel psycho-analytisch gedeutet wird, verwandelt es sich in ein rätselhaftes Tun, in dem sich das unbewußte Triebschicksal des Kindes manifestiert.

Geschickt seine nachfolgende Interpretation vorbereitend, schildert Freud zunächst nur die erste Sequenz dieses wunderlichen Kinderspiels, bevor er es dann im Ganzen vorstellt: »Dieses brave Kind zeigte nun die gelegentlich störende Gewohnheit, alle kleinen Gegenstände, deren es habhaft wurde, weit weg von sich in eine Zimmerecke, unter ein Bett usw. zu schleudern, so daß das Zusammensuchen seines Spielzeuges oft keine leichte Arbeit war. Dabei brachte es mit dem Ausdruck von Interesse und Befriedigung ein lautes, langgezogenes o–o–o–o hervor, das nach dem übereinstimmenden Urteil der Mutter und des Beobachters keine Interjektion war, sondern ›Fort‹ bedeutete. Ich merkte endlich, daß das ein Spiel sei, und daß das Kind alle seine Spielsachen nur dazu benutzte, mit ihnen ›fortsein‹ zu spielen.«[16]

Für die Interpretation der Lautgebärde »o–o–o–o« als bedeutsames Zeichen bürgen nicht nur die Erwachsenen. Auch das Kind selbst liefert dafür ein Indiz. Denn als Ernstls Mutter eines Tages mehrere Stunden abwesend ist, wird sie bei ihrer Rückkehr mit der Mitteilung begrüßt: »Bebi o–o–o–o«, die zunächst unverständlich erscheint. Doch bald offenbart sich, »daß das Kind während dieses langen Alleinseins ein Mittel gefunden hatte, sich selbst verschwinden zu lassen. Es hatte sein Bild in dem fast bis zum Boden reichenden Standspiegel entdeckt und sich dann niedergekauert, so daß das

Spiegelbild ›fort‹ war.«[17] Was bedeutet dieses befriedigende Fortsein und lustvolle Wegschleudern, das Ernstl immer wieder für sich inszeniert, so sehr es die anderen auch stört? Freud wird in den nächsten Jahren nicht nachlassen, auf diese Frage eine Antwort zu finden.

Ein gutes Jahr später, im November 1916, besucht Sophie zusammen mit ihrem Sohn ihren Vater in Wien. Freuds Schwiegersohn, Max Halberstadt, ist an der Westfront verwundet worden und liegt in einem Lazarett. Wieder spielt das Kind sein Wegwerfspiel: »Dasselbe Kind, das ich mit $1\frac{1}{2}$ Jahren bei seinem ersten Spiel beobachtete, pflegte ein Jahr später ein Spielzeug, über das es sich geärgert hatte, auf den Boden zu werfen und dabei zu sagen: Geh' in K(r)ieg! Man hatte ihm damals erzählt, der abwesende Vater befinde sich im Krieg, und es vermißte den Vater gar nicht, sondern gab die deutlichsten Anzeichen von sich, daß es im Alleinbesitz der Mutter nicht gestört werden wollte.«[18] Das Wegschleudern von Gegenständen ist also, Freud zufolge, kein rein physischer Akt, mit dem das Kind seine senso-motorischen Fähigkeiten übt. In seiner manifesten Sichtbarkeit drückt sich eine latente Bedeutung aus. Am Ende der senso-motorischen Periode, zwischen $1\frac{1}{2}$ und 2 Jahren, handelt es sich um kein »Übungs-Spiel« mehr, das zum Vergnügen körperliche Tätigkeiten wiederholt, die das Kind gelernt hat. Jetzt sind wir Zeugen eines »symbolischen Spiels«, mit dem sich das Kind nicht der Wirklichkeit anpaßt, sondern im Gegenteil die Wirklichkeit seinem Ich assimiliert. Es sind vor allem affektive Konflikte, die dabei bewältigt werden.

Am 13. Dezember 1916 und am 18. April 1917 hält Freud vor der Wiener Psychoanalytischen Vereinigung einen Vortrag, in dem die Spuren seines Erlebnisses mit dem kleinen Enkel deutlich lesbar sind – auch wenn die analysierte Person eine berühmte Größe der Kulturgeschichte ist. Der Analytiker konzentriert sich auf eine Kindheitserinnerung aus Goethes *Dichtung und Wahrheit*. In Übereinstimmung mit Kindheitserlebnissen »einiger anderer Menschenkinder, die nichts besonders Großes geworden sind,[19] erzählt Goethe von einem kindlichen Streich. Statt mit Töpfen und Schüsseln, die für die Kinder zur Beschäftigung gekauft worden waren, friedlich zu spielen, warf der junge Johann Wolfgang das Geschirr auf die Straße und freute sich, daß es so lustig zersprang. Angestachelt durch die Nachbarn, steigerte sich dieses Wegwerfen zu einer wahren Orgie der Zerstörung.

Der Analytiker ahnt hinter dieser lustvollen Aktion zum Schaden der häuslichen Wirtschaft eine tieferliegende Bedeutung. Vorangebracht wird die Deutungsarbeit durch Freuds analytische Erfahrung mit einem neurotischen Patienten, »bei dem sich eine ähnliche Kindheitserinnerung in durchsichtigerem Zusammenhange ergab«.[20] Immer wieder hatte der spätere Neurotiker alles ihm erreichbare Geschirr aus dem Fenster geworfen, um die Strenge der Mutter herauszufordern. Aber er tat es zugleich, um damit der Eifersucht auf den jüngeren Bruder Ausdruck zu verleihen, der seine Stelle bei der Mutter einzunehmen drohte. Auch bei Goethe gibt es eine solche Konstellation. Freud deutet das Hinauswerfen des Geschirrs als eine »symbolische, oder sagen wir es richtiger: eine magische Handlung, durch welche das Kind (Goethe sowie mein Patient) seinen Wunsch nach Beseitigung des störenden Eindringlings zu kräftigem Ausdruck bringt. … Dies ›Hinaus‹ scheint ein wesentliches Stück der magischen Handlung zu sein und dem verborgenen Sinn derselben zu entstammen. Das neue Kind soll fortgeschafft werden.«[21]

Das »magische« Element dieser Handlung besteht Freud zufolge vor allem in der unbewußten Hoffnung, durch das eigene Tun mit verfügbaren Gegenständen eine Wirkung auch dort zu erreichen, wo die eigene Macht nicht mehr hinreicht. Der Mangel an Einfluß wird aufgehoben durch eine Ersatzhandlung, die symbolisiert, was gewünscht wird, aber nicht bewirkt oder getan werden kann.

Da Freud auch von anderen Patienten Vergleichbares hört, kommt er zu der Überzeugung, daß im »Fortsein«-Spiel eine unbewußte aggressive Triebregung manifest wird, die das kleine Kind über andere triumphieren läßt, sei es über den störenden Eindringling in seine Beziehung zur geliebten Mutter, sei es über die Mutter selbst, auf deren Abwesenheit das Kind mit dieser wiederkehrenden »störenden« Gewohnheit reagiert. Goethe, neurotische Patienten und Ernstl: An all diesen Fällen drängt sich dem Analytiker der triebhafte Charakter einer destruktiven Handlung auf, die auch das unlustvolle Erlebnis der mütterlichen Abwesenheit immer wieder symbolisch wiederholt, um sie, nicht ohne Feindseligkeit, durch eigene Aktivität bewältigen zu können.

Doch das Wegwerfen ist beim kleinen Ernstl nur die erste Sequenz des ganzen Spiels. Freud war zu sehr Dualist, um nicht auch die komplementierende Seite wahrzunehmen. Für ihn war die Lust am Fortwerfen nur der destruktive Teil des dialektischen Spiels.

»Eines Tages machte ich dann die Beobachtung, die meine Auffassung bestätigte. Das Kind hatte eine Holzspule, die mit einem Bindfaden umwickelt war. Es fiel ihm nie ein, sie zum Beispiel am Boden hinter sich herzuziehen, also Wagen mit ihr zu spielen, sondern es warf die am Faden gehaltene Spule mit großem Geschick über den Rand seines verhängten Bettchens, so daß sie darin verschwand, sagte dazu sein bedeutungsvolles o-o-o-o und zog dann die Spule am Faden wieder aus dem Bett heraus, begrüßte aber deren Erscheinen jetzt mit einem freudigen ›Da‹. Das war also das komplette Spiel, Verschwinden und Wiederkommen, wovon man zumeist nur den ersten Akt zu sehen bekam, und dieser wurde für sich allein unermüdlich als Spiel wiederholt, obwohl die größere Lust unzweifelhaft dem zweiten Akt anhing.«

Erst jetzt, vervollständigt zum Dualismus von »Fort« und »Da«, entziffert sich dem Analytiker das Geheimnis dieses zunächst rätselhaften Spiels. Dem Kind ist die große kulturelle Leistung gelungen, »mit dem von ihm zustande gebrachten Triebverzicht (Verzicht auf Triebbefriedigung), das

Fortgehen der Mutter ohne Sträuben zu gestatten. Es entschädigte sich gleichsam dafür, indem es dasselbe Verschwinden und Wiederkommen mit den ihm erreichbaren Gegenständen selbst in Szene setzte.[23]

Die hölzerne Spule ist für Freud das symbolische Ersatzobjekt für die Mutter, ein infantiler Fetisch, der als lebloses Ding seinen ursprünglichen Charakter verloren hat, um das Quidproquo (etwas für etwas anderes) einer kindlichen Begierde zu sein, die sich auf die Mutter konzentriert. Das Verschwinden der Spule hinter dem Rand des verhängten Bettchens bedeutet folgerichtig die Abwesenheit der Mutter; im Fortwerfen der Spule äußert sich die Ambivalenz: »Geh' doch, ich kann dich gehen lassen«, wobei aggressiver Trotz, selbstsicherer Triumph und Sehnsucht nach der nicht anwesenden Mutter zusammenspielen. Der Bindfaden garantiert, daß der Verlust rückgängig gemacht werden kann; er steht für eine Bindung, die so stark ist, daß die Trennung nicht endgültig und die Trennungsangst zu bewältigen ist. Im Heranziehen der verschwundenen Holzspule schließlich, begleitet durch ein freudiges »Da«, manifestiert sich die wiedererlangte Lust an der Anwesenheit der Mutter, an der das Kind zärtlich hängt.

Der spielende Ernstl hat sich seine eigene Welt geschaffen oder, genauer gesagt, er hat die Dinge seiner Welt in eine neue, ihm gefällige Ordnung versetzt. Er weiß, daß die Holzspule nicht seine Mutter ist, und daß seine Aktivitäten die Realität nicht ersetzen können. Ernstl ist ein »normales« Kind. »Das Kind unterscheidet seine Spielwelt sehr wohl, trotz aller Affektbesetzung, von der Wirklichkeit und lehnt seine imaginierten Objekte und Verhältnisse gerne an greifbare und sichtbare Dinge der wirklichen Welt an.«[24] Spule und Faden, Fortwerfen und Heranziehen sind greifbare Dinge beziehungsweise sichtbare Handlungen, in denen manifest wird, was das Kind latent befürchtet und erhofft, ablehnt oder sich wünscht.

Doch mit dieser schlüssigen Interpretation läßt Freud es

in *Jenseits des Lustprinzips* nicht bewenden. Wir wissen, daß Freud diesen verstörenden Text mit vielen Unterbrechungen geschrieben hat. Er beginnt ihn im März 1919, der erste Entwurf ist im Mai fertiggestellt. Während des Winters 1919/20 setzt er sich wieder an die Arbeit und beendet sie nach mehreren Überarbeitungen im Juli 1920. Jetzt stellt er eine neue Frage, die über das hinausreicht, was ihn bis 1919 beschäftigt hat. Ein Problem fesselt sein Interesse, das mit der erreichten Deutung nicht erschöpfend gelöst ist: »Das Fortgehen der Mutter kann dem Kind unmöglich angenehm oder auch nur gleichgültig gewesen sein. Wie steht es also zum Lustprinzip, daß es dies ihm peinvolle Erlebnis als Spiel wiederholt? Man wird vielleicht antworten wollen, das Fortgehen müßte als Vorbedingung des erfreulichen Wiedererscheinens gespielt werden, im letzteren sei die eigentliche Spielabsicht gelegen. Dem würde die Beobachtung widersprechen, daß der erste Akt, das Fortgehen, für sich allein als Spiel inszeniert wurde, und zwar ungleich häufiger als das zum lustvollen Ende fortgeführte Ganze.«[25]

Die ständige Wiederholung des Wegwerfens und Verschwindenlassens, die Lust am Fortsein, hat für Freud etwas »Dämonisches« an sich. Ein unbewußter Zwang herrscht, dem sich das Kind nicht entziehen kann.

Im nachträglichen Rückblick auf das Kinderspiel seines Enkels hat Freud 1919/20 eine neue, überraschende Frage gestellt: Woher stammt »die Wirksamkeit von Tendenzen jenseits des Lustprinzips«? Tendenzen, von denen er annimmt, sie seien »ursprünglicher« als das Lustprinzip »und von ihm unabhängig«.[26] Bedeutsam wird für ihn jetzt die Tatsache, daß der Wiederholungszwang vor allem destruktive und schmerzvolle Erlebnisse reaktiviert, die keine Lustmöglichkeiten enthalten. Eine unbekannte Größe scheint am Werk, elementarer als das von ihr beiseite geschobene Lustprinzip.

SIGMUND FREUD 101

Die Dämonen des Analytikers

Die Abfassung von *Jenseits des Lustprinzips* steht ganz im Zeichen der bedrückenden Nachkriegszeit. Freud befindet sich in einem Zustand hilfloser Resignation. Seine finanzielle Situation ist trostlos. Einen Hoffnungsschimmer bietet zunächst Dr. Anton von Freund, ein reicher Bierbrauer aus Budapest, der 1918, nach einer Operation seines Hodenkrebses, an einer schweren Neurose erkrankt und von Freud erfolgreich behandelt wird. Er entscheidet sich, sein Vermögen zur Förderung der Psychoanalyse einzusetzen.[27] Doch Ende 1919 verschlechtert sich sein Gesundheitszustand. Metastasen der früheren Krebserkrankung haben sich gebildet und Freud muß den langsamen, qualvollen Tod des Förderers miterleben. Am 20. Januar 1920 stirbt er. Drei Tage später, am Tag der Beerdigung von Freunds, erfährt Freud, daß seine Tochter Sophie, Ernstls Mutter, an Grippe erkrankt ist; und am 25. Januar 1920 erhält er die Nachricht von ihrem Tod – im Alter von sechsundzwanzig Jahren. »So weggerafft aus blühender Gesundheit, aus voller Lebenstätigkeit als tüchtige Mutter und zärtliche Frau, in vier oder fünf Tagen, als wäre sie nie dagewesen.«[28]

Während für Freud der Tod seiner Tochter der härteste Schlag ist, den er in seinem Leben bisher erlitten hat, scheint für Ernstl der Tod der Mutter nur eine neue Form von Abwesenheit zu sein, wie er sie durch aggressives Wegschleudern von Gegenständen schon seit längerer Zeit imaginiert und angestrebt hat. Enttäuscht vermerkt Freud, daß diese destruktive Energie stärker zu sein scheint als die Liebe zum Leben, wie sie in der Zärtlichkeit der Mutter erscheint. Denn »als das Kind fünfdreiviertel Jahre alt war, starb die Mutter. Jetzt, da sie wirklich ›fort‹ (o-o-o-o) war, zeigte der Knabe keine Trauer um sie«[29]

Verschwinden, Fortgehen, Fortsein, Wegwerfen, Wegschleudern: Was der Wiederholungszwang Ernstl immer wie-

Thanatos

der erleben läßt, kann Freud zufolge nicht mehr unter den Gesichtspunkt der Wunscherfüllung gebracht werden. Etwas Unheimliches ist wirksam, das Freud eine extreme Idee aufdrängt: »Das Ziel alles Lebens ist der Tod.«[30] Der Todestrieb betritt die psychoanalytische Szene.

Während sich im kindlichen Wunsch, mit der Mutter zusammen zu sein, und in der Freude, daß sie wieder »da« ist, die Macht des Eros zeigt, der alles Lebende zu erhalten und zu größeren Einheiten zusammenzufassen sucht, äußert sich in der spielerischen Inszenierung ihrer Abwesenheit der Trieb, diese Einheiten aufzulösen und in einen anfänglichen unlebendigen Zustand zurückzuführen.

Freud erkennt die Schwierigkeit, die Richtigkeit dieses Gedankens nachzuweisen. Weder eine streng logische Argumentation, noch eine empirische Überprüfung können die Annahme eines ursprünglichen und eigenständigen Todestriebs bestätigen. »Was nun folgt, ist Spekulation, oft weitausholende Spekulation, die ein jeder nach seiner besonderen Einstellung würdigen oder vernachlässigen wird. Im weiteren ein Versuch der konsequenten Ausbeutung einer Idee, aus Neugierde, wohin dies führen wird.«[31]

Der Todestrieb ist nicht direkt aufweisbar. Er wirkt, wie Freud wiederholt unterstreicht, im Verborgenen, ist wesentlich stumm. Der Lärm des Lebens geht vom Eros aus. Dem Analytiker fällt es nicht leicht, das Wirken des von ihm angenommenen Todestriebs aufzuzeigen, der »im Inneren des Lebewesens an dessen Auflösung arbeitet«[32] Denn was innerlich wirksam ist, entzieht sich jeder intersubjektiven Wahrnehmung und nachprüfbaren Kontrolle. Freud muß in den Handlungen der Menschen und ihren seelischen Äußerungen Indizien finden, die für seine Annahme sprechen. So macht er sich auf die Suche und zieht alles, was seine »Idee« zu unterstützen vermag, hinzu. Frei schwebt seine Aufmerksamkeit, von der psychoanalytischen Praxis zu militärischen Aktionen, von privaten Erlebnissen zu gesellschaftlichen Praktiken, von der biologischen Forschung zur philosophi-

SIGMUND FREUD   **103**

schen Reflexion, von der literarischen Einbildungskraft zu mythischen Weltbildern.

In *Jenseits des Lustprinzips* hat sich Freud nur zeitweise und oberflächlich logischen Begründungszwängen unterworfen. Dieser Text, mit dem das Spätwerk Freuds einsetzt, stellt eine Form freien Denkens dar, das sich versuchsweise vorwärts tastet, sich wieder zurückzieht, Behauptungen aufstellt und wieder dementiert. Vielleicht glaubt Freud, mit seinen dreiundsechzig Jahren für die streng wissenschaftliche Forschung alles überhaupt Erreichbare geleistet zu haben. Kann er nun, an der Schwelle zum Greisenalter, jene philosophische Spekulation betreiben, die er fast vierzig Jahre früher, im Brief vom 16. April 1882 an seine spätere Frau, Martha Bernays, als »Ziel und Zuflucht meines Alters«[33] antizipiert hat?

Doch auch von der Philosophie im strengen Sinne zieht sich Freud, kaum hat er sich auf sie besonnen, immer wieder zurück. Abrupt bricht er Argumentationen ab und wendet sich anderen Feldern zu. Sein Denken zeigt erstaunliche Parallelen zu jener geheimnisvollen Aktivität, deren Analyse er in seinem berühmten Jahrhundertbuch *Die Traumdeutung*[34] unternommen hat: Es werden verschiedene, oft heterogene Gedanken »verdichtet«; es werden Akzente verlagert und Gewichte »verschoben«; es werden aus »Rücksicht auf Darstellbarkeit« Geschichten erzählt und symbolische Bilder entworfen, um die abstrakten Gedanken anschaulich werden zu lassen; und all das wird »sekundär bearbeitet«, um die verschiedenen Produkte aus der spekulativen Gedankenfabrik zu einem passenden Ganzen zu verbinden. Oft streben einander widersprechende Gedanken nicht einmal danach, sich gegenseitig aufzuheben[35].

Wie es in Träumen bestimmte Schlüsselwörter gibt, in denen zahlreiche Gedankengänge zusammentreffen, so fließen auch in Freuds Konzept des Todestriebs verschiedene Fäden zusammen. Acht von ihnen soll hier gefolgt werden, um Wege durch das psychoanalytische Labyrinth zu finden.

1. *Der Aggressionstrieb.* Freud hat sich lange geweigert, die Hypothese eines eigenständigen Aggressionstriebs anzuerkennen. Als Analytiker begegneten ihm zwar immer wieder aggressive Tendenzen. Voller Aggressivität erschien ihm ja auch das spielerische Verhalten seines Enkels, der seine Holzspule wegschleuderte und damit seine Umgebung störte. Aber Freud weigerte sich zunächst, die vielfältigen Tendenzen, die in realen oder phantasierten Verhaltensweisen aktualisiert werden, um andere zu schädigen, zu demütigen, zu verletzen oder zu vernichten, auf »einen« besonderen Trieb zurückzuführen. Der Weltkrieg, in den die Menschen als Schlachtmaterial geworfen werden, schärft sein Bewußtsein für das Wirken von Aggressivität und Destruktion entscheidend. Die Massaker lassen Freud zu der Überzeugung kommen, daß zu den menschlichen Triebregungen auch eine mächtige, unbändige Neigung zur Aggression gehört, deren seelische Gegenkräfte durch die kriegerische Mobilmachung weitgehend außer Kraft gesetzt sind. Sie enthüllt den Menschen als »wilde Bestie, der die Schonung der eigenen Art fremd ist«[36].

Am Ende dieses Krieges, der die zivilisierten Nationen in einen Abgrund der Zerstörung gerissen hat, steht Freuds desillusionierte Einsicht, daß die Aggressionsneigung eine ursprüngliche, selbständige und angeborene Triebanlage des Menschen ist. Die Annahme des Todestriebs soll dafür eine meta-psychologische Erklärung anbieten. Der Aggressionstrieb wird als »Abkömmling und Hauptvertreter des Todestriebes«[37] interpretiert. Von sich aus strebt das Leben zum Tode. In den Schrecken des Krieges wird nur besonders augenscheinlich, wie ein Teil dieses Todestriebs sich gegen die Außenwelt richtet. So ließ Ernstl zwar auch sein Spiegelbild verschwinden, um sein Weg- oder Totsein zu imaginieren. Lieber aber ließ er seine Holzspule und alle anderen kleinen Dinge, deren er habhaft werden konnte, »fortsein«, als sein eigenes Selbst zu vernichten. Was in den Lebewesen zum Tode drängt, wird nach Außen gewendet.

2. *Die Kriegsneurosen.* Am 28. und 29. September 1918, während der Krieg durch Waffenstillstandsabkommen langsam zu Ende geht, findet in Budapest der 5. Internationale Psychoanalytische Kongreß statt. Das erste Mal sind auch offizielle Vertreter der österreichischen, deutschen und ungarischen Regierungen anwesend. In den Kalkulationen der Militärs sind die Ausfälle traumatisierter Soldaten durch sogenannte Kriegsneurosen zu einer festen Größe geworden. Die Wehrmediziner haben erkannt, daß sie zwar in den meisten Fällen nicht auf organische Schädigungen zurückgeführt werden können, aber auch nicht simuliert sind. Nun sucht man nach psychologischen Erklärungen und therapeutischen Möglichkeiten. Die Greuel des Krieges haben das allgemeine Interesse an der Psychoanalyse gesteigert, und Freud beginnt, sich auf »das dunkle und düstere Thema der traumatischen Neurose«[38] zu konzentrieren.

Zu dessen Erhellung soll das Studium der Träume verhelfen. Dabei muß Freud nun feststellen, daß die Träume der »Kriegsneurotiker« einer Erkenntnis widersprechen, die er in seinem grundlegenden Werk, der *Traumdeutung,* mit dem Gestus einer unumstößlichen Gewißheit formuliert hatte: »Der Traum stellt einen gewissen Sachverhalt so dar, wie ich ihn wünschen möchte; sein Inhalt ist also eine Wunscherfüllung, sein Motiv ein Wunsch.«[39] Demzufolge wäre zu erwarten gewesen, daß dem Kranken sein Traumleben Bilder aus der Zeit der Gesundheit oder der erhofften Genesung vorführt. Doch das Gegenteil ist der Fall. Immer wieder träumen sich die traumatisierten Soldaten in die Situation der Gefahr oder der Verletzung, aus der sie dann mit neuem Schrecken erwachen. Die Träume der »Kriegsneurotiker« lassen sich nicht im Modell der Wunscherfüllung unterbringen. Statt dessen ist ein Wiederholungszwang wirksam, der wiedererleben läßt, was dem Ich Unlust bringt. In den Angst- und Schreckträumen werden die bedrohlichen Erregungen reaktiviert, die den sichernden Reizschutz der Traumatisierten durchbrochen haben.

3. *Der Wiederholungszwang als Regression.* Zunächst klingt es nur wie ein Wortspiel, wenn Freud in der ständigen »Wiederholung«, die das kindliche Spiel ebenso charakterisiert wie die posttraumatischen Träume der »Kriegsneurotiker«, einen Drang nach »Wiederherstellung« ausmacht, der eine Situation heraufbeschwören will, die früher bestanden hat. Verwechselt er hier nicht etwas? Denn die Wiederholung bewirkt doch, daß sich nichts ändert und eine beständige Wiederkehr des Gleichen stattfindet. Demgegenüber ist die gewollte Wiederherstellung eines früheren Zustands, die Freud als »allgemeinen Charakter der Triebe«[40] annimmt, eine Bewegung, und zwar konservativer oder regressiver Art, die den gegenwärtigen Zustand in einen vergangenen zurückwandeln will. Freud setzt sich über diesen Unterschied hinweg.

Das »fortsein« spielende Kind und der albträumende Kranke haben Freud fragen lassen: Wie hängt das Triebhafte mit dem Zwang zur Wiederholung zusammen? Als Antwort drängt sich zunächst eine »Idee« auf, mit der Freud das universelle Charakteristikum allen organischen Lebens überhaupt fassen will: »Ein Trieb wäre also ein dem belebten Organischen innewohnender Drang zur Wiederherstellung eines früheren Zustandes, welchen dies Belebte unter dem Einflusse äußerer Störungskräfte aufgeben mußte, eine Art von organischer Elastizität, oder wenn man will, die Äußerung der Trägheit im organischen Leben.«[41] An diesem Punkt angelangt, ist der Frage nicht mehr auszuweichen: Was mußte das Belebte aufgeben und wo liegt der Ausgangspunkt, zu dem es zurückkehren will?

4. *Der Ausgangszustand als Endziel.* Ernstl spielt »fortsein«. Er schleudert die hölzerne Spule weg, damit sie nicht mehr da ist. Auch sich selbst läßt er, vermittelt über seinen Doppelgänger im Spiegel, verschwinden. Das »o-o-o-o« ist nicht nur Zeichen des »fort«, sondern auch des »Todes«, der durch das Weg- oder Abwesendsein der Holzspule und des kleinen »Bebi« symbolisiert wird. Mit großer gedanklicher

Kühnheit verbindet Freud diese Deutung mit seiner Auffassung der grundsätzlich regressiven »Trägheit« der Triebdynamik: Durch sein Fortwerfen und Wegsein versucht das Kind die Spannung aufzulösen, in die es als Lebewesen geraten ist. Es wird dorthin zurückgetrieben, wo es einst war. Es zielt auf das Ende des Lebens, in dem sich sein Ausgangszustand wiederholt.

»Der konservativen Natur der Triebe widerspräche es, wenn das Ziel des Lebens ein noch nie zuvor erreichter Zustand wäre. Es muß vielmehr ein alter, ein Ausgangszustand sein, den das Lebende einmal verlassen hat, und zu dem es über alle Umwege der Entwicklung zurückstrebt. Wenn wir es als ausnahmslose Erfahrung annehmen dürfen, daß alles Lebende aus inneren Gründen stirbt, ins Anorganische zurückkehrt, so können wir nur sagen: Das Ziel alles Lebens ist der Tod, und zurückgreifend: Das Leblose war früher da als das Lebende.«[42]

Freud ist sich bewußt, daß seine todeszentrierte Identifikation von Endziel und Ausgangspunkt des Lebenden völlig »befremdend« wirkt. Zwar beansprucht er für sich selbst, zu keinen anderen Vermutungen über Herkunft und Ziel des Lebens gelangen zu können, aber ihm ist klar, daß er Unterstützung braucht, um seinen »extremen Gedankengang« auch anderen plausibel zu machen.

5. *Ein literarisches Nachtstück.* Im Mai 1919 hat Freud den ersten Entwurf von *Jenseits des Lustprinzips* abgeschlossen. Aber vieles ist noch nicht klar genug, um veröffentlicht zu werden. Während einer Kur in Badgastein will er sich an die Überarbeitung machen. Unterdessen konzentriert er sich auf den weitgehend bereits ausgearbeiteten Aufsatz *Das Unheimliche* über die Phantasiestücke von Ernst Theodor Amadeus Hoffmann. Der Literat des Schreckens liefert ihm wichtige Anregungen für seine Triebtheorie. Vor allem die Erzählung *Der Sandmann*, 1815 verfaßt, veranschaulicht die Gewalt eines Wiederholungszwangs, der mächtig genug ist, das Lust- und

Lebensprinzip außer Kraft zu setzen. In ihr findet Freud, was er sucht.

Was »gewissen Seiten des Seelenlebens den dämonischen Charakter verleiht, sich in den Strebungen des kleinen Kindes noch sehr deutlich äußert und ein Stück vom Ablauf der Psychoanalyse des Neurotikers beherrscht«[43], erscheint bei dem romantischen Dichterpsychologen vor allem verbunden mit dem Tod. Dessen unbegriffene Macht lockt den Protagonisten der Erzählung, den jungen Physikstudenten Nathanael, in jenes Reich des »Unheimlichen«, in dem die Toten wiederkehren, Geister und Gespenster die Phantasie bevölkern und Doppelgänger als Todesboten und Schreckbilder erscheinen. Die Figur des »Sandmanns« bringt nicht nur den Tod, sie repräsentiert auch jene »dämonische« Macht des Todes, die sein Opfer in die Selbstvernichtung treibt. Der Tod besiegt die Liebe und das Leben. Nachdem er die geliebte Braut fast erwürgt hat, stürzt Nathanael sich von einem Turm in die Tiefe. Erst als sein Kopf zerschmettert auf dem Steinpflaster liegt, hat er die Ruhe gefunden, die ihn von allen Qualen des Lebens befreit.

6. *Das natürliche Todesprogramm.* Am 26. Januar 1915 informiert Freud seinen englischen Freund, den Psychoanalytiker Ernest Jones, über den Tod von Sophie Halberstadt und Anton von Freund; er drückt dabei auch sein Bedauern über die tödliche Krebserkrankung von Jones' Vater aus, die ihn an den Tod seines eigenen Vaters erinnert: »Es tut mir leid zu hören, daß Ihr Vater nun auf der Liste ist, aber wir müssen alle daran glauben, und ich frage mich, wann ich drankomme.«[44]

Wir müssen alle daran glauben! Jeder ist dem Verfall im Lauf der Zeit ausgesetzt! Mit solchen Formulierungen beruhigt sich Freud über die Todesfälle, die ihn schmerzen. Auch sein eigenes Sterben beschäftigt ihn immer stärker. Die Aufdeckung des Todestriebs scheint ihm zu ermöglichen, mit der unausweichlichen Realität des Todes leben zu können. »Schließlich wissen wir, daß der Tod zum Leben gehört, daß er unvermeidbar ist und kommt, wann er will«[45], schreibt er am 4. Februar 1920 dem ungarischen Psychoanalytiker Lajos Levy. Der Satz »alle Lebewesen müssen sterben« hat für Freud eine existenzielle Bedeutung erhalten, die weit über das hinaus reicht, was in den Lehrbüchern der Logik als Vorbild einer allgemeinen Behauptung dient: Alle Lebewesen sterben; Sokrates ist ein Lebewesen; also stirbt Sokrates. Bei Freud zielt er auf das Triebhafteste im Trieb lebender Materie überhaupt, auf eine universale Macht, die das Lebendige ins Unlebendige zurückdrängen will, das Organische ins Anorganische.

Selbstreflexiv hat Freud bemerkt, daß in diesem Schicksalssatz ein gewisser Trost liegt. Auch die Trauer um den Tod seiner eigenen Tochter hat seine Spuren hinterlassen: »Wenn man schon selbst sterben und vorher seine Liebsten durch den Tod verlieren soll, so will man lieber einem unerbittlichen Naturgesetz, der hehren Ananke erlegen sein, als einem Zufall, der sich etwa noch hätte vermeiden lassen.«[46]

Um das Sterben aus »natürlichen« Gesetzen erklären zu können, die alles Lebende von innen beherrschen, sucht Freud Unterstützung bei der Biologie. Er begrüßt vor allem die Arbeiten des Mediziners und Zoologen August Weismann[47] der in seiner Keimplasmatheorie bei der lebenden Substanz einen sterblichen und einen unsterblichen Teil unterscheidet: Während das Keimplasma, das heißt das Protoplasma in den Keimzellen als Träger der Vererbung, potentiell unsterblich ist, weil es sich von Individuum zu Individuum fortpflanzt, ist der Körper im engeren Sinne, das Soma, einem natürlichen Todesprogramm unterworfen.

Das entsprach Freuds Dualismus von Lebens- und Todestrieben. Es erinnerte auch an Mephistos Trennung zwischen seinem eigenen Drang zum Nichts und der fortwährenden Zirkulation des Lebens, das sich »aus tausend Keimen« immer wieder regeneriert. Und nicht zuletzt hat es Freuds Gedanken in eine Richtung gelenkt, die er sich selber »nicht verhehlen« will: »daß wir unversehens in den Hafen der Philosophie Schopenhauers eingelaufen sind, für den ja der Tod das eigentliche Resultat und insofern der Zweck des Lebens ist, der Sexualtrieb aber die Verkörperung des Willens zum Leben.«[48]

7. *Das Nirwanaprinzip*. Arthur Schopenhauers gelassener Pessimismus entsprach auch Freuds Lebenshaltung. Bemerkenswert sind die Übereinstimmungen vor allem dann, wenn der Analytiker auf den Tod zu sprechen kommt, den der Philosoph als die »große Zurechtweisung« charakterisiert hat, welche der Wille zum Leben durch den Lauf der Natur erhält: »Er ist die schmerzliche Lösung des Knotens, den die Zeugung mit Wollust geschürzt hatte, und die von außen eindringende gewaltsame Zerstörung des Grundirrthums unsers Wesens: die große Enttäuschung. Wir sind im Grunde etwas, das nicht seyn sollte: darum hören wir auf zu seyn.«[49] Freud ist kühn genug, noch einen Schritt weiter zu gehen als Schopenhauer. Der Tod kommt nicht »von außen«, sondern »von innen«. Eine Tendenz zur vollständigen Reduktion der lebenstypischen Reizspannungen ist wirksam, die Freud bereits 1895 als »ursprüngliche Tendenz zur Trägheit, d.h. zum Niveau = 0«[50] bestimmt hatte. Fünfundzwanzig Jahre später erhält dieser Nullpunkt den Namen Nirwana. Triebökonomisch hat Freud dem seelischen Apparat die Absicht zugeschrieben, die ihm zuströmende Erregungssumme zu nichts zu machen oder nach Möglichkeit niedrig zu halten. Das Ziel des Todestriebes ist es, das unstete Leben in die Stabilität des anorganischen Zustands zu überführen: »das Nirwanaprinzip nach einem Ausdruck von Barbara Low«[51].

Der Ausdruck »Nirwana« ist, wie auch Freud weiß, vor allem durch Schopenhauer in Mitteleuropa bekannt geworden. Er hat ihn der buddhistischen Philosophie entnommen, wo er das Erlöschen und Verwehen des Willens zum Leben bedeutet. Das Nirwana ist das Reich des absoluten Friedens, in dem jede erregende Wahrnehmung und Empfindung überwunden ist. In reizbefreiter Unerschütterlichkeit hat Buddha

SIGMUND FREUD   III

die Erlösung seines Geistes gefunden. Die höchste Loslösung findet in einer vollendeten Beruhigung statt, die Schopenhauer mit dem Tod identifiziert: »Willig sterben, gern sterben, freudig sterben, ist das Vorrecht der Resignirten. Dessen, der den Willen zum Leben aufgiebt und verneint. Denn nur er will wirklich und nicht bloß scheinbar sterben, folglich braucht und verlangt er keine Fortdauer seiner Person. Das Daseyn, welches wir kennen, giebt er willig auf: Was ihm statt dessen wird, ist in unsern Augen nichts; weil unser Daseyn, auf jenes bezogen, nichts ist. Der Buddhaistische Glaube nennt jenes Nirwana, d.h. Erloschen.«[52]

8. *Der Eros*. Gegen dieses Nullprinzip kämpft, Freud zufolge, der Eros an. Von ihm geht der Lärm des Lebens aus, der das Herabsinken des Reizniveaus aufzuhalten versucht und stets neue Erregungen einführt. Als Dualist muß Freud, wenn er an der Annahme des Todestriebs festhalten will, ihm von Anfang an einen Lebenstrieb an die Seite stellen, auch wenn er zugestehen muß: »Wir arbeiten da an einer Gleichung mit zwei Unbekannten.«[53] In Freuds früheren Schriften finden sich nur wenige Anspielungen auf den Eros. Aber in dem Moment, wo der Todestrieb in den Vordergrund rückt, muß er als Widersacher und Gegenkraft ins Spiel gebracht werden. Worauf zielt dieser Eros, den der Psychoanalytiker als Liebeskraft, Libido oder Lebenstrieb versteht? Als Trieb muß er, wie alle Triebe, einen früheren Zustand wieder herstellen wollen. Aber was für ein Zustand kann das gewesen sein?

In den Wissenschaften findet Freud auf diese Frage keine Antwort. Statt dessen erinnert er sich an eine Vorstellung, die »von so phantastischer Art ist«[54], daß er zunächst zögert, sie anzuführen. Auch Platon, der sie in seinem erotischen *Symposion* überliefert, hat sie dort dem Komödiendichter Aristophanes in den Mund gelegt. Dem Mythos zufolge soll es ursprünglich ein drittes Geschlecht, die Mannweiblichen, gegeben haben, die Mann und Frau in einem Wesen vereinten. Den Göttern war dieses Geschlecht jedoch zu lustig und ausgelassen. Um ihren Übermut zu bestrafen und sie zu schwächen, zerschnitt Zeus die Wesen in zwei Hälften, »wie wenn man Früchte zerschneidet, um sie einzumachen, oder wenn sie Eier mit Haaren zerschneiden«[55]. *Symposion 190 d*

Seitdem streben die nach Geschlechtern getrennten Menschen danach, sich wieder zu vereinigen. Sie wollen in den Zustand mannweiblicher Einheit zurück. Freud hatte den platonischen Mythos bereits am 28. August 1883 seiner Verlobten Martha in einem Liebesbrief erzählt, um die Stärke seines Verlangens zu veranschaulichen.

In *Jenseits des Lustprinzips* erwähnt er ihn wieder, da der Mythos die von Freud aufgestellten Annahmen zur Triebtheorie zu erfüllen scheint. Aber er ist vorsichtig genug, seine Schlußfolgerungen aus dieser Fabel mit einem Fragezeichen zu versehen. »Sollen wir, dem Wink des Dichterphilosophen folgend, die Annahme wagen, daß die lebende Substanz bei ihrer Belebung in kleine Partikel zerrissen wurde, die seither durch die Sexualtriebe ihre Wiedervereinigung anstreben?«[56]

Von den letzten Dingen

In *Jenseits des Lustprinzips* hat Freud seine psychoanalytisch interessierten Zeitgenossen mit einer Triebkonzeption verblüfft, die den Krieg ins Innere des Menschen verlegt. Die Konzeption eines selbständigen Todestriebs erschütterte die ganze Triebtheorie, die zuvor alles auf die Karte von Sexualtrieben und Ich- oder Selbsterhaltungstrieben gesetzt hatte. Zur Veranschaulichung und Bestätigung seiner neuen Überzeugung, mit der er sich in das dunkelste und unzugänglichste Gebiet des Seelenlebens begab, hat Freud das Fort/Da-Spiel seines Enkels herangezogen – auch wenn er wußte, daß das Spiel selbst kein Beweis für die Richtigkeit seiner »spekulativen Idee« war.

Das Spiel legte die »Todestrieb«-Deutung nicht zwingend nahe. Und es lieferte keine unabhängige Evidenz für die Richtigkeit von Freuds Spekulation. Nur im Licht dieser Theorie besaß es ja jenen Sinn, den Freud zu erhellen suchte. Eine Reihe anderer Erklärungen, warum Ernstl mit seiner Spule spielte, sind ebenso denkbar.

Vielleicht war es nur ein gewöhnlicher, trivialer Vorgang. Die Dinge und Handlungen sind, was sie sind. Sie bedeuten nichts, sondern sind da und finden statt. Die Spule wäre dann kein Quidproquo, das man in etwas eigentlich Gemeintes zurück übersetzen müßte; und die kindlichen Aktivitäten erschöpften sich in ihrem Vollzug. Nicht »Was bedeutet das?« wäre die Frage dieses Kinderspiels, sondern: »Wie läuft es?« als eine der Wunschmaschinen, die der Philosoph Gilles Deleuze und der Psychiater Félix Guattari gegen Freuds Fixierung auf familiäre Beziehungen, ödipale Wünsche und personenbezogene Aggressivität arbeiten ließen. Die Intensität dieses Spiels würde, so gesehen, den beiden »vorgängigen Kräften: Abstoßung und Anziehung, und deren Gegensatz«[57] entspringen, die Deleuze und Guattari im Zentrum ihrer Wunschmaschinen am Werk sahen.

Der französische Freudianer Jacques Lacan hat in Ernstls Fort/Da-Spiel eine Dialektik von Anwesenheit und Abwesenheit ausgemacht, der alle kulturellen Prozesse unterliegen. Ihm zufolge hat das Kind im Spiel das Grundgesetz einer »symbolischen Ordnung« begriffen, die in radikaler Weise das Weltverhalten des Subjekts verändert: Wo zuvor absolute Sättigung oder absolute Leere war, findet nun ein ständiger Wechsel von Dasein und Fortsein, Ja und Nein, Sein und Nichts, Eins und Null statt. Was das Symbolische gegenüber dem »realen« Entweder-Oder und dem »imaginären« Wunsch nach einer unzertrennbaren Einheit auszeichnet, ist dieses verbindende »und« zwischen den beiden Mächten »présence et absence«[58]

Oder das brave Kind hat die Spule als ein »Übergangsobjekt« benutzt in einem »Übergangsraum«, der weder zur eigenen Person noch zu den Eltern gehört, weder allein zur Phantasie noch zur völlig von der eigenen Person unabhängigen, kaum beeinflußbaren Wirklichkeit. Am frühkindlichen Spiel hat Donald Winnicott das Phänomen dieses »Übergangs« dargestellt und analysiert, der in einem »intermediären« Erlebnis- und Erfahrungsbereich stattfindet. Die hölzerne Spule wäre als Übergangsobjekt gleichsam zwischen dem gelutschten Daumen und dem Teddybär einzuordnen, zwischen der oralen Autoerotik und der echten Objektbeziehung.[59]

Aber vielleicht hat das eineinhalbjährige Kind ja auch eine folgenreiche erkenntnistheoretische Einsicht gewonnen, deren Richtigkeit es immer wieder auf die Probe stellt: Die Dinge existieren auch, wenn man sie nicht wahrnimmt. Es gibt die Spule auch außerhalb des individuellen Wahrnehmungsraums. Gegen den Immaterialismus eines George Berkeley hätte Ernst Halberstadt erkannt, daß das materielle Sein der Dinge mehr ist als ihr Wahrgenommenwerden. Das freudige »Da«, mit dem der Junge das Erscheinen der verschwundenen Spule begrüßt, wäre dann als Ausdruck der Freude über eine philosophische Einsicht zu deuten.

Wie kam es zu Freuds eigenwilliger Interpretation dieses Spiels? Sein Hinweis, daß die Vorstellung des Todestriebs eine solche »Macht« über ihn gewonnen habe, daß er »nicht mehr anders denken« konnte, verweist auf tieferliegende Quellen, die mit seinen eigenen Ängsten und Hoffnungen zu tun haben. Es war die Allgegenwart des Todes, der sich Freud in der Kriegs- und Nachkriegszeit nicht mehr entziehen konnte. Auf den Schlachtfeldern tobte die »Bestie Mensch«. Freunde starben. Die geliebte Tochter wurde plötzlich aus dem Leben gerissen und war fort, als wäre sie nie da gewesen. Auch der Gedanke an das eigene Sterben ließ Freud fortan nicht mehr los. Der Großvater projizierte in das Spiel seines Enkels, was in ihm selbst seelisch vorging.

So gelesen, handelt es sich in *Jenseits des Lustprinzips* nicht um empirische Hypothesen, die versuchsweise aufgestellt werden und sachhaltig überprüfbar sind. Auch eine logisch stringente Beweisführung findet nicht statt. Freud selbst hat unterstrichen, daß er sich hier mit letzten Dingen beschäftigt hat, die nur wenig mit wissenschaftlich lösbaren Problemen zu tun haben.

»Man könnte mich fragen, ob und inwieweit ich von den hier entwickelten Annahmen überzeugt bin. Meine Antwort würde lauten, daß ich weder selbst überzeugt bin, noch bei anderen um Glauben für sie werbe. Richtiger: ich weiß nicht, wie weit ich an sie glaube. ... Leider ist man selten unparteiisch, wenn es sich um die letzten Dinge, die großen Probleme der Wissenschaft und des Lebens handelt. Ich glaube, ein jeder wird da von innerlich tief begründeten Vorlieben beherrscht, denen er mit seiner Spekulation unwissentlich in die Arme handelt.«[60]

Der Lebenstrieb oder Eros als Rückkehr zu einem früheren Zustand wird durch Berufung auf einen Mythos abgeleitet; und der Todestrieb kann in den Bereich des Lebendigen nur eingebracht werden als »Nirwanaprinzip«, das streng genommen lediglich auf der Ebene der Vorstellung gültig ist: im spielerischen Phantasieren des Fortseins als Totseins, in den Träumen einer literarischen Figur, in der Trauer über den Tod geliebter Menschen, in der buddhistischen Willenlosigkeit eines Philosophen des Pessimismus, im tröstenden Glauben an die Unerbittlichkeit des Schicksals (»Ananke«).

Anfang 1937, Freud war bereits einundachtzig Jahre alt, stand er noch immer vor der Schwierigkeit, überzeugende Argumente für seine dualistische Konzeption zu finden. Er selbst hielt es für die tiefste und lohnendste Aufgabe der Psychoanalyse, den Widerstreit der beiden Giganten, Eros und Thanatos, zu erforschen, aber selbst ihm sonst nahestehende Psychoanalytiker blieben auf Distanz. In dieser Situation begrüßte der alte Freud einen Vorsokratiker als Verbündeten: »Um so mehr mußte es mich erfreuen, als ich unlängst unsere Theorie bei einem der großen Denker der griechischen Frühzeit wiederfand. Ich opfere dieser Bestätigung gern das Prestige der Originalität.«[61]

Freud hat als »Bestätigung« begriffen, was fast 2500 Jahre zuvor der griechische Denker Empedokles als kosmologisches Weltbild imaginierte. Empedokles war eine genialische Persönlichkeit, die exakte wissenschaftliche Forschung mit mystischer Erleuchtung verband. Er war der Entdecker des physikalisch-chemischen Begriffs »Element«, und seine Vier-Elemente-Lehre (Erde, Wasser, Luft und Feuer) hat über zwei Jahrtausende unbestrittene Geltung gehabt.

Freuds Interesse galt insbesondere jener Lehre des Empedokles, »die der psychoanalytischen Triebtheorie so nahe kommt, daß man versucht wird zu behaupten, die beiden wären identisch, bestünde nicht der Unterschied, daß die des Griechen eine kosmische Phantasie hat, während unsere sich mit dem Anspruch auf biologische Geltung bescheidet«[62]. Denn Empedokles hat, um die ständigen Vereinigungen und Trennungen zwischen den Elementen zu begreifen, zwei fundamentale Prinzipien angenommen, die in ewigem Kampf liegen: die Liebe (*philia*) und den Streit (*neikos*). Mit einer beispiellosen spekulativen Phantasie wußte er das unablässige Ringen dieser beiden kosmischen Mächte um die Herrschaft, selbst im Bereich des Organischen und Seelischen, anschaulich zu schildern. Auf einem unverbrüchlichen Gesetz (der »Ananke«) beruhend, vollzieht sich der ewige Wechsel von Sieg und Niederlage dieser beiden Weltmächte, die für Empedokles keine zweckbewußten Intelligenzen, sondern im Grunde triebhaft wirkende Naturkräfte waren: »Und dieser fortwährende Wechsel hört niemals auf: bald kommt alles durch die Liebe in Eins zusammen, bald wieder scheiden sich alle Dinge voneinander durch den Haß des Streites – sofern nun auf diese Weise Eins aus Mehrerem zu werden pflegt und wieder aus der Spaltung des Einen Mehreres hervorgeht, insofern entstehen die Dinge und haben kein ewiges Leben; insofern aber ihr ständiger Wechsel niemals aufhört, insofern sind sie ewig unerschüttert im Kreislauf.«[63]

Diese beiden Grundprinzipien sind – da ist Freud überzeugt – »dem Namen wie der Funktion nach das gleiche wie unsere beiden Urtriebe Eros und Destruktion, der eine bemüht, das Vorhandene zu immer größeren Einheiten zusammenzufassen, der andere, diese Vereinigungen aufzulösen und die durch sie entstandenen Gebilde zu zerstören«.[64]

Jenseits des Lustprinzips ist ein Dokument der Todessehnsucht und des Lebenswillens, ein dialektisches Traumgespinst, in dem ein Widerstreit zwischen Leben und Tod stattfindet. Wie Goethes Faust seinen teuflischen Geist erscheinen ließ, diesen destruktivsten Charakter, der alles zerstören will, was sich dem Nichts entgegenstellt, so hat auch Freud seinen eigenen Todesdämon beschworen und zur tiefenpsychologischen Wirklichkeit werden lassen. Er spielt die Rolle eines »advocatus diaboli« und führt seinen eigenen Mephistopheles als Todestrieb in die psychoanalytische Szene ein. Aber Freud ist auch besonnen genug, um zu ergänzen, daß er sich deshalb »doch nicht dem Teufel selbst verschreibt.«[65]

Freuds Interpretation des Fort/Da-Spiels besitzt den Reiz mythologischer Erklärungen. Darauf hat, gegen alle Verurteilungen Freuds als eines unwissenschaftlich arbeitenden Spekulanten, vor allem Ludwig Wittgenstein hingewiesen. Kurz nach 1919, der *Tractatus logico-philosophicus* war gerade abgeschlossen, begann er zufällig etwas von seinem Wiener Zeitgenossen Freud zu lesen. »Ich setzte mich vor Erstaunen auf. Hier war jemand, der etwas zu sagen hatte.«[66] Für den Rest seines Lebens blieb Freud für Wittgenstein einer der wenigen Autoren, die er für lesenswert hielt. Am Schluß des *Tractatus*, in dem es zunächst um die Klärung des wissenschaftlich Sagbaren geht, räumt Wittgenstein ein: »Wir fühlen, daß selbst, wenn alle möglichen wissenschaftlichen Fragen beantwortet sind, unsere Lebensprobleme noch gar nicht berührt sind.«[67] Wahrscheinlich haben ihn Freuds Schriften erstaunt und interessiert, weil sie etwas über jene letzten Dinge »zu sagen haben«, über die man eigentlich schweigen müßte, weil sie sich einer wissenschaftlichen Erkenntnis und Sprache entziehen: den Sinn des Lebens und das Rätsel des Todes.

Der Käfer in der Schachtel

Wie der späte LUDWIG WITTGENSTEIN
*einen Ausweg aus seinem Ich-Kerker fand, in den
sich der frühe Wittgenstein geflüchtet hatte*

Trauminhalt: Sie besinnt sich, daß sie zwei Maikäfer in einer Schachtel hat, denen sie die Freiheit geben muß, weil sie sonst ersticken. Sie öffnet die Schachtel, die Käfer sind ganz matt; einer fliegt zum geöffneten Fenster hinaus, der andere aber wird vom Fensterflügel zerquetscht, während sie das Fenster schließt, wie irgend jemand von ihr verlangt (Äußerungen des Ekels).[1]

Sigmund Freud

Grausam ging es zu in dem »Käfertraum«, den Freud einer älteren, in psychoanalytischer Behandlung stehenden Dame verdankte. Die Kranke fühlte sich alleingelassen in einer Welt, die ihr immer fremder geworden war. Alles um sie versank in einen brutalen, »tierischen« Zustand, in dem es weder Freiheit noch Menschlichkeit gab. Um der verborgenen Bedeutung dieses Traums auf die Spur zu kommen, ließ Freud seine Patientin frei assoziieren. Was fiel ihr ein zu den matten Käfern, die sich in einer Schachtel befanden, zu ihrer Befreiung aus dem Gefängnis, zu ihrem freien Flug oder zu ihrer tödlichen Zerstörung?

Bilder der Grausamkeit tauchten in der Erinnerung seiner Patientin auf: Lausbuben werfen eine Katze in siedendes Wasser, wo sie unter qualvollen Zuckungen verendet; ihre sanftmütige Tochter tötet Schmetterlinge, wobei ein Nachtfalter mit der Nadel durch den Leib noch lange im Zimmer herumfliegt; auch reißt sie Käfern und Schmetterlingen die Flügel aus oder läßt einige Raupen, die zur Verpuppung aufbewahrt werden, verhungern; Kinder wüten gegen Käfer, die sie grausam zerquetschen oder bei lebendigem Leib verspeisen. Und dabei waren doch diese Kinder, wie sie wußte, eigentlich gutmütig. Der Widerspruch zwischen imaginierter Grausamkeit und zivilisiertem Verhalten beschäftigte Freuds Patientin. »Er erinnert sie an einen anderen Widerspruch, den zwischen Aussehen und Gesinnung.«[2] Man kann den Leuten nicht ansehen, was in ihnen vorgeht. Innen und außen, seelische Ereignisse und körperliches Verhalten waren getrennt. Diesen Bruch versuchte der Analytiker aufzuklären und zu überwinden. Er suchte nach der Lösung, wie die Menschen ihre Wünsche verwirklichen könnten, ohne aus der gesellschaftlichen Welt zu fallen.

War es diese Anstrengung, die auch den jungen Philosophen Ludwig Wittgenstein dazu brachte, sich als ein »Schüler« und »Anhänger« seines Wiener Zeitgenossen zu bekennen? So sah er es jedenfalls kurz nach dem Ersten Weltkrieg, als er zufällig Freud zu lesen begann und ihn dafür bewunderte, daß er »etwas zu sagen hatte«.[3] Später war Wittgenstein zunehmend davon überzeugt, daß die psychoanalytischen Deutungen sich nicht streng wissenschaftlich beweisen ließen. Das schmälerte jedoch nicht ihren Reiz, der weniger wissenschaftlich begründet, als vielmehr mytho-poetisch war. Wie jede Mythologie verführte die Psychoanalyse, zu sagen: »Ja natürlich, so muß es sein.«

Auch Freuds *Traumdeutung* hat Wittgenstein aufmerksam studiert. Ohne Quellenangabe griff er in seinem Spätwerk, in dem er eine Philosophie der Psychologie entwirft, auf diesen Fundus zurück. Das Problem seelischer Zustände wird anhand eines Gedankenexperiments entfaltet, das an Freuds »Käfertraum« erinnert und den Philosophen fragen läßt: »Woran glaube ich, wenn ich an eine Seele im Menschen glaube?«[4] Und wie kann diese Glaubensfrage überhaupt beantwortet werden, wenn man, wie Freud ja eindrucksvoll demonstriert hat, einem Menschen nicht direkt ansehen kann, was sich in seiner Innenwelt abspielt, über die er nicht nur seine Mitmenschen, sondern auch sich selbst täuschen kann?

Käferexistenzen

Stellen Sie sich vor, Sie befinden sich in einem exklusiven Bordell und sind Zeuge der folgenden Szene: Statt über sexuelle Wünsche zu reden, zeigt ein asiatischer Kunde auf etwas in einer geheimnisvollen Schachtel. Die Mädchen erschrecken über dieses wispernde und surrende Objekt und lehnen voller Ekel ab, sich auf die Perversion des Besuchers einzulassen. Nur eine blonde Schöne zeigt Interesse. Séverine scheint auch den Schmerz zu wünschen, den das mysteriöse Ding im Kästchen ihr verspricht. Was es ist? Wir wissen es nicht. Wir sind nur Kinobesucher, denen das Geheimnis in der Schachtel für immer verborgen bleibt.

In *Belle de Jour*, mit Catherine Deneuve in der Rolle der Séverine, hat uns Luis Bunuel 1967 mit diesem Fetisch gefoppt, der sich uns demonstrativ entzog. Nicht ohne Ironie hat Bunuel die Auskunft verweigert und mit ins Grab genommen. Vor allem wenn Frauen ihn fragten, was in der Schachtel war, antwortete er lächelnd: »Was Sie wollen.« Auch er wußte nicht, was sich in dem Kästchen befand. Und er hat auch nicht verraten, wie er zu seinem filmischen Einfall kam. Aber bemerkenswert ist, daß dieses Bild ein philosophisches Vorbild besitzt, das in Wittgensteins Spätwerk eine zentrale Rolle spielt. 1953, zwei Jahre nach seinem Tod, erschienen die *Philosophischen Untersuchungen*, in denen Wittgenstein unter anderem die Lösung für das Problem suchte: Welche Rolle spielt die Schmerzempfindung in unserem Leben.

Wittgenstein war kein Psychologe oder Mediziner, der leidgeplagten Patienten seine therapeutische Hilfe anbot. Er war auch kein Physiologe, der als Wissenschaftler an den körperlichen Mechanismen der Schmerzempfindung interessiert war. Er war ein Philosoph, der den Sinn der Frage verstehen wollte: Was bedeutet es, an eine Seele im Menschen zu glauben? Am Phänomen der Schmerzempfindung hat er

LUDWIG WITTGENSTEIN

diese Frage in ihrer verwirrenden Komplexität entfaltet und zu beantworten versucht.

Daß es Schmerzen gibt, wird niemand bezweifeln. Aber es scheint, als sei dieses Wissen auf eine eigenartige Weise »im Menschen« eingeschlossen wie in einer Schachtel, aus der es keinen Ausweg gibt. Vor allem, wenn wir beim Philosophieren »in uns schauen« möchten, drängt sich uns ein folgenschwerer Gedanke auf, den Wittgenstein in die Worte faßte: »Ich denke mir also: Jeder sage von sich selbst, er wisse nur vom eigenen Schmerz, was Schmerz sei.«[5] *Solus ipse*, ich allein, jeder für sich. Als Philosoph konzentrierte sich Wittgenstein auf dieses Grundproblem, das in der Geschichte der Philosophie unter dem Stichwort Solipsismus behandelt worden ist. Die Selbstreflexion scheint nur durch einen solipsistischen Blick begründbar zu sein: Ich allein kann sicher wissen, wovon hier die Rede ist. Denn nur ich habe ja einen direkten Zugang zu meinen Schmerzen. Als philosophischer Gedanke mag dieser selbstreflexive Solipsismus in unserem alltäglichen Leben keine Rolle spielen. Wenn ich zum Zahnarzt gehe, weil ich Zahnschmerzen habe, und ihm mitteile, wo es mir weh tut, wird mir in der Regel geholfen. Wenn ich dagegen meinen Arzt mit der Behauptung überrasche, daß er weder wisse, was ich als Schmerz empfinde, noch verstehe, was ich mit »Zahnschmerz« meine, dann wird er mich entweder für verrückt halten – oder für einen Philosophen.

Jeder kennt die Einsamkeit, mit der man Schmerzen erlebt, und die Situation, daß man darauf beharren möchte: Du weißt nicht, was ich wirklich empfinde! Du kennst weder meinen Schmerz noch meine Lust, weder meine Angst noch mein Glück! Ob man will oder nicht: Sobald wir diesen Gefühlen einen philosophischen Ausdruck geben, drängt sich uns das Muster auf, das der Solipsismus vorgezeichnet hat.

»Was ist in dem Kästchen?« wurde Bunuel gefragt. »Was sie wollen«, war seine Antwort. Nehmen wir also an, es war jener Käfer, der bereits in Freuds »Käfertraum« auftrat und in Abschnitt 293 von Wittgensteins *Philosophischen Untersu-*

chungen den Schmerz repräsentiert, den Wittgenstein immer wieder als zentrales Paradigma seelischer Ereignisse behandelte. Denn ein Käfer in der Schachtel bot ihm das rätselhafte Denkbild, um den Solipsismus zu veranschaulichen – und philosophisch zu überwinden.

»Wenn ich von mir selbst sage, ich wisse nur vom eigenen Fall, was das Wort ›Schmerz‹ bedeutet, – muß ich das nicht auch von den Andern sagen? Und wie kann ich denn den einen Fall in so unverantwortlicher Weise verallgemeinern? Nun, ein Jeder sagt es mir von sich, er wisse nur von sich selbst, was Schmerzen seien! – Angenommen, es hätte Jeder eine Schachtel, darin wäre etwas, was wir ›Käfer‹ nennen. Niemand kann je in die Schachtel des Andern schaun; und Jeder sagt, er wisse nur vom Anblick seines Käfers, was ein Käfer ist. – Da könnte es ja sein, daß jeder ein anderes Ding in seiner Schachtel hätte. Ja, man könnte sich vorstellen, daß sich ein solches Ding fortwährend veränderte. – Aber, wenn nun das Wort ›Käfer‹ dieser Leute doch einen Gebrauch hätte? – So wäre er nicht der der Bezeichnung eines Dings. Das Ding in der Schachtel gehört überhaupt nicht zum Sprachspiel; auch nicht einmal als ein Etwas: denn die Schachtel könnte auch leer sein. – Nein, durch dieses Ding in der Schachtel kann ›gekürzt werden‹; es hebt sich weg, was immer es ist. Das heißt: Wenn man die Grammatik des Ausdrucks der Empfindung nach dem Muster von ›Gegenstand und Bezeichnung‹ konstruiert, dann fällt der Gegenstand als irrelevant aus der Betrachtung heraus.«

Wollte Wittgenstein nur einen Jux machen? Der individuelle Schmerz des Menschen als irrelevantes Phantom in einer Körperschachtel, einer Art von »black box«, die sogar leer sein könnte? Das klingt wie einer jener Scherze, mit denen Wittgenstein seine Studenten so oft verwirrt hat. Immer wieder dachte er sich die absonderlichsten Beispiele aus, über deren Absurdität auch er lachen mußte. Stellen wir uns vor, jemand erzählt uns heute, bis gestern habe er nicht gewußt, daß er unter Zahnschmerzen leide, weil er sie als seinen alltäglichen Normalzustand erlebt habe, ohne sich darüber Gedanken zu machen. Kann ein solcher Irrtum möglich sein? – Können wir uns vorstellen, daß jemand immer Schmerzen simuliert, auch wenn er sie nie empfindet? Wie steht es dagegen mit jenem »Superspartaner«, der selbst auf die fürchterlichsten Schmerzen ungerührt reagiert und sie kein einziges Mal erwähnt? – »Und könnte ich mir nicht denken, ich hätte fürchterliche Schmerzen und würde, während sie andauern, zu einem Stein? Ja, wie weiß ich, wenn ich die Augen schließe, ob ich nicht zu einem Stein geworden bin? – Und wenn das nun geschehen ist, inwiefern wird der Stein Schmerzen haben?«[6] Ich erstarre zu Stein und meine Schmerzen dauern an. Aber wenn ich mich nun irrte und es gar nicht mehr »Schmerzen« wären? – Wenn aber einer seiner Hörer über solche Gedankenspiele zu kichern begann, wurde Wittgenstein sofort streng und vorwurfsvoll: »Nein, nein; ich meine es ganz ernst.«[7]

Wie kam Wittgenstein zu der Vorstellung, die je eigene Schmerzempfindung als einen Käfer zu imaginieren, der in seiner solipsistischen Schachtel verborgen ist und deshalb nicht zum sozialen »Sprachspiel« gehört, nicht einmal als ein Etwas? Der Philosoph hat seine Quellen nicht preisgegeben. Aber es gibt eine Reihe von Indizien dafür, daß es neben Freud ein Dichter war, von dem er das Bild des Schmerz-Käfers übernahm.

»Als Gregor Samsa eines Morgens aus unruhigen Träumen erwachte, fand er sich in seinem Bett zu einem ungeheuren Ungeziefer verwandelt. Er lag auf seinem panzerartig harten Rücken und sah, wenn er den Kopf ein wenig hob, seinen gewölbten, braunen, von bogenförmigen Versteifungen geteilten Bauch, auf dessen Höhe sich die Bettdecke, zum gänzlichen Niedergleiten bereit, kaum noch erhalten konnte.«[8] Mit diesen verstörenden Sätzen beginnt Franz Kafkas Erzählung *Die Verwandlung*, die vom Schicksal eines Menschen berichtete, der im Käfig seiner eigenen Gefühlswelt eingeschlossen ist, aus der es keinen Ausweg gibt.

Daß Kafka den Samsa-Käfer als Verkörperung eines Ich imaginierte, das von seiner Umgebung isoliert war, beschrieb die eigene Situation. Als Kafka im November 1912 *Die Verwandlung* verfaßte, war seine »Versteinerung« abgeschlossen. Er zählte sich zu denen, welche ihre Natur von der Gemeinschaft fernhält. Vor allem in seinem Tagebuch hat er 1913 seine innere Welt als *solus ipse* gegen die Anfeindungen der äußeren Wirklichkeit beschworen. 1. Juli: »Der Wunsch nach besinnungsloser Einsamkeit. Nur mir selbst gegenübergestellt sein.« 2. Juli: »Ich muß viel allein sein. Was ich geleistet habe, ist nur ein Erfolg des Alleinseins. Die Angst vor der Verbindung, dem Hinüberfließen.« 15. August: »Ich werde mich bis zur Besinnungslosigkeit von allen absperren. Mit allen mich verfeinden, mit niemandem reden.« 30. August: »In mir selbst gibt es ohne menschliche Beziehung keine sichtbaren Lügen. Der begrenzte Kreis ist rein.«[9] Also Käferexistenz. Es ist die Panzerung des Käfers, die sich aufdrängt: Käfer tragen keinen Panzer wie eine harte Schale, sie sind geschützt und gestützt durch eine stoffliche Härte, die Teil ihrer selbst ist. Und es ist ihr Leben als Einzelgänger, das nicht »hinüberfließt« in ein Sozialgefüge. Jeder Käfer lebt in seinem Mikrokosmos.

Die Absperrung des Ich durch die Verwandlung in eine Käferexistenz hat Kafka bereits in einem seiner frühesten Werke literalisiert. 1907 schrieb er die Geschichte des jungen Eduard Raban, der sich vor den öffentlichen Veranstaltungen eines gesellschaftlichen »man« ins innere Gehäuse eines reinen »ich« rettet. Während die Welt, die ihn quält, den äußeren Raum besetzt, imaginiert sich sein Ich in die Rolle eines Käfers, der allein in seinem Bett liegt. Raban schickt nur seinen Körper zu den *Hochzeitsvorbereitungen auf dem Lande*. Aber alles, was diesem Körper zustößt, wenn er wankt und stolpert, schluchzt und weinend das Nachtmahl ißt, ist bedeutungslos für das abgespaltene Ich. »Denn ich liege inzwischen in meinem Bett. Ich habe, wie ich im Bett liege, die Gestalt eines großen Käfers, eines Hirschkäfers oder eines Mistkäfers, glaube ich.«[10]

Was Raban noch wie ein Kind phantasiert, um sein Ich rein zu halten, findet in Samsas realer Käferexistenz eine schreckliche Wendung. Es ist keine selbstbewußte Imagination mehr, um sein Inneres vor dem Einbruch der äußeren Realität zu schützen. Statt dessen wird der schreckliche Albtraum, nur ein nichtswürdiger und widerwärtiger Käfer zu sein, zur unheimlichen Wirklichkeit. Samsas Verwandlung in einen »alten Mistkäfer« realisiert die familiäre Isolation, unter der er gelebt hat, ohne es zu wissen.

Erst als kriechendem und krabbelndem Untier wird ihm bewußt, daß er als ein Fremder unter Fremden gelebt hatte, allein in seinem Zimmer wie in einer Schachtel, in der man Käfer aufbewahrt. Und erst in dieser absurden Situation entpuppt sich ihm auch die lieblose, autoritäre Strenge seines Vaters, der seinen Käfer-Sohn durch das Zimmer jagt, unter riesigen Stiefelsohlen zu zerquetschen droht und ihn mit Äpfeln bombardiert. Ein unglaublicher Schmerz durchzuckt Samsa, als eines dieser Geschosse in seinen panzerartig harten Rücken eindringt und ihn wie festgenagelt, in vollständiger Verwirrung seiner Sinne, auf dem Boden erstarren läßt. An dieser Wunde in seinem Fleisch wird er sterben, gepeinigt von Schmerzen, am Ende jedoch in einem Zustand der Leere, in dem er noch einmal mit Rührung und Liebe an seine Familie zurückdenkt.

Kafkas literarische Übersetzung einer seelischen Katastrophe ins allegorische Bild einer Käferexistenz erhielt bei Wittgenstein seine philosophische Entsprechung. Zugleich fand jedoch eine wesentliche Neuakzentuierung statt. Kafkas literarische Einbildungskraft machte ernst mit der metaphorischen Charakterisierung eines Menschen als Tier und »Mistkäfer«. Er nahm sie wörtlich und konstruierte eine Geschichte, in der körperlich ausgemalt wurde, was als seelisches Charakterbild vorgezeichnet worden war. Wittgensteins philosophische Untersuchung dagegen de-konstruierte das Bild, das wir uns von seelischen Ereignissen machen, wenn wir sie, metaphorisch oder wörtlich, wie einen Gegenstand benennen wollen, der »im Menschen« existieren soll. Der selbstreflexive Blick nach Innen kann nur zu einer Selbsttäuschung führen. Was war Wittgensteins Ziel in der Philosophie? Dem Käfer einen Ausweg aus der Schachtel zu zeigen.

Um seine therapeutische Lösung des solipsistischen Problems nachvollziehen zu können, müssen wir zu dessen Quelle zurückgehen. Wie kam es überhaupt zu diesem befremdlichen Gedanken: Ich kann nur vom eigenen Schmerz wissen, was Schmerzen sind? Nur vom eigenen Fall kann ich folglich wissen, was das Wort »Schmerz« benennt. Und wie gelang es Wittgenstein, diesen Solipsismus zu überwinden, von dessen definitiver Wahrheit er in seinen frühen Jahren selbst überzeugt gewesen war, in engster geistiger und existenzieller Nähe zu Franz Kafka, seinem dichterischen Double?

Rückblenden: Ich bin meine Welt

Als 1916 Kafkas Erzählung *Die Verwandlung* erschien, leistete der siebenundzwanzigjährige Ludwig Wittgenstein als Artilleriebeobachter Kriegsdienst an der galizischen Front. In Tagebüchern notierte er, was ihn quälte. Er wollte mit sich ins reine kommen. Die bestialische Wirklichkeit des Krieges zwang ihn, sich über die eigene Existenz in der Welt ethisch klar zu werden. Welchen Sinn hatte sein Leben, wenn alles, was geschah, ihn in den Abgrund der Zerstörung riß?

Wittgenstein litt Höllenqualen. Sein Leben war eine Tortur. Die Gefahr des Sterbens war allgegenwärtig, bei jedem Schuß zuckte seine Seele. Wittgenstein befürchtete, in einer Gemeinschaft von dummen, rohen und herzlosen Menschen zum Tier zu werden. Aber je mehr die Menschen um ihn verrohten, desto stärker unterwarf er sich dem ethischen Imperativ: Sei ein guter Mensch! Der Not der Welt zum Trotz versuchte er am Ideal der Humanität festzuhalten. »Und in dieser Umgebung soll ich ein gutes Leben führen und mich läutern. Aber das ist FURCHTBAR schwer! Ich bin zu schwach. Ich bin zu schwach! Gott helfe mir«[11] notierte er am 26. Juli 1916.

Um stark zu sein, schien es für ihn nur einen Ausweg zu geben. Er mußte sich – wie Eduard Raban – von den Welttatsachen isolieren, sich auf sich selbst und seinen Willen konzentrieren und sein Ich ins Zentrum stellen. Am 2. September 1916 tauchte zum ersten Mal in seinem Tagebuch das »Ich des Solipsismus« auf. Es war eine philosophische Unabhängigkeitserklärung, die man, ginge es hier um Psychoanalyse und nicht um Philosophie, als Wittgensteins Abwehrmechanismus gegen die unbeherrschbare Realität des Krieges interpretieren könnte. Wittgenstein panzerte sich. Er erklärte die Welt für unabhängig von seinem Willen, und sein eigenes Ich für unabhängig von der Welt. »Was geht mich die Geschichte an? Meine Welt ist die erste und einzige!«[12]

Es war ein philosophisches Ich, das hier zur Sprache kam. Denn dieses Ich kann nicht der Mensch sein, nicht der menschliche Körper, auch nicht die Psyche eines besonderen Individuums namens Wittgenstein. Es war gleichsam ein reines Ich, ein ausdehnungsloser Punkt, ein metaphysisches Subjekt. Es lebte in seiner Welt, die mit ihm selbst identisch war: Ich bin meine Welt.

Es war kein Gott, der Wittgenstein half, seine Menschlichkeit in der Hölle des Krieges zu bewahren und ein »gutes Leben« zu führen. Er glaubte nicht an einen persönlichen Schöpfergott. Aber doch drängt sich der Eindruck auf, daß er die Situation, unter der er litt, in einer religiösen Perspektive sah. Indem er sich in ein unabhängiges Ich verwandelte, machte er sich selbst zur Gottheit. Als reines Ich schuf er sich seine Welt. Das religiöse Pathos der solipsistischen Selbstvergewisserung ist unüberhörbar. Wie im jüdisch-christlichen Schöpfungsmythos Gottes Wille »Es werde Licht!« die Wüste und Leere der Erde überwand und zum Guten wendete, so hat auch Wittgenstein den Sinn des Lebens und den Wert der Welt nur als Ausdruck seines eigenen Willens begreifen können.

Es sind rätselhafte Sätze, die Wittgenstein im August 1916 in sein Tagebuch notierte: »Das Ich, das Ich ist das tief Geheimnisvolle! Das Ich ist kein Gegenstand. – Es gibt also wirklich eine Art und Weise, wie in der Philosophie in einem nicht psychologischen Sinne vom Ich die Rede sein kann und muß. Das Ich tritt in die Philosophie dadurch ein, daß die Welt meine Welt ist.«[13] Ich bin meine Welt.

Was so geheimnisvoll klingt, verliert seine mystische Aura, wenn wir es in den philosophie-geschichtlichen Horizont einordnen, in den Wittgenstein 1911 eingetreten war. Denn dieses philosophische Ich drängte sich ihm auf, als er sich überraschend entschied, seine Laufbahn als Ingenieur aufzugeben und Philosoph zu werden. Die Philosophie hatte ihn gepackt, und in einem unbeschreiblichen Zustand der Erregung faßte er den Plan, ein philosophisches Buch zu schreiben. Aber wo sollte er den Mentor finden, der ihn auf seinem Weg begleitete?

Er sollte doch bei Bertrand Russell in Cambridge studieren, empfahl ihm der Logiker Gottlob Frege, den er in Jena um Rat gefragt hatte. Von diesem Großmeister der Logik könnte er lernen, was Philosophieren bedeutet. Denn den jungen Ingenieur hatte, wie er Frege mitteilte, während seines Studiums vor allem eine tiefe Leidenschaft für die Philosophie der Mathematik und Logik ergriffen.

Ohne sich angekündigt zu haben, war Wittgenstein am 18. Oktober 1911 in Russells Sprechzimmer im Trinity College gestürmt. Er schien sich in einem heillosen Zustand befunden zu haben. Aber er strahlte doch eine Intensität und bohrende Hartnäckigkeit aus, der sich auch der distinguierte englische Adelige, der gerade Tee trank, nicht entziehen konnte. Der dritte Earl Russell hatte bald Grund genug, sich über seinen neuen Studenten aufzuregen, der eine wahre Plage zu werden drohte. Wittgenstein folgte seinem Lehrer nach dessen Vorlesungen über mathematische Logik und redete und redete, »starrsinnig & verdreht, aber vermutlich nicht dumm«, wie Russell am 19. Oktober an Ottoline Morrell schrieb. Wittgenstein war streitlustig und anstrengend. Manchmal hielt Russell ihn für einen »Narren«: »Er meint, nichts Empirisches sei erkennbar – ich bedrängte ihn zuzugeben, daß kein Rhinozeros im Zimmer sei, aber er blieb stur.«[14]

Solche Streitereien klingen verrückt; und Russell ließ auch in seinen Vorlesungen keine Gelegenheit aus, sich über Wittgensteins Verdrehtheit lustig zu machen. Einmal sah er im Hörsaal unter allen Pulten nach, um seinen Zuhörer davon zu überzeugen, daß kein Nashorn im Raum war. Doch bald wurde ihm klar, daß es Wittgenstein nicht um eine Tatsachenfrage ging, sondern um ein rein erkenntnistheoretisches Problem. Ihn beunruhigten die Fragen: Was ist gesichert erkennbar? Existiert das Nashorn als ein Gegenstand in der physikalischen Welt – oder müssen wir uns mit den Phänomenen begnügen, die uns unmittelbar und primär durch unsere Sinne gegeben sind und das Rhinozeros nur als eine sekundäre gedankliche Konstruktion hypothetisch annehmen lassen? Angesichts dieser Fragen konnte ihm Russells Suche nach dem Nashorn nur als lächerlich erscheinen; und Russell merkte bald, daß er nur zu »witzeln« anfing, »um die schreckliche Spannung des Denkens aufzulösen«[15], in die ihn sein anstrengender Schüler versetzt hatte.

Cambridge war der richtige Ort, um diese Fragen zu stellen, in deren Sog auch Russell durch Wittgenstein immer stärker hineingezogen wurde. Er gab seine Arbeit an der Logik auf und wandte sich erkenntnistheoretischen Problemen zu, die mit dem Verhältnis zwischen »physikalischen« Objekten und »phänomenologischen« Sinneseindrücken zu tun haben. Es war vor allem der englische Empirismus in der Tradition eines John Locke, George Berkeley und David Hume, der in den Diskussionen zwischen Wittgenstein und Russell lebendig geblieben war. Im Unterschied zur rationalistischen Orientierung des Kontinents, die auf den menschlichen Geist als Erkenntnisquelle eines sicheren Wissens setzte, favorisierten die englischen Empiristen die Sinneswahrnehmung als Fun-

132   Der Käfer in der Schachtel

dament möglicher Erkenntnis. Vor allem Bischof Berkeley hatte diese Position 1710 in seiner *Abhandlung über die Prinzipien der menschlichen Erkenntnis* radikal durchdacht.

Um die Wurzel des Wissens freizulegen, schien es ihm zufolge nur eine Möglichkeit zu geben: Wir müssen uns an das halten, was wir als Phänomene sinnlich wahrnehmen können. Die Welt ist uns allein durch unsere Sinne gegeben, als ein Komplex von »sense data«, unmittelbaren und augenblicklichen Sinnesdaten. Wir sehen Farben und Formen, hören Töne und Geräusche, schmecken Süßes und Saures, riechen angenehme Düfte oder üblen Gestank, ertasten Ausdehnungen und Widerstände.

Auch ein Rhinozeros ist, so gedacht, nur eine äußerst komplexe Ansammlung von Sinneseindrücken, die wir normalerweise zur Vorstellung dieses Dickhäuters verbinden. Aber sind diese phänomenalen Sinnesqualitäten nicht mit einer materiellen Substanz, dem wirklichen Tier in der Welt der physikalischen Dinge, verbunden? Nein, antwortete Berkeley als radikaler Immaterialist. Die Annahme materieller Substanzen ist nur eine metaphysische Spekulation. Denn was können wir von ihnen wirklich wissen? Nichts! Wir haben ja nichts anderes als unsere sinnlichen Wahrnehmungen. Sie sind unsere eigentliche und einzige Welt. Dahinter gibt es nichts.

Daß etwas »empirisch« existiert, heißt also nicht, daß es materiell als Substanz da ist. Seine Existenz erschöpft sich darin, wahrgenommen werden zu können: »Esse est percipi« – Sein ist Wahrgenommenwerden. Und da man keine ungesehene Farbe, keinen ungeschmeckten Geschmack, keinen ungerochenen Geruch, keinen ungehörten Ton, also keine sinnliche Qualität erfassen kann, die außerhalb eines wahrnehmenden Bewußtseins existiert, kommt als Ergänzung ein philosophisches Ich ins Spiel, dessen Existenz in nichts anderem besteht als in seinen Wahrnehmungsakten: »Esse est percipere« – Sein ist Wahrnehmenkönnen.

Im Oktober 1913 verließ Wittgenstein Cambridge. Er wollte ganz allein für sich leben, um in ruhiger Abgeschlossenheit über Logik und Erkenntnistheorie nachdenken zu können. Im norwegischen Skjolden am Sogne-Fjord fand er den idealen Ort und schrieb dort umfangreiche, ungeordnete Notizen, die als Material seines philosophischen Buchs dienen sollten. Vor allem der Phänomenalismus der unmittelbar gegebenen Sinnesdaten, die nur privat erlebt werden können, beschäftigte ihn als philosophisches Problem.

Im Sommer 1914, als der Erste Weltkrieg ausbrach, befand Ludwig Wittgenstein sich in seiner Heimatstadt Wien. Er meldete sich freiwillig zur Armee. Es scheint, als hätte ihn ein tiefer Wunsch bewegt, etwas Schweres auf sich zu nehmen und nicht nur geistig zu arbeiten. Als wollte er ein anderer Mensch werden und sich, angesichts der tödlichen Bedrohung, von allen menschlichen Schwächen läutern. Doch das war »FURCHTBAR schwer«. Je mehr der Krieg sein grausames Gesicht zeigte, desto entsetzlicher wurde Wittgensteins Lage. Immer stärker fühlte er sich auf sich selbst zurückgeworfen. Die Einsamkeit, die er sich früher gewünscht hatte, wurde zum Albtraum einer unmenschlichen Isolation.

In dieser verzweifelten Situation erschien ihm der Immaterialismus der Sinnesdatentheorie, über den er in Cambridge so heftig mit Russell gestritten hatte, in einem neuen Licht. Er war nicht mehr nur eine erkenntnistheoretische Position, sondern wurde für ihn zum Hoffnungsschimmer in dunkler Zeit. Wittgenstein beschwor ein reines philosophisches Ich, das mit seiner Erlebniswelt identisch ist. Während sein Körper zur äußeren Welt gehörte, sollte die »Seele« in einer anderen Sphäre leben. Bereits im November 1914 ermahnte Wittgenstein sich selbst: »Häng nur nicht von der äußeren Welt ab, dann brauchst du dich vor dem, was in ihr geschieht, nicht zu fürchten.«[16]

Mit ungeheurer geistiger Energie schrieb Wittgenstein im Verlauf des Krieges das philosophische Buch, von dem er träumte, seit er 1911 nach Cambridge gereist war. Es war seine *Logisch-philosophische Abhandlung*, die er während eines Fronturlaubs 1918 in Wien abschloß. Alles, was Wittgenstein seit 1911 durchdacht und notiert hatte, fand in diesem Werk, dessen englische Übersetzung 1922 unter dem lateinisierten Titel *Tractatus logico-philosophicus* erschien, seine verdichtete Form. In einer durchnumerierten Satzfolge behandelte Wittgenstein das breite Spektrum der Philosophie, von der Wissenschaftstheorie bis zur Ethik und Ästhetik, von der Logik bis zur Mystik. Am Anfang dieser philosophischen Komposition, deren Zweck die Klärung »trüber« und »verschwommener« Gedanken ist, steht die tatsachen-orientierte Bestimmung: »Die Welt ist alles, was der Fall ist.«[17] Am Ende steht die metaphysikkritische Andeutung eines Unaussprechlichen, das nur gezeigt, aber nicht gesagt werden kann: »Wovon man nicht sprechen kann, darüber muß man schweigen.«[18] Den Mittelpunkt der Abhandlung aber bildet, was Wittgenstein existenziell berührte: das Problem des Solipsismus.

Der *Tractatus* gehört zu den schwierigsten und kompliziertesten Texten der modernen Philosophie. Unzählige Kommentatoren haben versucht, die Gedanken zu rekonstruieren, deren Wahrheit Wittgenstein für »unantastbar und definitiv« hielt. Im Vorwort – Wien, 1918 – schrieb er selbstbewußt: »Ich bin also der Meinung, die Probleme im Wesentlichen endgültig gelöst zu haben.«[19] Welche Probleme? Ist die Vermutung zu verwegen, daß Wittgensteins Solipsismus zur Lösung seines Lebensproblems in Zeiten des Krieges diente? Die Begründung dieses Solipsismus verlief ganz im Rahmen einer Theorie unmittelbarer Sinnesdaten. Das erklärt die herausragende Rolle der Phänomene, auf die Wittgenstein als primäre Gegebenheiten hinwies, wenn er über die Gegenstände der Welt sprach: farbige Flecken auf bestimmten Stellen des Gesichtsfelds, die gehörte Höhe eines Tons, die Empfindung eines Geräuschs, der getastete Widerstand eines Gegenstands. Die Wirklichkeit ist primär die Welt, wie sie dem je einzelnen Ich augenblicklich erscheint in der fließenden Veränderlichkeit seiner Wahrnehmungserlebnisse. »Esse est percipi aut percipere«, hatte Berkeley zu bedenken gegeben. Daran hat sich Wittgenstein gehalten.

Auch der rätselhafte *Tractatus*-Satz »Die Welt und das Leben sind Eins«[20] bezog seine philosophische Bedeutung aus der phänomenologischen Grundüberzeugung, daß die Welt nur ein Komplex erlebter Sinnesdaten ist. Und so ist es auch nicht erstaunlich, daß ihm die solipsistische Formel folgte: »Ich bin meine Welt. (Der Mikrokosmos.)«[21] Jedes Ich ist mit seinen privaten Empfindungen für sich. Nur ihm selbst sind die Sinnesdaten gegeben. Auch eine Sprache der Sinnesdaten kann folglich nur solipsistisch sein. »Daß die Welt meine Welt ist, das zeigt sich daran, daß die Grenzen der Sprache (der Sprache, die allein ich verstehe) die Grenzen meiner Welt bedeuten.«[22] In der Logik dieses Arguments kann »meine« Sprache nur eine Sprache sein, die private, direkte und unmittelbar gegebene Wahrnehmungserlebnisse abbildet oder benennt.

Die existenzielle Bedeutung seines Solipsismus erhellen Wittgensteins Bemerkungen über den Tod. Die philosophische Unabhängigkeitserklärung gegenüber der äußeren Welt besänftigte auch die Angst vor dem Tod. Denn für den radikalen Solipsisten, der nur in seiner Erlebniswelt lebt, kann es ja keinen Tod geben: »Der Tod ist kein Ereignis des Lebens. Den Tod erlebt man nicht. Wenn man unter Ewigkeit nicht unendliche Zeitdauer, sondern Unzeitlichkeit versteht, dann lebt der ewig, der in der Gegenwart lebt. Unser Leben ist ebenso endlos, wie unser Gesichtsfeld grenzenlos ist.«[23] Das geheimnisvolle »Ich des Solipsismus« war unzerstörbar. Geschützt von allen äußeren Tatsachen lebte es sicher in den Grenzen seiner inneren Welt.

Erst die Rückblenden auf sein Leben und Denken bis zur Abfassung des *Tractatus* können erkennen lassen, wogegen Wittgenstein in seinen späteren Werken ankämpfte. Der Solipsismus hatte ihm zwar einen philosophischen Selbstschutz geboten. Aber um welchen Preis! Wittgenstein hatte sich in seine eigene Welt und Sprache, die nur er verstand, eingesperrt. Sein Ich war wie ein Käfer in seiner Körperschachtel eingeschlossen, aus der es kein Entkommen gab. Die schüt-

136   Der Käfer in der Schachtel

zende Grenze war zur Gefängniswand geworden. Es mußte ein Ausweg gefunden werden.

Im Wirrwarr zwischen Phänomenen und Dingen

1929 begann Wittgenstein eine neue Philosophie zu entwickeln, in deren Zentrum die Überwindung des Solipsismus steht. Ein Jahrzehnt hatte er sich nicht mehr auf die Philosophie konzentriert. Nachdem er 1918 seine millionenschwere Erbschaft unter seinen Geschwistern verteilt hatte, ließ er sich zum Volksschullehrer ausbilden und arbeitete von 1920 bis Ende April 1926 an verschiedenen niederösterreichischen Schulen. Er lebte äußerst spartanisch und wollte einen sinnvollen Beitrag zur Erziehung junger Menschen leisten. Das schien ihm wichtiger zu sein als die Beschäftigung mit philosophischen Problemen. Nach Beendigung des Schuldienstes, für den er sich nicht »gut« genug fühlte, war er bis zum Herbst 1928 dann mit dem Bau des Hauses für seine Schwester Margarethe in der Wiener Kundmanngasse beschäftigt. An der architektonischen Ästhetik dieses Hauses sollte sichtbar sein, was Wittgenstein auch in seinem Handeln und Denken anstrebte. Er sehnte sich nach einer Klarheit, die ihren Ausdruck in Werken ohne geschickte Schnörkel und ornamentalen Zierrat, ohne Heuchelei, Eitelkeit und Phrase finden sollte.

Die Philosophie beginnt Wittgenstein erst wieder zu fesseln, als er Anfang 1929 nach Cambridge reist, an die Stätte seiner ersten philosophischen Studien. »Gott ist angekommen. Ich traf ihn im Fünf-Uhr-Fünfzehn-Zug«[24], schreibt Lord John Maynard Keynes, der neue Stern am Himmel der Nationalökonomie und Geldtheorie, am 18. Januar an seine Frau. Während seiner Abwesenheit ist Wittgenstein zu einer Kultfigur der Elite in Cambridge geworden und sein *Tracta-*

tus steht im Mittelpunkt der intellektuellen Salongespräche. Für Wittgenstein ist es unheimlich, an eine Universität zurückzukehren, die sich in den sechzehn Jahren, in denen er so viel durchgemacht hat, kaum verändert hat.

Er will nur Ferien machen. Doch die vertraute Umgebung nimmt ihn wieder gefangen. Er reicht seinen *Tractatus* als Dissertation ein. Anfang Juni findet die mündliche Prüfung statt, mit George Moore und Bertrand Russell als Prüfer. Wittgenstein ist vierzig Jahre alt, Doktor der Philosophie, und erhält ein kleines Stipendium, um philosophisch weiterarbeiten zu können. Er weiß nicht, was ihn erwartet. Es wird sich etwas ergeben. Die Zeit in Cambridge erscheint ihm als Vorbereitung auf etwas Neues. Seine Existenz als Mensch steht in Frage. Hat er sein Leben wirklich »gut« geführt, wertvoll nicht nur für sein eigenes Ich, sondern auch für die anderen, denen er sich verbunden fühlt?

Bereits am 2. Februar 1929 beginnt Wittgenstein mit der Niederschrift von *Philosophischen Bemerkungen*. Scheinbar bruchlos knüpft er dort an, wo er 1918 geendet hat. Und doch hat sich alles verändert. Denn jetzt beginnt er für absurd zu halten, wovon er im *Tractatus* überzeugt war. Er vertraut nicht mehr auf die unmittelbaren Sinneswahrnehmungen und ihre Rolle als Fundament der Erkenntnis. Die philosophische Vorstellung einer ersten, »phänomenologischen« Sprache erscheint immer stärker als eine philosophische Krankheit.

Am 4. Februar deutet sich an, wonach Wittgenstein strebt. »Es scheint viel dafür zu sprechen, daß die Abbildung des Gesichtsraumes durch die Physik wirklich die einfachste ist. D. h. daß die Physik die wahre Phänomenologie wäre.«[25] Unter Physik versteht er dabei nicht die Verfahrensweise und das theoretische Vokabular einer hochspezialisierten Wissenschaft. Gegen die Phänomenologie der Sinnesdatensprache gewendet, verweist »Physik« auf die öffentliche Welt der Dinge und Tatsachen, über die wir in unserer gewöhnlichen Alltagssprache sprechen können, ohne sie auf eine primäre

Erlebnissprache, »die allein ich verstehe«, zurückführen zu müssen. In den *Philosophischen Bemerkungen* wird dieser neue Gedanke wiederholt formuliert und zunehmend zugeschärft: »Die Beschreibung der Phänomene mittels der Hypothese der Körperwelt ist unumgänglich durch die Einfachheit verglichen mit der unfaßbar komplizierten phänomenologischen Beschreibung.«[26] Doch bald geht es nicht mehr nur um Einfachheit oder Komplexität. Ein neues Ziel deutet sich an, das im Zentrum von Wittgensteins Spätphilosophie stehen wird: »Die phänomenologische Sprache oder ›primäre‹ Sprache, wie ich sie nannte, schwebt mir jetzt nicht mehr als Ziel vor; ich halte sie jetzt nicht mehr für nötig.«[27] »Die Annahme, daß eine phänomenologische Sprache möglich wäre und die eigentlich erst das sagen würde, was wir in der Philosophie ausdrücken müssen (wollen) ist – glaube ich – absurd. Wir müssen mit unserer gewöhnlichen Sprache auskommen und sie nur richtig verstehen.«[28] Die Aufmerksamkeit verlagert sich von der philosophischen Idee einer privaten Sinnessprache zur Analyse des alltäglichen Sprachgebrauchs, mit dem wir uns über die Welt physikalischer Dinge und Tatsachen verständigen. Berkeley adé.

»Die Sätze unserer Grammatik haben immer die Art physikalischer Sätze und nicht die ›primärer‹ und vom Unmittelbaren handelnder Sätze.«[29] Wer spricht schon primär über diffuse und bewegliche graue Flecken auf einem blauen Hintergrund in seinem Gesichtsfeld, wenn er anderen etwas über Wolken mitteilt, die am Himmel dahinziehen? Und wenn einem philosophisch unvoreingenommenen Menschen gesagt wird, er habe vorhin gar nicht die Bekanntschaft eines gewissen Herrn Jarchow gemacht, sondern nur einen Komplex von Sinnesdaten erlebt, so wird er den Sprecher zu Recht für verrückt halten.

Daß die Fixierung auf unmittelbar gegebene Sinnesdaten im alltäglichen Leben und Sprachgebrauch nur das Symptom einer Krankheit sein kann, demonstriert der Fall des Mannes, »der seine Frau mit einem Hut verwechselte«. Der

Neurologe Oliver Sacks hat von ihm berichtet. Dr. P. war ein ausgezeichneter Musiker. Seine Augen waren vollkommen in Ordnung. Aber etwas in seinem Verhalten war grundfalsch. Anfangs lachte man noch über ihn, wenn er auf der Straße Hydranten und Parkuhren tätschelte, weil er sie für Kinder hielt, oder wenn er geschnitzte Pfosten liebenswürdig ansprach, erstaunt darüber, daß sie ihm keine Antwort gaben. Er hatte schon immer einen verschrobenen Sinn für Humor gehabt und Paradoxien und Scherze geliebt. Aber diese merkwürdigen Fehlleistungen häuften sich. Was war mit ihm geschehen? »Machte er Witze? War er verrückt?«[30]

Dr. P. hatte sich in seine solipsistische Welt verirrt. Alles hatte sich aufgelöst in Komplexe unmittelbarer Wahrnehmungserlebnisse. Die Welt bestand für ihn aus einem ungeheuren Puzzle privat erlebter Phänomene. Er sah nicht das Gesicht einer Person, sondern tastete mit seinem Blick die Konturen ab. Eine Rose erschien ihm als ein etwa fünfzehn Zentimeter langes, rot gefältetes Gebilde mit einem geraden grünen Anhängsel, ein Handschuh als eine durchgehende Oberfläche, die eine Umhüllung bildet. Er erkannte nicht den Schuh, den er sich anziehen sollte, sondern hielt ihn für seinen Fuß, und den Kopf seiner Frau verwechselte er mit einem Hut. Als Sacks ihn bat, einige Bilder in einer Zeitschrift zu beschreiben, war seine Reaktion äußerst merkwürdig: »Seine Augen huschten von einem Objekt zum nächsten, sie registrierten winzige Einzelheiten, individuelle Eigenarten, wie sie es mit meinem Gesicht getan hatten. Ein auffallend heller Punkt, eine Farbe, eine Form erregte seine Aufmerksamkeit und ließ ihn eine Bemerkung machen – aber in keinem Fall nahm er das Bild in seiner Ganzheit in sich auf. Er konnte nicht das Ganze sehen, sondern nur Details, die er wie ein Radarschirm registrierte.«[31]

Eindrucksvoll hat Oliver Sacks den »Ausfall« seines Patienten geschildert. Dieser liebenswürdige Mensch war aus unserer Welt und Sprache gefallen. Aber die Diagnose des Neurologen scheint mir den Fall des Dr. P. völlig auf den Kopf zu stellen: »Dieser Mann hat (wenn auch nur im visuellen Bereich) das Emotionale, das Konkrete, das Persönliche, das ›Reale‹ völlig verloren – und ist gleichsam, mit geradezu absurden Konsequenzen, auf das Abstrakte und Kategorielle reduziert.«[32] Sacks hat nicht erkannt, daß Dr. P. pathologisch erlebt hat, was in der Philosophiegeschichte, von George Berkeley bis zu den Befürwortern einer primären Sinnesdatensprache, als sicheres Erkenntnisfundament beschworen worden ist. Er reduzierte die Welt der Rosen und Schuhe, der Köpfe und Hüte, der Hydranten und Parkuhren auf die unmittelbar gegebenen, konkreten Daten seiner »persönlichen« Wahrnehmung. Er sah die Welt als eine überwältigende Ansammlung von Farben, Formen, Konturen, Linien und Helligkeitsgraden. Dr. P. war eingeschlossen im Käfig seiner Welt: Philosophischer Solipsismus als »locked-in«-Syndrom.

Philosophen sind nicht verrückt. Sie philosophieren nur. Aber sie leiden unter einer Krankheit, wenn sie auf unmittelbare, direkte und primäre Sinnesdaten zurückzugreifen versuchen, um unsere Welterkenntnis auf ein sicheres Fundament zu stellen. Das ist Wittgensteins Diagnose, als er 1929 wieder zu philosophieren beginnt. Wie ist diese Krankheit zu heilen? Zunächst weiß Wittgenstein nur, daß man »mit der phänomenologischen Sprache in einen verzauberten Sumpf« gerät, »wo alles Erfaßbare verschwindet.«[33] Er sieht sich bei all seinen Gedanken über dieses Problem »in einem furchtbaren Wirrwarr zwischen erstem und zweitem Ausdruckssystem«[34]

»Ich bin in einem Wirrwarr.«[35] Das ist, wie Wittgenstein zu Beginn der dreißiger Jahre einzusehen lernt, der allgemeine Ausdruck einer philosophischen Problemsituation. Denn es sind keine wissenschaftlichen Fragen, die es zu beantworten gilt. Durch seine Wende zu einer »physikalischen« Sprache ist Wittgenstein kein Physiker geworden, der die Tatsachen der Welt zu beschreiben und zu erklären versucht. Er hat damit nur die solipsistische Privilegierung einer primären Erlebnissprache zurückgewiesen, die uns keinen gemeinsa-

LUDWIG WITTGENSTEIN

men Blick auf die Tatsachenwirklichkeit ermöglicht. Aber er ist auch kein »behavioristischer« Psychologe geworden, der sich nur für das sichtbare Verhalten (»behavior«) von Menschen interessiert und ihre Innenwelt für wissenschaftlich unerkennbar erklärt oder gar als nicht-existierend verwirft.

Das Dilemma, in das sich Wittgenstein als Philosoph verstrickt hat, ist offensichtlich. Wenn die Sätze unserer Sprache »immer die Art physikalischer Sätze« haben, dann scheint es unmöglich zu sein, private Erlebnisse, Wahrnehmungen und Empfindungen sprachlich auszudrücken. Das aber widerspricht unseren alltäglichen Erfahrungen. Denn wir reden ja von unseren Schmerzempfindungen oder Farbwahrnehmungen im Rahmen eines funktionierenden gesellschaftlichen »Sprachspiels«. – Wenn wir uns dagegen auf eine phänomenologische Sinnesdatensprache zurückziehen, dann verirren wir uns im Sumpf einer Privatsprache, die man nur selbst verstehen kann. Das aber widerspricht unserem Wunsch nach allgemeiner Verständlichkeit. Denn wir benötigen ein gemeinsames Fundament, um als soziale Wesen miteinander kommunizieren zu können.

Der Auflösung dieses Wirrwarrs hat Wittgenstein die letzten Jahrzehnte seines Lebens gewidmet. Wie wichtig es ihm damit war, dokumentiert bereits die große Erregung, mit der Wittgenstein 1932 auf Rudolf Carnaps Anspruch reagierte, er hätte in den Diskussionen des Wiener Kreises die Möglichkeit eines Gesamtsystems wissenschaftlicher Begriffsbildung auf physischer Basis entwickelt. Über Wittgensteins Beitrag zu dieser Wende schwieg Carnap. Darüber war Wittgenstein maßlos enttäuscht. Doch damit nicht genug. Wittgenstein brach im Zusammenhang dieses unerfreulichen Prioritätenstreits auch seine Gespräche mit dem Wiener-Kreis-Mitglied Friedrich Waismann ab, den er bis 1932 über die Entwicklung seiner neuen Gedanken auf dem laufenden gehalten hatte. Hatte er Grund zu diesem Rückzug aus einem Kreis, der ihn wie einen Heiligen bewunderte und verehrte und sich an seiner Philosophie orientierte?

Rudolf Carnap, der logische Kopf und schärfste Denker des Wiener Kreises einer wissenschaftlichen Weltauffassung, hatte Wittgenstein 1927 in Wien kennengelernt. Er war zwar fasziniert von der Art, in der Wittgenstein den Gesprächspartnern seine Gedanken entwickelte. In ihrer Lebens- und Denkweise waren sie jedoch diametral entgegengesetzt. Carnap war der sorgfältige, exakte, beharrlich und unermüdlich arbeitende Logiker, der sich nicht damit zufrieden gab, daß ein Weg von A nach B nur angedeutet wird, ohne ihn Schritt für Schritt abzuschreiten. Wittgenstein war ein grübelnder Mensch mit tiefgründiger Intuition und der Mentalität eines schöpferischen Künstlers, religiösen Propheten oder Lehrers.

Diese Differenz läßt sich an den unterschiedlichen philosophischen Intentionen ablesen. Während Wittgenstein im *Tractatus* einen Phänomenalismus entwarf, um einem solipsistischen Ich in seiner Welt und Sprache eine Sicherheit zu bieten, hat Carnap in *Der logische Aufbau der Welt,* seinem ersten großen Buch, an dem er 1922 bis 1925 schrieb und das 1928 veröffentlicht wurde, Wittgensteins frühen Phänomenalismus zum Anlaß genommen, ein Begriffssystem aller Erkenntnisgebiete auf der Grundlage eines »unmittelbar Gegebenen« rational aufzubauen. Da nur das Selbsterlebte, nicht aber ein fremdes Erlebnis, als »unmittelbar gegeben« anerkannt werden kann, wählte Carnap eine Basis im Eigenpsychischen. Er wollte damit nicht die inhaltlich-metaphysische These des Solipsismus anerkennen, als seien nur ein Subjekt und seine Erlebnisse wirklich, die anderen Subjekte dagegen nicht-wirklich. Es ging ihm um einen »methodischen Solipsismus«. Überlegungen über den logischen Aufbau wissenschaftlicher Erkenntnisgebäude ließen ihn jene einfachen Grundbegriffe wählen, in denen Struktureigenschaften von individuellen Erlebnisströmen festgehalten werden. Auf ihrer Grundlage sollten dann die höheren Begriffsstufen der physischen, fremdpsychischen und geistigen Gegenstände Schritt für Schritt »konstituiert« werden.

Dieses phänomenalistische Konstitutionssystem hat Carnap ab 1931 aufgegeben zugunsten eines Physikalismus, der eine Basis im Physischen annimmt. Die Begriffssysteme der Realwissenschaften bauen nicht auf eigenpsychischen Erlebnissen auf, sondern auf Beschreibungen physischer Gegenstände und Tatsachen, über die eine größere intersubjektive Übereinstimmung besteht als über solipsistische Erlebnisgegebenheiten. In mehreren Aufsätzen hat Carnap dann zwischen 1931 und 1934 seine neue Position dargestellt und sich dabei vor allem bei Otto Neurath bedankt, der ihn vom Phänomenalisten zum Physikalisten bekehrt habe.

Wittgenstein dagegen war davon überzeugt, daß Carnap seine Gespräche mit Friedrich Waismann und Moritz Schlick, dem Doyen des Wiener Kreises, benutzt hatte, um seinen Physikalismus zu entwickeln. In zwei Briefen an Schlick (August 1932) und einem Brief an Carnap äußerte er seinen Ärger, der rein moralischer und persönlicher Natur war und nichts zu tun hatte mit Problemen des geistigen Urheberrechts. Warum hatte Carnap nicht erwähnt, daß seine neuen physikalistischen Ideen Wittgensteins Schöpfungen waren? Auf Carnaps Erwiderung, über Physikalismus hätte Wittgenstein nichts gesagt, antwortete dieser mit dem Hinweis, daß der Begriff »Physikalismus« scheußlich wäre. Deshalb habe er ihn nicht benutzt. Aber die Idee, die sich in ihm ausdrückt, sei seine gedankliche Leistung.

Daß es für Wittgenstein bei diesem Streit um ein Problem ging, das im Zentrum seines existenziellen und philosophischen Selbstverständnisses stand, erhellt sein sogenanntes Spätwerk. Auf langen und verwickelten Denkwegen durchreist er kreuz und quer, nach allen Richtungen, das weite Feld einer Philosophie der Psychologie. Die Gedanken, die ihn ab 1929 beschäftigen, finden ihren Niederschlag in den *Philosophischen Untersuchungen*, in denen er eine neue Philosophie entwickelt. Mit ihr hat er sowohl den phänomenologischen Solipsismus seines Frühwerks überwunden, als auch die Falle eines radikalen Physikalismus umgangen, dem es unmöglich ist, einen Zugang zu seelischen Ereignissen zu finden.

144   Der Käfer in der Schachtel

Der Ausweg aus der Schachtel

Nur wenn man noch viel verrückter denkt als die Philosophen, kann man ihre Probleme lösen. Jetzt kommen Freuds »Käfertraum« und Kafkas Käfer ins Spiel. Der Traumdeuter und der Dichter haben dem Denker das Bild geliefert, das dieser nun zu einem heilsamen Gedankenexperiment ausmalt. Zunächst wird dieser Käfer zur Veranschaulichung der solipsistischen Position herangezogen, die alles auf die Karte unmittelbarer, direkter und privater Empfindungen gesetzt hat.

Nehmen wir also an, *»es hätte Jeder eine Schachtel, darin wäre etwas, was wir ›Käfer‹ nennen«*. Mit diesem Denkbild wird der philosophische Gedanke allegorisiert, daß ein Jeder nur vom je eigenen Fall wissen könne, was wir »Schmerzen« nennen. Wir reden von Schmerzen, als ob wir damit etwas benennen würden. Darin scheint kein Problem zu liegen. Aber wie wird in diesem Fall die Verbindung des Namens mit dem Benannten hergestellt? Offensichtlich anders als bei der Bezeichnung physikalischer Gegenstände im öffentlichen Raum, auf die wir hinzeigen können. Aber wie?

Was scheinbar unproblematisch zu gelingen scheint, denn wir können uns ja über Schmerzen verständigen, führt uns Wittgenstein als verwirrendes Vexierbild vor Augen. Denn die Frage nach der Benennung von Schmerzen lockt uns in jenen Sumpf, den Wittgenstein in seinem *Tractatus* als absolut sicheres Fundament beschworen hat: Ein Name steht für einen Gegenstand unmittelbarer Erfahrung; und diese Beziehung ist der selbstverständliche Urgrund jeder »Namenstheorie«. Daß dieses Modell versagen muß, wird im weiteren Verlauf des Käfer-Beispiels deutlich.

Daß *»niemand je in die Schachtel des Andern schaun kann; und Jeder sagt, er wisse nur vom Anblick seines Käfers, was ein Käfer ist«*, ist die folgerichtige Visualisierung der solipsistischen Redeweise. Die am Sehen orientierte Erkenntnistheorie imaginiert ein sichtbares Objekt, das man in sich hat.

LUDWIG WITTGENSTEIN

Selbstreflexion erscheint als Blick nach Innen, als Introspektion, als hätte die Seele ein Auge, mit dem sie sich selbst betrachten könnte. Aber was erblickt man da? Die Annahme, daß jeder Einzelne nur für sich sieht, was es zu sehen gibt, löst zunächst die intersubjektive Gleichheit des Gesehenen auf. *»Jeder könnte ja ein anderes Ding in seiner Schachtel haben.«* Das muß natürlich nicht so sein. Aber die Voraussetzung, jeder sehe gleichsam nur ein »privates Bild« in sich, liefert keine Sicherheit für die Annahme, daß es sich bei allen Menschen um das gleiche Bild handelt. Zwar soll jeder »etwas« in seiner Schachtel haben, für das es einen bestimmten Namen gibt; aber was es ist, kann keiner vom Anderen wissen.

Diese Unsicherheit läßt sich verschärfen. Denn unter der Voraussetzung, daß jeder Ausdrücke wie »Schmerz« verwendet, um zu benennen, was nur er empfindet, löst sich auch die Objektkonstanz für jeden Einzelnen selbst auf. *»Ja, man könnte sich vorstellen, daß sich ein solches Ding fortwährend veränderte.«* Nicht nur die Käfer der Anderen verlieren ihre Identität. Auch der eigene Käfer wird zu einer veränderlichen Größe, die nicht als feste Einheit ruhiggestellt werden kann. Daß man es jeweils mit dem gleichen Ding, der gleichen Empfindung, zu tun hat, kann nur »geglaubt« werden, da es keine intersubjektive Kontrolle gibt, um die Identifizierung abzusichern. Das Gedächtnis, das sich an etwas Gleiches erinnern möchte, kann uns ja fortwährend täuschen. Auch das muß natürlich nicht so sein. Aber wir müssen zumindest damit rechnen und können nicht wirklich sicher sein, ob der Schmerz, den wir heute empfinden, der gleiche ist, den wir schon einmal erlitten zu haben glauben.

Und nun noch ein letzter Schritt: Der Käfer als privates Objekt kann eliminiert werden. Er hebt sich weg und krabbelt davon. Das Ding, dieser Käfer als Verkörperung einer seelischen Empfindung, ist gänzlich überflüssig. Das Wort »Käfer« kann zwar gebraucht werden. Es kann eine Rolle im »Sprachspiel« spielen. Wittgenstein verbietet nicht, das Wort »Schmerz« zu verwenden. Aber es benennt nichts Bestimmtes, »*nicht einmal ein bestimmtes Etwas*«. Das private Objekt spielt keine Rolle, selbst wenn ein Wort existiert, das es zu benennen vorspiegelt. Der Raum des Benannten »*könnte auch leer sein. Durch dieses Ding in der Schachtel kann ›gekürzt werden‹, es hebt sich weg, was immer es ist.*« Das ist das unausweichliche Dilemma der seelischen Privatsprache. Wenn Kommunikation möglich ist, dann ist der private Gegenstand überflüssig; wenn der private Gegenstand jedoch eine Rolle im philosophischen Denken erhält, dann ist Kommunikation und Verständlichkeit unmöglich.

Am Schluß der Philosophischen Untersuchung Nr. 293 wird dann noch einmal die Voraussetzung des Gedankenexperiments klargemacht, jetzt sprachtheoretisch formuliert. Der philosophische Solipsismus wird als eine grammatische Empfehlung entziffert. Er basiert auf einer Bedeutungstheorie, die auch die Formulierung privater Empfindungen als Beziehung zwischen Namen und Benanntem, »Bezeichnung und Gegenstand«, versteht. Als wäre die Äußerung einer Schmerzempfindung das gleiche wie die Beschreibung eines physikalischen Gegenstands, der vor aller Augen liegt. Nur unter dieser »grammatischen« Bedingung verschwindet das seelische Ereignis und erlischt als Phänomen einer sinnvollen Betrachtung. »*Das heißt: Wenn man die Grammatik des Ausdrucks der Empfindung nach dem Muster von ›Gegenstand und Bezeichnung‹ konstruiert, dann fällt der Gegenstand als irrelevant aus der Betrachtung heraus.*«

Für dieses Muster liefert uns allerdings unsere Sprache selbst genügend irreführende Gründe. Die Verwendung der Wörter im Satzbau macht es besonders schwer, sich auszukennen. Die »Oberflächengrammatik« der Sprache läßt uns nämlich Unterschiede übersehen, die wir beachten müssen, um philosophischen Unsinn zu vermeiden. »Ich esse etwas«, »ich baue etwas«, »ich male etwas«, – das scheint auf den ersten Blick der gleichen Grammatik zu folgen wie »ich empfinde etwas«, »ich fühle etwas«, »ich erlebe etwas«. Wir sehen das gleiche syntaktische Muster. Der einzige Unterschied scheint darin zu bestehen, daß sich das »etwas« in den ersten Fällen auf etwas Physikalisches bezieht, das intersubjektiv feststellbar ist, während wir in den anderen Fällen uns etwas Phänomenales vorstellen, das gleichsam als Privatbesitz nur jedem Einzelnen gegeben sein soll.

Doch das ist eine Täuschung, zu der uns die vordergründige Analogie des Satzbaus verführt. Sie läßt uns den wesentlichen Unterschied übersehen, der zwischen »ich habe ein Loch im Zahn« und »ich empfinde Schmerzen« besteht. Wiederholt hat Wittgenstein darauf insistiert, daß solche Sätze, die ähnlich zu funktionieren scheinen, einer völlig unterschiedlichen Logik folgen. Der Ausdruck einer Empfindung ist etwas anderes als die Bezeichnung eines Dings oder einer Tatsache der physikalischen Welt. Nur wenn man den Ausdruck »Schmerz« nach dem gleichen Muster der Benennung mißversteht, das zwischen »Zahnloch« und bezeichnetem Gegenstand besteht, erscheint uns eine private Empfindung als solipsistisches Phänomen oder als intersubjektiv bedeutungsloses Phantom. Ist sie auch für Wittgenstein nur ein Nichts? »Nicht doch. Sie ist kein Etwas, aber auch nicht ein Nichts! Das Ergebnis war nur, daß ein Nichts die gleichen Dienste täte wie ein Etwas, worüber sich nichts aussagen läßt. Wir verwarfen nur die Grammatik, die sich hier aufdrängen will. Das Paradox verschwindet, wenn wir radikal mit der Idee brechen, die Sprache funktioniere immer nur auf eine Weise, diene immer dem gleichen Zweck: Gedanken zu übertragen – seien diese nun Gedanken über Häuser, Schmerzen, Gut und Böse, oder was immer.«[36]

Aber Wittgenstein ist nicht nur Bilderstürmer gewesen. Die Suche nach dem, was traditionell als »seelisches« Ereignis zu denken versucht worden ist, blieb für ihn sinnvoll in jenem Bereich, den er als »Tiefengrammatik«[37] charakterisiert hat. Ihre »Tiefe« aber liegt paradoxerweise zugleich an der Oberfläche. Sie ist uns alltäglich vertraut. Wir müssen sie nur richtig zu sehen lernen. Wittgenstein fordert von uns eine Art verkehrter Optik. Während die oberflächliche Analogie des Satzbaus uns etwas privat Verborgenes vermuten läßt, das wir vergeblich zu benennen versuchen, läßt uns die Tiefengrammatik des Sprachspiels – das heißt des Ganzen: unserer sprachlichen Handlungen und der Tätigkeiten, mit denen sie verwoben sind – etwas sehen, das uns ständig vor Augen liegt.

»Denk nicht, sondern schau!«[38] Das ist keine Absage an das Denken. Es ist ein Appell, die Rolle der Wörter und Sätze im alltäglichen Sprachgebrauch »aus der Nähe«[39] zu betrachten und die differenzierte Mannigfaltigkeit der Sprachspiele zu respektieren. Dabei zeigt sich, daß Empfindungswörter wie »Schmerz« nur in den allerseltensten Fällen als Namen verwendet werden, um etwas zu bezeichnen.

Frage nicht ständig nach dem benannten Objekt von »Schmerz«, sondern schau, unter welchen Umständen jemand äußert, er habe Schmerzen, und in welchen Situationen wir bereit sind, seinen Äußerungen zu glauben und ihm zu helfen! Eingebunden in verschiedene Lebenssituationen benennt »Schmerz« keine inneren Zustände, die nur dem Einzelnen selbstreflexiv bewußt sein können, sondern drückt aus, daß die Teilnehmer eines gesellschaftlichen Sprachspiels sich gegenseitig als menschliche Wesen anerkennen. Man sieht es an den Handlungsweisen, an der Art der sprachlichen und gestischen Äußerungen, an dem Verhalten und den Umgangsformen. Das Sprachspiel seelischer Ereignisse zeigt uns, daß wir bewußt lebende und empfindungsfähige Menschen sind, weder Steine, noch Käfer, noch Automaten. »Nur von dem, was sich benimmt wie ein Mensch, kann man sagen, daß es Schmerzen hat.«[40]

»Der Mensch ist das beste Bild der menschlichen Seele«, hat Wittgenstein enigmatisch in seiner *Philosophie der Psychologie* bemerkt.[41] Es geht dabei nicht um private Empfindungen, über deren fremdpsychische Realität man zweifeln könnte. Mit »Schmerz« wird nichts benannt oder bezeichnet. Wer von Schmerzen spricht, zeigt, daß er ein Mensch ist. Und wenn ich ihn verstehe, so zeigt sich das an meiner Haltung, wenn ich in seinem Gesicht zu lesen weiß, mich auf sein Handeln einlasse, ihm in seinem Schmerz zu helfen versuche oder zum Mitleid fähig bin.

Wittgensteins *Tractatus logico-philosophicus* war die Offenbarung eines einsamen Ich: »Die Grenzen meiner Sprache bedeuten die Grenzen meiner Welt.«[42] Gegen die Anfeindungen der äußeren Wirklichkeit hatte sich Wittgenstein in den reinen Kreis eines Ich gerettet, das sich als eigene Welt vergöttlichte. Der Solipsismus bildete einen Panzer, in dem es sich sicher fühlen konnte. Die Idee einer phänomenologischen Privatsprache lieferte das dazu passende sprachphilosophische Fundament.

1929 war für Wittgenstein nicht nur das Jahr, in dem er sich wieder intensiv der Philosophie verschrieb. Es war auch das Jahr, in dem er in eine tiefe gedankliche Krise stürzte. Er war in einem Wirrwarr zwischen primärem und sekundärem Ausdruckssystem, phänomenologischer Innenwelt und physikalischer Außenwelt. Die Wende zu einer »physikalischen« Sprache sollte die Panzer sprengen, in die sich das Ich des Solipsismus zurückgezogen hatte. Aber damit drohte auch verloren zu gehen, was den Menschen als beseeltes Wesen charakterisiert. In der Sprache der Physik war kein Raum für den Ausdruck individueller Empfindungen. Nur eine differenzierte Betrachtung der Sprachspiele konnte aus diesem Dilemma einen Ausweg zeigen. Das von Freud und Kafka entlehnte Käfer-Gleichnis empfing sein Licht von dem philosophischen Problem, das es zu lösen galt. Wittgenstein leugnete nicht die Existenz privater Empfindungen. Aber er wandte sich gegen das irreführende Bild, das wir uns von inneren Vorgängen machen, wenn wir ein Wort wie »Schmerz« als Namen eines bezeichneten Etwas verstehen, das wie ein Käfer in einer Schachtel verborgen ist.

Im Vorwort zu den *Philosophischen Untersuchungen* – datiert: Cambridge, Januar 1945 – hat Wittgenstein darauf hingewiesen, daß seine neuen Überlegungen nur im Zusammenhang mit seiner älteren Denkweise richtig verstanden werden könnten. »Seit ich nämlich vor 16 Jahren mich wieder mit der Philosophie zu beschäftigen begann, mußte ich schwere Irrtümer in dem erkennen, was ich in jenem ersten Buche niedergelegt hatte.«[43] Das philosophische Problem des sinnvollen Gebrauchs von Empfindungswörtern lenkte Wittgensteins Aufmerksamkeit von der phänomenologischen »Privatsprache« des *Tractatus* auf die gesellschaftlichen »Sprachspiele« seines Spätwerks. Doch diese Wende war nicht nur ein argumentativer Vorgang, der die »unantastbare und definitive Wahrheit« des frühen Solipsismus als Irrtum erkennen ließ. Sie war ein existenzieller Akt: Vom Ich zum Wir, von meinem Mikrokosmos zu unserer Lebensform, von meiner Sprache zu unserem Sprachgebrauch.

Als junger Mann litt Wittgenstein unter der Existenz eines eingeschlossenen Ich. Immer wieder dachte er daran, sich umzubringen, und fürchtete, wahnsinnig zu werden. Besonders während des Krieges war ihm diese Einsamkeit unerträglich. Als es ihm später gelang, Freundschaften mit Menschen zu schließen, die ihn nicht nur bewunderten, sondern ihm wirklich zugetan waren, und denen er selbst ein guter Freund war, veränderten sich sein Leben und seine Philosophie.

Als Wittgenstein in der Nacht zum 28. April 1951 unter starken Schmerzen litt und der Arzt ihm sagte, daß er nur noch wenige Tage zu leben habe, rief er aus: »Gut!« – Bevor er das Bewußtsein verlor, teilte ihm die Vermieterin noch mit, daß seine engsten Freunde am nächsten Tag vorbeikommen würden. Und er antwortete mit jenen seltsam ergreifenden Worten: »Tell them, I've had a wonderful life.«[44]

LUDWIG WITTGENSTEIN

Das verbrannte Streichholz

Warum RUDOLF CARNAP *vom Gespenst des Möglichen heimgesucht wurde und wie es ihm gelang, es logisch wieder verschwinden zu lassen*

Das »Mögliche« kann auch von jenem Möglichen ausgesagt werden, welches »diodoreisch« genannt wird, welches nämlich ist oder sein wird. Denn Diodoros hat nur
das, was entweder ist oder sein wird, als möglich gesetzt.[1]

Alexander Aphrodisiensis

Am 2. Juni 1936 schreibt Carnap eine Postkarte an seinen amerikanischen Freund Willard Van Orman Quine an der Harvard University in Cambridge/Massachusetts. Das Bild zeigt einige rustikale Bungalows in Skyland, Virginia, Shenandoah National Park. Das Holzhaus, in dem der fünfundvierzigjährige Logiker und seine Frau Ina leben, liegt etwas abseits der Ferienanlage. Die Sonne scheint, die Luft ist angenehm frisch, das Klima erholsam. Nur nachts ist es manchmal recht kühl, und es ist nötig, im Kamin ein Feuer zu machen. Sicher liegt da noch das Streichholz, das Carnap am Abend vorher zu diesem Zweck benutzt hat.

Carnap und seine Frau sind glücklich. Doch sie machen nicht Urlaub. Carnap arbeitet äußerst angestrengt an einem vertrackten philosophischen Problem, das sich an einem verbrannten Streichholz entzündet hat. In seinem »Testability paper« will er klären, wie man über die möglichen Eigenschaften von Dingen reden kann, zum Beispiel über Löslichkeit und Brennbarkeit, über Eigenschaften, die wir den Dingen zuschreiben, obwohl wir sie nicht unmittelbar wahrnehmen oder experimentell feststellen können. Das Manuskript wird länger und länger. Soll er es zu einem Buch ausweiten? Vielleicht kann Quine ihm bei der Veröffentlichung helfen. »Do you think it would be possible at Harvard Press? Best greetings, your R. Carnap«[2]

Zwei Wochen später. Noch immer sind die Carnaps in ihrem Bungalow. Es ist sehr ruhig und nichts lenkt den Logiker von seiner Arbeit ab. Zwar wären sie lieber mit dem Auto ein wenig durch die Neue Welt gefahren, in der sie sich nun schon über ein halbes Jahr aufhalten. Es gibt so viel zu entdecken. Jeder neue Tag und jeder neue Ort bietet neue Möglichkeiten. Doch zunächst muß die Arbeit an *Testability and Meaning* abgeschlossen werden. Schließlich schleppt sie sich schon mehr als ein Jahr hin. »I hope to be through with it in a few days and perhaps then we shall change the place«[3], schreibt er am 17. Juni an Quine.

Das Virus der Möglickeit

Dieses verhexte Streichholz! Es läßt Carnap keine Ruhe und verfolgt ihn in seine Träume. Am schrecklichsten ist es, wenn plötzlich alles Brennbare zu brennen anfängt und alles Lösliche sich aufzulösen beginnt. Dann wacht er verwirrt auf und beruhigt sich mit dem Gedanken, daß nicht jeder brennbare Gegenstand in Flammen aufgehen muß. Die Welt besteht aus gebremsten Möglichkeiten. Nur unter bestimmten Bedingungen können sie Wirklichkeit werden.

Aber manchmal träumt er auch den entgegengesetzten Fall. Alles bleibt, wie es ist. Plötzlich erstarrt die Wirklichkeit zu einem eisigen Kristall. Keine Bewegungen, keine Veränderungen, keine Dynamik. Da liegt das Streichholz. Ist es brennbar? auflösbar? zerbrechlich? elastisch? eßbar? Er starrt es an und weiß keine Antwort. Es muß etwas geschehen oder getan werden, damit die Dinge zeigen können, was in ihnen steckt. Die Welt ist nicht nur alles, was der Fall ist, sondern auch ein Reservoir von ungenutzten Möglichkeiten.

Doch wie läßt sich sinnvoll über Möglichkeiten reden, die nicht verwirklicht sind oder werden können? Welche Potentialitäten steckten beispielsweise in dem Streichholz, das jetzt verbrannt ist? Im alltäglichen Leben könnten wir darüber wohl einiges sagen. Doch für den Logiker gibt es hier eine harte Nuß zu knacken.

Das verbrannte Streichholz

Rudolf Carnap ist in einen philosophischen Wirrwarr geraten – als hätte er die Orientierung verloren im Medium jener Sprache, die ihm, dem berühmtesten Sprachlogiker Mitteleuropas, doch gleichwohl die vertrauteste war. Er hatte geglaubt, die wissenschaftliche Vernunft und ihre Sprache auf festem Boden verankert zu haben. In seinem ersten großen Werk – *Der logische Aufbau der Welt* – hatte er 1928 vorgeführt, wie alle wissenschaftlich sinnvollen Begriffe und Aussagen definitorisch auf unmittelbare Gegebenheiten zurückgeführt werden können. Jetzt aber droht dieser feste Grund sich aufzulösen in einen bodenlosen Sumpf von Möglichkeiten, der keine Sicherheit mehr bietet, weder eine empirisch-weltliche, noch eine logisch-sprachliche. Da können die Tage in Skyland noch so schön sein. Das Problem muß gelöst werden. »I hope to be through with it in a few days«[4], schreibt er an Quine. Er will damit fertig werden. Es muß doch eine Lösung geben! Eine Lösung wofür?

Als scharfsinniger Denker, der dem Wiener Kreis des »Logischen Empirismus« die beiden zuverlässigen Standbeine gegeben hatte – die rein analytische Klarheit logischer Ableitungen und die sachbezogene Verankerung des sinnvollen Sprachgebrauchs in der Erfahrung –, ist Carnap vom Virus der Möglichkeiten befallen worden, das sein gesamtes Gebäude zu zerstören droht. Das logisch-empiristische Immunsystem ist durch Erfahrungen und Überlegungen attackiert worden, die auf Carnap einstürmen. Und es ist nicht länger möglich, sie zu ignorieren. Vor allem vier Symptome machen sich geltend.

Die Politik. Es hatte an der Deutschen Universität in Prag begonnen, an die Carnap 1931 als Professor für Naturphilosophie berufen worden war. Den größten Teil seiner Zeit widmete er seiner konzentrierten Arbeit an einer *Logischen Syntax der Sprache*. Als Philosoph wollte er ein helles Licht auf die Sprache der Wissenschaften werfen. Carnap vertraute auf logische Analyse, wie all seine Freunde vom Wiener Kreis, mit denen er von 1926 bis 1931 in Wien als Dozent zusammenarbeitete. Ein reiner, rationaler Wunsch nach Klarheit, Exaktheit und Systematik trieb ihn zur Arbeit an. Das betraf vor allem die theoretische Sprache der wissenschaftlichen Erkenntnis, die Carnap zum bevorzugten Gegenstand seiner Analyse gewählt hat. Eindeutigkeit und Schärfe der Begriffe; Korrektheit und Reinheit logischer Ableitung; Sauberkeit der wissenschaftlichen Methode: das waren seine Ideale.

Aber Carnap mußte feststellen, daß der Irrationalismus in bedrohlicher Weise an Boden gewann. Die gefühlsorientierte Mobilisierung von Vorurteilen drohte über logische Klarheit und tatsachenorientierte Wissenschaftlichkeit zu siegen. Carnap war besorgt wegen der möglichen politischen Folgen dieser fortschreitenden Zerstörung der Vernunft. »Mit Anbruch des Hitler-Regimes in Deutschland im Jahre 1933 wurde die politische Atmosphäre, selbst in Österreich und der Tschechoslowakei, immer unerträglicher.«[5] Auch wenn die große Mehrheit der Bevölkerung in der Tschechoslowakei, wie die Regierung von Benesch, tatsächlich einen demokratischen Standpunkt vertrat, so verbreitete sich doch zunehmend die Nazi-Ideologie. Auch die Studenten und Professoren an der Prager Universität waren dagegen nicht immun. Carnap versuchte, sich das vor ihm Liegende auszumalen – und er antizipierte eine mögliche politische Situation, vor der er sich fürchtete. Die Welt war ihm nicht mehr nur das, was tatsächlich der Fall ist. »Ich ergriff deshalb Maßnahmen, nach Amerika zu gehen, wenigstens für einige Zeit. Im Dezember 1935 verließ ich Prag und kam in die Vereinigten Staaten.«[6]

Die Psyche. Carnap dachte sich ins Bessere. Er will der entstehenden politischen Atmosphäre und der Kriegsgefahr in Europa entkommen. Er verwandelt seine Befürchtung, daß die faschistische Disposition Wirklichkeit werden könnte, in die Hoffnung, daß es in den USA anders sein werde. Carnap träumt sich in eine glücklichere Zukunft. Er fürchtet, daß das, was er sich wünscht, vereitelt werden könnte; aber zugleich hofft er, daß es umsetzbar ist. In ihm arbeitet eine psychische

Disposition, die nach vorne drängt. Go west! Auf nach Amerika, ins Land der unbegrenzten Möglichkeiten.

In Prag war Carnap unglücklich. Aber er hielt an dem fest, worauf sein Freund Moritz Schlick, der Doyen des Wiener Kreises, in den *Fragen der Ethik* hingewiesen hatte: die Möglichkeit und Fähigkeit der Glückserfahrung. Man kann dem Glück zwar nicht nachlaufen. Aber man kann sich glücksbereit halten. Erst jetzt, in der sonnenüberfluteten sommerlichen Landschaft Virginias, versteht Carnap das ethische Regulativ seines Freundes: »Sei glücksbereit!«[7] Denn er hat selbst erlebt, daß diese psychische Disposition in Zeiten der Bedrohung und der Krise wichtiger ist als das Faktum des tatsächlichen Glücks oder Unglücks.

Der Beruf. Als Rudolf und Ina Carnap am 15. Dezember 1935 an Bord der S. S. Bremen, Kabine 482, New York erreichen, wissen sie nicht, was sie erwartet. Wird ihr Aufenthalt kurz sein, länger oder gar dauerhaft? Für alle drei Möglichkeiten haben sie ihren Besitz sortiert. Sicher ist nur, daß Carnap auf dem Jahrestreffen der »Philosophical Association«, das vom 29. bis 31. Dezember in Baltimore stattfindet, einen Vortrag halten wird über das Thema *Testability and Meaning.* Er will nicht nur den Philosophen, sondern auch philosophisch interessierten Wissenschaftlern den Zusammenhang erläutern, der zwischen dem »kognitiven Sinn« sachhaltiger Aussagen und der Möglichkeit der »Prüfbarkeit« anhand von Erfahrungstatsachen besteht. Außerdem ist er eingeladen, an der Harvard Summer School 1936 teilzunehmen und an der Dreihundertjahrfeier der Harvard-Universität im kommenden September. Auch die Universität Chicago ist auf diesen glänzenden Logiker aus Mitteleuropa aufmerksam geworden. Quine hat seine Beziehungen spielen lassen. An Charles Morris hat er geschrieben: »Your own high opinion of Carnap has my enthusiastic support. It is no wonder that he is becoming one of the most discussed of current philosophers, when we survey what he has produced in the last decade.«[8]

RUDOLF CARNAP

Carnaps Wunsch, in Amerika eine Atmosphäre zu finden, die es ihm erlauben würde, seine Arbeit als Logischer Empirist weiterführen zu können, wäre ohne offene Zukunft irrational gewesen. Vieles war möglich. Und Carnap hat Glück. Am 17. März 1936 schreibt Ina an Quine, daß »a good thing has happened«: die Universität Princeton hat ihrem Mann eine einjährige Arbeitsmöglichkeit geboten. Anfang April gibt es eine noch bessere Nachricht. Die Universität Chicago, wo Morris lehrt, bietet Carnap eine Dauerstelle als Professor. »I am very happy«, schreibt Carnap am 6. April an Quine und freut sich auf die geplante Fahrt mit dem Auto durch den amerikanischen Osten. »The travel in our own car is great fun, we enjoy it very much.«[9]

Der wissenschaftliche Sprachgebrauch. Mit dem Auto fahren sie nach Skyland, Virginia. Carnap will den Vortrag, den er in Baltimore über *Testability and Meaning* gehalten hat, ausarbeiten. Aber das ist schwieriger als erwartet. In Baltimore hat er die Aufmerksamkeit der Zuhörer vor allem auf die beiden Grundüberzeugungen des Logischen Empirismus gelenkt. Erstens: Was begründet den »empirischen Sinn« eines Begriffs oder einer Aussage, wie sie in den Wissenschaften eine Rolle spielen? Alle Erkenntnisse aus der Erfahrung des Gegebenen! war die allgemeine Antwort. Zweitens: Wie können wir herausfinden, wie ein sinnvoller Satz prüfbar (*testable*) ist? Indem wir die konkreten Testbedingungen angeben, die es uns erlauben, eine Aussage als empirisch verifiziert, bestätigt oder gültig anzuerkennen.

Das schien so einfach zu sein und lag ganz auf der Linie jener »wissenschaftlichen Weltauffassung«, die Carnap und seine Mitstreiter in der Wiener Blütezeit des Logischen Empirismus entwickelt und vertreten hatten. Aber Carnap kann die Bemerkungen nicht vergessen, mit denen ihn vor allem sein Freund Quine nach dem Vortrag irritiert hat. Auch der junge Nelson Goodman, der Quine und Carnap in seinem großen Auto von Cambridge nach Baltimore mitnahm, hat in die gleiche Kerbe gehauen. Bedeutet die Konzentration auf

Erfahrungsgegebenheiten und Testbedingungen nicht eine unzulässige Verkürzung der wissenschaftlichen Erkenntnismöglichkeiten?

Wir benutzen doch ständig Begriffe, mit denen wir uns auf einen Möglichkeitsraum von Ereignissen und Erfahrungen beziehen. Dieser Überhang des Möglichen über das Wirkliche erscheint besonders deutlich in Form jener Dispositionsprädikate, die mittels der Suffixe »-bar« und »-lich« gebildet werden: brennbar, biegbar, zerreißbar, verletzbar, löslich, zerbrechlich. Während der jeweilige Verbstamm sich auf manifeste Ereignisse bezieht (etwas brennt, biegt sich, löst sich auf), ist in den Suffixen gerade die latente Disposition jener Gegenstände ausgedrückt, denen wir bestimmte Möglichkeiten zuschreiben. Diese Möglichkeit aber ist nicht ohne weiteres auf tatsächliche Gegebenheiten zurückführbar. Sonst ginge ja der Witz der Dispositions-Redeweise verloren. Denn ein Streichholz als brennbar zu bezeichnen, macht doch nur Sinn, solange es noch nicht brennt oder verbrannt ist. Wie also steht es mit den Dispositionen eines Gegenstands, die für uns nicht weniger wichtig sind als sein wirkliches Verhalten?

Das also ist die Frage, auf die Carnap im Juni 1936 in seinem Skyland-Bungalow eine Antwort sucht. Alles, was er in den letzten Jahren erlebt und gedacht, befürchtet und erhofft hat, hat sich in diesem Problem verdichtet, das ihn zutiefst beunruhigt. Für Menschen, welche die Rede von Dispositionen gedankenlos als unproblematischen Teil des Sprachgebrauchs hinnehmen, mag es hier kein Geheimnis geben: Wasserlöslichkeit ist die Disposition, sich in Wasser aufzulösen, und das ist das einfachste Deutsch der Welt. Doch für den strengen Empiristen, der sich nur an das halten will, was tatsächlich der Fall ist, sind Dispositionen eine wissenschaftslogische Provokation.

Logische Analyse der Sprache in sechs Schritten

Nun wäre Carnap nicht Carnap, würde er auf seinen Erfahrungen politischer, psychischer, beruflicher und wissenschaftlicher Dispositionalität eine Philosophie des Möglichen aufbauen. Er hat sich nie das Ziel gesetzt, eine Lehre oder ein System zu konstruieren. Carnap konzentriert seine geistige Energie auf eine Methode. Er ist ganz zu Hause in der kühlen und strengen Welt der Logik. Vor allem von Ludwig Wittgenstein hat er gelernt, daß Philosophie eine sprachkritische Tätigkeit ist. Durch logische Analyse der Sprache sollen die sinnvollen Begriffe und Aussagen der Erfahrungswissenschaften klar gemacht und die »unsinnigen« Aussagen der traditionellen Philosophie und Metaphysik »überwunden« [10] werden. Carnap hat Wittgensteins *Tractatus*-Direktive zum Leitspruch seiner eigenen Arbeit erklärt: »Der Zweck der Philosophie ist die logische Klärung der Gedanken. Das Resultat der Philosophie sind nicht ›philosophische Sätze‹, sondern das Klarwerden von Sätzen. Die Philosophie soll die Gedanken, die sonst, gleichsam, trübe und verschwommen sind, klar machen und scharf abgrenzen.« [11]

Um seine Gedanken über Möglichkeiten und Dispositionswörter klarzumachen, erinnert Carnap zunächst noch einmal an das Verfahren der »expliziten Definition«, das ihm im *logischen Aufbau der Welt* dazu gedient hat, alle wissenschaftlich sinnvollen Begriffe und Aussagen auf die unmittelbaren Gegebenheiten sinnlicher Elementarerlebnisse zurückzuführen.

»Denken wir über die Frage nach, ob die sogenannten Dispositionsbegriffe definiert werden können, also Prädikate, welche die Disposition eines Körpers bezeichnen, unter bestimmten Bedingungen in einer bestimmten Weise zu reagieren, z.B. ›sichtbar‹, ›riechbar‹, ›zerbrechlich‹, ›zerreißbar‹, ›löslich‹, ›unlöslich‹ usw. ... Nehmen wir an, daß wir das Prädikat ›Ll‹ einführen wollen, das ›löslich in Wasser‹ bedeutet. Nehmen wir ferner an, daß ›W‹ und ›L‹ bereits so definiert sind, daß ›W (x, t)‹ bedeutet: ›der Körper x wird zum Zeitpunkt t in Wasser getan‹; und daß ›L (x, t)‹ bedeutet: ›der Körper x löst sich zur Zeit t auf‹. Dann könnte man vielleicht denken, daß wir ›löslich in Wasser‹ in der folgenden Weise definieren könnten: ›x ist in Wasser löslich‹ bedeutet: ›Wann immer x in Wasser gegeben wird, dann löst sich x auf‹. Symbolisch formuliert:

$$Ll\,(x) \equiv (t)\,[W\,(x, t) \supset L\,(x, t)]$$ [12]

Das Verfahren der expliziten Definition scheint auf den ersten Blick einleuchtend zu sein. Das Dispositionsprädikat »löslich«, das eine Möglichkeit bezeichnet, ist definitorisch auf die Beschreibung von Tatsachen zurückgeführt worden. Um sich über den »erkenntnismäßigen Sinn« eines Dispositionsbegriffs klarzuwerden, muß man ihn in Beobachtungssätze übersetzen; und um über das Vorliegen oder Nichtvorliegen der dispositionalen Eigenschaft eines Gegenstands entscheiden zu können, muß man die Reaktion dieses Gegenstands unter bestimmten Umständen oder Bedingungen überprüfen.

Doch gibt diese Definition die eingespielte Bedeutung von »löslich in Wasser« wirklich wieder? Die Frage wäre mit einem einfachen Ja zu beantworten, wenn zum Beispiel das Stückchen Zucker, das vor Carnap liegt, tatsächlich ins Wasser getan wird, um seine Löslichkeit zu prüfen. Löst es sich auf, so war die Zuschreibung der Disposition wahr. Löst es sich nicht auf, dann war die Zuschreibung falsch.

Aber Carnap gibt sich damit nicht zufrieden. Und jetzt bringt er jenes mysteriöse Streichholz ins Spiel, das auf einen Schlag sein Vertrauen in explizite Definitionen und Definitionsketten erschüttert. Es ist eine sonderbar verdrehte Argumentation, eine Art verwirrender Logelei, mit der Carnap das große Prinzip des Logischen Empirismus, alle kognitiv sinnvollen Prädikate definitorisch auf eine Basis des unmittelbar Gegebenen zurückführen zu können, radikal in Frage stellt.

$$Ll\,(x) \equiv (t)\,[W\,(x,t) \supset L\,(x,t)]$$

»Diese Definition würde aus folgendem Grund die beabsichtigte Bedeutung von ›Ll‹ nicht liefern: Nehmen wir an, daß c ein bestimmtes Streichholz ist, das ich gestern vollständig verbrannt habe. Da das Streichholz aus Holz gemacht war, kann ich berechtigterweise behaupten, daß es nicht in Wasser löslich war; folglich ist der

Satz 1: Ll (c)

falsch, der behauptet, daß das Streichholz c in Wasser löslich ist. Aber wenn wir die Definition anerkennen, dann ist dieser Satz 1 äquivalent mit dem

Satz 2: $(t)\,[W\,(c,t) \supset L\,(c,t)]$.

Nun wurde das Streichholz c aber niemals in Wasser getan und kann auch, unserer Annahme zufolge, niemals in Wasser getan werden. Also ist jeder Satz der Form ›W (c, t)‹ falsch für jeden Wert von ›t‹. Daraus folgt aber, daß Satz 2 wahr ist und, aufgrund der Definition, Satz 1 ebenfalls wahr ist, im Widerspruch zu der intendierten Bedeutung von Satz 1. ›Ll‹ kann durch die vorgeschlagene Definition also nicht definiert werden, auch nicht durch irgend eine andere Definition.«[13]

Gedanken über dispositionale Möglichkeiten sollten nicht mehr trübe und verschwommen sein. Logische Sprachanalyse sollte sie klarmachen und scharf abgrenzen. Vor allem die moderne symbolische Logik, wie sie von Gottlob Frege, Bertrand Russell und Ludwig Wittgenstein entwickelt worden ist, hat Carnap das analytische Rüstzeug zur Lösung seines Problems geliefert. Durch sie sollen gedankliche Schlußverfahren »in eine strenge, durch den Zeichenmechanismus automatisch kontrollierte Form[14] gebracht werden können. Dennoch erscheint die Argumentation Carnaps befremdlich. Je näher man sie betrachtet, desto fremder blickt sie zurück.

164   Das verbrannte Streichholz

Zwar beteuert Carnap wiederholt, daß dieses aus jenem folgt und daraus wieder etwas anderes. »Folglich«, »also« und »wenn ..., dann ...« sind die bevorzugten Satzverknüpfungen. Aber man hat doch das Gefühl, durch diese logische Argumentation eher in ein Labyrinth von paradoxen Ungereimtheiten gelockt, als zum Licht der Erkenntnis geführt zu werden. Wo liegt die Schwierigkeit, mit der man bei dieser Beweisführung zu kämpfen hat? Folgen wir ihr Schritt für Schritt.

Der erste Schritt. Carnap läßt uns gedanklich an einer konkreten Situation teilnehmen, in der er sich befindet. Er lenkt unsere Aufmerksamkeit auf »*ein bestimmtes Streichholz c, das ich gestern vollständig verbrannt habe*«. Das ist ein bemerkenswerter Eröffnungszug. Denn in den Werken dieses Philosophen herrscht ein unpersönlicher Ton, der sich ganz aus dem Problem ergibt, das es zu lösen gilt. Gleichsam aufgezehrt durch die Strenge der Beweisführung hat Carnap als Denker anonyme Züge angenommen. In seiner Logik, für die er am liebsten künstliche Kalkülsprachen konstruiert, hat ein Ich keinen Platz. Ist folglich nicht bereits der Ausgangspunkt seiner Argumentation ein Indiz, daß es hier auch um die Reflexion von Erfahrungen geht, die Carnap selbst gemacht hat und denen er auch eine persönliche Bedeutung zuschreibt?

Jedenfalls war da einmal dieses Streichholz, das jetzt nur noch in der Erinnerung existiert. Aber auch in dem, was nicht mehr ist, haben unverwirklichte Möglichkeiten und nicht zu verwirklichende Unmöglichkeiten gesteckt. Carnap ist nicht mehr gefesselt durch die dogmatische Forderung, alles sinnvoll Sagbare auf tatsächlich bestehende Sachverhalte zu beziehen. Wie der Wunsch, nach Amerika zu gehen und der bedrohlichen Atmosphäre in Mitteleuropa zu entfliehen, ihn mit Möglichkeiten und Unmöglichkeiten konfrontiert hat, so ist auch sein Denken Mitte der dreißiger Jahre von der Fixierung auf gegebene Tatsachen abgerückt. Selbst Situationen und Gegenständen, die nicht mehr existieren, können bestimmte Dispositionen oder Potentialitäten zu- oder abgesprochen werden.

Daß wir einem verbrannten Streichholz nachträglich die Disposition »brennbar« zuschreiben können, ist evident. Schließlich hat es ja tatsächlich gebrannt. Aber Carnap kann »*berechtigterweise auch behaupten, daß es nicht in Wasser löslich war*«. Er vertraut dabei auf gemachte Erfahrungen. Holz löst sich in der Regel und unter normalen Bedingungen nicht ohne weiteres in Wasser auf. Und da das verbrannte Streichholz aus Holz bestand, kann Carnap sagen, daß es nicht löslich war.

Der zweite Schritt. Wenn aber die Aussage, daß das Streichholz nicht-löslich war, wahr ist, dann ist logischerweise »*der Satz ›Ll (c)‹ falsch, der behauptet, daß das Streichholz c in Wasser löslich ist*«. Das folgt aus der Logik der Negation. Wenn eine Aussage A wahr ist, dann ist nicht-A falsch; und wenn A falsch ist, dann ist nicht-A wahr. Die logische Funktion des Negationszeichens erschöpft sich darin, die beiden Wahrheitswerte »wahr« (W) und »falsch« (F) umzukehren, die gewissermaßen der einzige Inhalt der bejahten bzw. verneinten Aussage sind. Für die Logik der Negation spielt es dabei keine Rolle, was der sachhaltige Inhalt der Aussage ist. Nur die Beziehung zwischen den Wahrheitswerten ist von Interesse. Man kann es sich anhand einer sogenannten »Wahrheitstabelle« deutlich vor Augen führen, wobei wir »A« als allgemeines Zeichen für beliebige Aussagen schreiben.

A	Nicht-A
W	F
F	W

Der Behauptungssatz S 1 – »das Streichholz ist wasserlöslich« bzw. »Ll (c)« – ist also falsch, weil nicht-S 1 wahr ist. Das Streichholz c ist ja, Carnap zufolge, nicht-löslich gewesen.

Der dritte Schritt. Carnap benutzt das logische Zeichen der Äquivalenz » ≡ «, um Satz 1 durch Satz 2 zu definieren. Auch dabei geht es nicht um eine inhaltliche Beziehung. Als logisches Zeichen setzt » ≡ « wieder nur Wahrheitswerte miteinander in Beziehung. »S 1 ≡ S 2« heißt nichts anderes als: Wenn S 1 wahr ist, dann ist auch S 2 wahr; und wenn S 1 falsch ist, dann ist auch S 2 falsch. Ausgeschlossen dagegen ist, daß S 1 wahr und S 2 falsch ist, oder daß S 1 falsch und S 2 wahr ist. Auch diese Logik der Äquivalenz kann man sich anhand einer Wahrheitstabelle verdeutlichen. Sie zeigt, bei welchen Kombinationen von zwei Sätzen, denen die beiden Wahrheitswerte W und F zukommen können, der Gesamtsatz »A ≡ B« wahr oder falsch ist.

A	B	$A \equiv B$
W	W	W
W	F	F
F	W	F
F	F	W

Auf unseren Fall bezogen. Wenn der Satz 1, daß das verbrannte Streichholz löslich war, falsch ist, dann muß auch der Satz 2 falsch sein, daß das Streichholz sich auflöst, wenn man es in Wasser gibt. Nur so kann ja die Äquivalenzbehauptung »S1 ≡ S2« wahr sein. Denn wenn Satz 1 wahr ist, dann muß auch Satz 2 wahr sein, und vice versa.

Der vierte Schritt. Carnap hat Satz 2 als einen Konditionalsatz im Indikativ formuliert: »W (c, t) $\supset$ L (c, t)«. »*Wann immer c in Wasser getan wird, dann löst sich c auf.*« Dieser Satz aber steckt voller logischer Mucken. Denn mit dem Verknüpfungssymbol »$\supset$« taucht ein neues logisches Zeichen auf, das jeden verwirren muß, der nicht durch die Schule der symbolischen Logik gegangen ist. Sowohl unsere Alltagssprache als auch unser intuitiv erworbenes Denkvermögen lassen uns annehmen, daß zwischen der Wenn-Komponente (dem Antecedens) und der Dann-Komponente (dem Konsequens) eine inhaltliche Beziehung besteht, sei sie nun ein kausaler Ursache-Wirkungs-Zusammenhang oder eine Art logischer Bedingung, bei der das Konsequens zwingend aus dem Antecedens folgt.

Aber so hat Carnap dieses Zeichen nicht verwendet. Wie bei der Negation und bei der Äquivalenz geht es auch hier allein um eine Beziehung zwischen Wahrheitswerten. Das Symbol »⊃« bezeichnet eine Satzverknüpfung, für die sich in der symbolischen Logik der Fachterminus *materiale Implikation* durchgesetzt hat. Auch sie läßt sich mittels einer Wahrheitstabelle schematisch darstellen.

A	B	A ⊃ B
W	W	W
W	F	F
F	W	W
F	F	W

= Wenn A dann B
A ist Voraussetzung
des B.

An dieser Tabelle kann man sehen, daß die materiale Implikation »A ⊃ B« nur in einem Fall falsch ist: wenn A wahr und B falsch ist. In allen anderen drei Kombinationsfällen soll sie dagegen wahr sein. Diese wahrheitsfunktionale Bestimmung hat einen bemerkenswerten Effekt zur Folge, den Carnap nun für seine logische Beweisführung ausnutzt und an Satz 2 »W (c, t) ⊃ L (c, t)« durchspielt.

»*Nun wurde das Streichholz c aber niemals in Wasser getan und kann auch, unserer Annahme zufolge, niemals in Wasser getan werden. Also ist jeder Satz der Form ›W (c, t)‹ falsch für jeden Wert von ›t‹.*« So weit, so gut. Aber jetzt kommt die entscheidende Hürde, über die jeder Nicht-Logiker stolpern muß, während es für Carnap hier kein Problem zu geben scheint: Er greift auf die materiale Implikation zurück. Aus der Falschheit des Antecedens »W (t, c)« schließt er auf die Wahrheit von »W (c, t) ⊃ L (c, t)«. »*Daraus folgt aber, daß Satz 2 wahr ist*«.

Carnap macht sich nicht die Mühe, diesen logischen Ge-
dankenschritt zu erläutern. Er setzt ihn als zwingend voraus.
Es fällt ihm nicht auf, daß er damit jeden denkfähigen Menschen zur Nachfrage provoziert: Wie kann denn die Implikation »Wenn man c in Wasser gibt, dann löst c sich auf« wahr
sein, wenn man c, dieses vollständig verbrannte Streichholz,
nicht in Wasser geben kann, der Satz 1 »W(t, c)« also falsch
ist? Hier kracht es gewaltig im Getriebe von Carnaps logischer Beweisführung. Wir werden darauf zurückkommen
müssen. Doch betrachten wir zunächst, wie Carnap seinen
Gedanken zu Ende führt.

Der fünfte Schritt. Wenn logisch zwingend abgeleitet ist, daß
Satz 2 wahr ist, dann muß, infolge der definitorisch festgelegten Äquivalenz (»S 1 ≡ S 2«), »*Satz 1 ebenfalls wahr sein*«:
Das verbrannte Streichholz c ist in Wasser löslich. Das aber
steht »*im Widerspruch zu der intendierten Bedeutung von Satz
1*«, der erkenntnismäßig sinnvollen und durch Erfahrung gesicherten Behauptung: Das verbrannte Streichholz war nicht
in Wasser löslich.

Und nun der letzte, *der sechste Schritt.* Carnap wäre kein Logiker gewesen, wenn er diesen Widerspruch, als solchen akzeptiert hätte. Der logische Satz vom Widerspruch verbot
ihm, eine Aussage und ihre Negation zugleich als wahr anzuerkennen. Und so muß Carnap schließlich die radikale Kon-
sequenz ziehen: Das Dispositionsprädikat »Ll« (löslich) »*kann
durch die vorgeschlagene Definition also nicht definiert werden*«,
und, was weit schwerer wiegt, »*auch nicht durch irgend eine
andere Definition*«.

Das also ist die verwirrende Problemsituation, in die Carnap
geraten ist, während er sich zusammen mit seiner Frau Ina
im Sommer 1936 in Skyland, Virginia, aufhält. Er hat sich in
einen selbstgeschaffenen Widerspruch verstrickt. Schritt für
Schritt ist er zu der verstörenden Einsicht gelangt, daß ein

Dispositionsprädikat wie »löslich« definitorisch nicht auf einen Satz wie »wann immer x in Wasser gegeben wird, dann löst x sich auf« zurückgeführt werden kann, zumindest dann nicht, wenn man diese Verknüpfung im Sinn der materialen Implikation »A ⊃ B« versteht.

Nun scheint es sich hier nicht lediglich um einen logisch konstruierten Widerspruch zu handeln. Das Beispiel des verbrannten Streichholzes verweist auf die Lebenssituation, in der sich Carnap 1935/36 befindet. Hinter der logischen Argumentation verbirgt sich eine geistige und lebenspraktische Krise.

Im Widerstreit liegt der Mensch Carnap, der über sich eröffnende Möglichkeiten und Grenzen des Möglichen nachzudenken und sinnvoll zu sprechen gelernt hat, mit dem Logiker Carnap, der davon überzeugt ist, daß nur die Anwendung der materialen Implikation eine Lösung des Problems zu liefern vermag, wie anhand von Erfahrungstatsachen über das Vorliegen oder Nichtvorliegen einer Disposition entschieden werden kann. Genauer gesagt: Es ist der Logiker in Carnap, der ihn verwirrt und in einen Schlamassel zieht, aus dem nicht leicht ein Ausweg zu finden ist. So sitzt Carnap also in seinem Bungalow in Skyland fest und grübelt und grübelt.

Auf der einen Seite hat er in seinem Leben ausreichend Erfahrungen mit Streichhölzern gemacht, um auch angesichts eines vollständig verbrannten Streichholzes c sagen zu können: »Ll (c)« ist falsch; denn Streichhölzer sind in der Regel nicht in Wasser löslich. Auf der anderen Seite sieht Carnap sich logisch gezwungen, den damit äquivalent gesetzten Konditionalsatz »W (c, t) ⊃ (L (c, t)« als wahr anerkennen zu müssen, gerade weil hier das Vorderglied immer falsch ist. Denn das Streichholz c wird ja zu keinem Zeitpunkt t in Wasser gegeben.

Doch warum ist Carnap überhaupt davon überzeugt, daß dieser eigenartige Schluß, den er in seiner Argumentationskette als harmlosen vierten Schritt einfügt, ohne ihn näher zu begründen, zwingend ist? Weil er es, so trivial diese Antwort auch klingen mag, nicht anders gelernt hat. Unter dem beherrschenden Einfluß von Gottlob Frege, Bertrand Russell und Ludwig Wittgenstein, von denen Carnap sein logisches Rüstzeug erworben hat, kann er den Konditionalsatz »wenn..., dann ...« nur im Sinne der materialen Implikation »A ⊃ B« mit ihrem festgelegten Wahrheitswertschema »W F W W« verstehen. Was dem Alltagsmenschen merkwürdig und befremdlich erscheint, ist dem Logiker evident und vertraut: »A ⊃ B« ist wahr, wenn »A« falsch ist.

Philon von Megara und seine Nachfolger

Ein Schlüsselerlebnis in Carnaps intellektueller Biographie war seine Begegnung mit Gottlob Frege, dem Begründer der modernen symbolischen Logik. 1910, während seines ersten Semesters an der Universität Jena, besuchte der neunzehnjährige Carnap als Student der Philosophie, Mathematik und Physik auch eine Übung dieses außerordentlichen Mathematik-Professors. Behandelt wurde dessen erstes großes Werk, die 1879 erschienene *Begriffsschrift*. Carnap nahm an dieser Übung aus reiner Neugier teil. Nur wenige Studenten folgten dem kleinen, recht schüchternen und in sich verschlossenen Professor bei seinen logisch-mathematischen Demonstrationen. »Er schaute seine Zuhörer kaum an. Gewöhnlich sahen wir nur seinen Rücken, wenn er die seltsamen Diagramme seines Symbolismus an die Tafel schrieb und erklärte.«[15]

Freges Werk war damals, auch dreißig Jahre nach seinem Erscheinen, in Deutschland noch praktisch unbekannt, worüber der bereits über Sechzigjährige tief enttäuscht und verbittert war. Doch Carnap, der schon als Schüler die Mathematik wegen der Genauigkeit der Begriffe und der »Möglichkeit, ihre Ergebnisse durch bloßes Denken zu beweisen«[16] liebte, erkannte sofort die große philosophische Bedeutung des neuen symbolisch-logischen Instrumentariums, das Frege mit seiner *Begriffsschrift* geschaffen hatte, deren Untertitel programmatisch war: »Eine der arithmetischen nachgebildete Formelsprache des reinen Denkens.«

Frege war davon überzeugt, daß die Gesetze des logischen Denkens nicht durch psychologische Untersuchungen festgestellt oder gerechtfertigt werden können. Nur eine künstlich geschaffene »Formelsprache« nach Art der Mathematik ermöglicht, die zwingende Bündigkeit einer Schlußkette auf die sicherste Weise zu prüfen. Die gewöhnliche »Sprache des Lebens«[17] dagegen bietet dem reinen Denken nur ein unzuverlässiges Mittel. Wer sich auf sie verläßt, kann niemals jene gedankliche Klarheit und Schärfe erreichen, die auch Carnap unter Freges Anleitung zum Maßstab seines Denkens nimmt. Von ihm lernte er jene »Sorgfalt und Klarheit bei der Analyse von Begriffen und sprachlichen Ausdrücken«[18], die sein gesamtes philosophisches Lebenswerk charakterisiert.

Die Begegnung mit Frege, bei dem Carnap bis 1914 studierte, hat nicht nur seiner geistigen Arbeit ein Ziel und eine Methode vermittelt. Sie hat ihn 1910 auch mit jener formelsprachlichen »Implikation« vertraut gemacht, die er sechsundzwanzig Jahre später verwenden wird, um sich über die Logik des Satzes »Wenn man das verbrannte Streichholz c in Wasser gibt, dann löst es sich auf« klar zu werden. Denn schon zu Beginn seiner *Begriffsschrift* lenkt Frege die Aufmerksamkeit auf eine rein wahrheitsfunktionale Aussagenlogik. Er rechnet mit Bejahung und Verneinung. In Paragraph 5 über die »Bedingtheit« spielt er es kombinatorisch durch:

»Wenn A und B beurteilbare Inhalte bedeuten, so gibt es folgende vier Möglichkeiten:

1) A wird bejaht und B wird bejaht;
2) A wird bejaht und B wird verneint;
3) A wird verneint und B wird bejaht;
4) A wird verneint und B wird verneint.«[19]

Für das Erkenntnisinteresse des Logikers spielt dabei vor allem Fall 2 eine herausragende Rolle. Denn wenn wir annehmen, daß zwischen A und B eine logisch zwingende Beziehung besteht, dann ist diese Bedingtheit nur widerlegt oder falsifiziert, wenn A »bejaht« wird, während B »verneint« wird. Aus einem wahren Satz kann kein falscher Satz logisch abgeleitet werden.

Alle anderen drei Möglichkeiten wurden von Frege dagegen zu den wahren Satzverknüpfungen gezählt. Daß aus einem bejahten Antecedens ein bejahtes Konsequens gefolgert werden kann (Fall 1), leuchtet ein. Problematisch sind die Fälle 3 und 4. Aber auch bei ihnen empfiehlt es sich, sie aus logischen Gründen zu den wahren Satzverknüpfungen zu zählen. Denn wenn das Antecedens verneint ist, dann kann die Gesamtaussage nicht widerlegt werden, gleichgültig, ob das Konsequens nun bejaht (Fall 3) oder verneint wird (Fall 4). Und was nicht als falsch nachgewiesen werden kann, sollte als wahr unterstellt werden. Im Zweifelsfall für den Angeklagten!

A	B	A ⊃ B
W	W	W
W	F	F
F	W	W
F	F	W

Frege hat die Quelle nicht angegeben, aus der dieses Schema ursprünglich stammt. Vielleicht war sie ihm auch nicht bekannt. Bemerkenswert ist jedenfalls, daß es sich bei diesem kombinatorischen Spiel mit den Wahrheitswerten um jenen »zusammenhängenden« Gesamtsatz aus Vordersatz und Nachsatz handelt, der etwa um 300 v. Chr. von Philon von Megara in die Logik eingeführt worden ist. In seiner Streitschrift *Adversus Mathematicos* hat der Skeptiker Sextus Empiricus über die philonische Logik berichtet: »Philon sagte, daß der zusammenhängende Satz wahr wird, wenn es nicht so ist, daß er mit Wahrem beginnt und mit Falschem endet. Nach ihm entsteht also ein wahrer zusammenhängener Satz in dreifacher Weise, nur in einer Weise aber ein falscher. Denn (1), wenn er mit Wahrem beginnt und mit Wahrem endet, ist er wahr, z.B. ›Wenn es Tag ist, gibt es Licht‹; (2) wenn er mit Falschem beginnt und mit Falschem endet, ist er wahr, z. B. ›Wenn die Erde fliegt, hat die Erde Flügel‹; (3) ähnlich auch der mit Falschen beginnende und mit Wahrem endende, z. B. ›Wenn die Erde fliegt, besteht die Erde.‹ Falsch wird dagegen der zusammenhängende Satz nur dann, wenn er, mit Wahrem anfangend, mit Falschem endet, z. B. ›Wenn es Tag ist, ist es Nacht‹; denn, wenn es Tag ist, ist der Satz ›Es ist Tag‹ wahr – das war aber der Vordersatz; und der Satz ›Es ist Nacht‹ ist dann falsch – und das war der Nachsatz.«[20]

Das ist, wie man sieht, die in einer anderen Reihenfolge aufgestellte Kombinationsmöglichkeit für die von Frege eingeführte »Bedingtheit«. Falsch ist der zusammenhängende Bedingungssatz nur dann, wenn er mit einer wahren Aussage beginnt und mit einer falschen endet. Verändert hat sich von der antiken zur modernen Logik der Abstraktionsgrad. Philons Logik war auf gedanklich nachvollziehbare Zusammenhänge zwischen sachhaltigen Aussagen bezogen. Sie war zwar schon formelartig, aber noch nicht »formalisiert« wie die Symbolsprachen der modernen Logik, deren Zeichengestalten nur noch Rechensteine – *calculi* – sind, mit denen schematisch operiert werden kann.

Für Freges philonische Bedingtheit mit ihrer wahrheitswertfunktionalen Kombination »W F W W« haben Alfred North Whitehead und Bertrand Russell im klassischen Werk der mathematischen Logik, den 1910 bis 1913 erschienenen *Principia Mathematica*, den Fachbegriff »materiale Implikation« eingeführt, symbolisiert durch das Zeichen » ⊃ «. Daran hat sich auch Ludwig Wittgenstein gehalten. Orientiert an Whitehead/Russell und Frege gab er in seinem *Tractatus logico-philosophicus* für »wenn p, so q (p ⊃ q)« die Wahrheitswertfolge »(W F W W)« an.[21]

Das verbrannte Streichholz

Als Carnap sich im Sommer 1936 mit dem Problem herumplagt, wie ein Dispositionsprädikat mittels »manifester Prädikate«, die sich auf Tatsachen beziehen, definiert werden kann, verläßt er sich ganz und gar auf das, was er von Frege, Russell und Wittgenstein gelernt hat. Er verwendet das Zeichen » ⊃ « als einen Terminus technicus der symbolischen Logik. Nur so kann er behaupten, daß der Satz 2 »Wenn man das verbrannte Streichholz c in Wasser gibt, dann löst es sich auf« wahr ist, weil sein Antecedens falsch ist, auch wenn das der Erfahrung widerspricht. Es war der Logiker in ihm, der Carnap verwirrte und das Problem der »Löslichkeit« als logisch unlösbar erscheinen ließ.

Carnap selbst hat später auf die Verständnisschwierigkeiten hingewiesen, die sich aus der spezialisierten Verwendung des Symbols » ⊃ « im Sinne einer materialen Implikation ergeben. »Daß Russell für die Satzverknüpfung mit der Charakteristik WFWW die Bezeichnung ›Implikation‹ gewählt hat, hat sich sehr unglücklich ausgewirkt. Das Wort ›implication‹ bedeutet in der englischen Sprache so viel wie ›Enthalten‹, ›In-sich-Schließen‹. Ob eine Verwechslung von Implikation und Folgebeziehung die Ursache der Namenwahl war, weiß ich nicht; jedenfalls aber hat diese Benennung bei vielen eine solche Verwechslung hervorgerufen.«[22]

War das eine späte Selbstkritik? Hat Carnap sich mit seinen nachträglichen Warnungen vor möglichen Verwechslungen auf seinen eigenen Versuch bezogen, in *Testability and Meaning* 1936 die Frage nach der empirischen Sachhaltigkeit eines Dispositionsbegriffs rein logisch mit Hilfe der materialen Implikation zu beantworten? Jedenfalls hat ihn seine Schritt-für-Schritt-Beweisführung in eine unhaltbare Problemsituation geführt: Wenn man die Satzverknüpfung »W (c, t) ⊃ L (c, t)« als materiale Implikation versteht, dann muß man auch einem verbrannten Streichholz, für das »W (c, t)« nicht gelten kann, die dispositionale Eigenschaft, in Wasser löslich zu sein, zuschreiben. Zugleich weiß Carnap, daß ein Streichholz diese Disposition nicht besitzt.

Was tun? Es muß eine andere logische Lösung für dieses verhexte Problem gefunden werden, mit dem die Dispositions-Redeweise behaftet ist. Und Carnap will diese Lösung mit den Mitteln finden, die ihm zur Verfügung stehen:

- dem Dispositionsbegriff »Ll (x)«;
- zwei manifesten Beobachtungsprädikaten »W (x)« und »L (x)«;
- dem Implikationszeichen » ⊃ «;
- dem Äquivalenzsymbol » ≡ «.

Mit diesen fünf Bausteinen will Carnap auskommen. Es muß nur die passende Formel gefunden werden.

Eine Baustein-Philosophie

Auf den Spuren des Diodoros Kronos

Während es »very quiet and beautiful« in Skyland ist, rechnet Carnap mit den fünf Elementen der künstlich konstruierten Kalkülsprache. Er spielt mit diesen Bausteinen, stellt sie um und arrangiert sie zu immer wieder neuen Konstellationen. Es ist ein Puzzle, dessen Teile passend zusammengesetzt werden müssen. Daß sie zusammenpassen, davon ist Carnap überzeugt. Sein Vertrauen in die Formelsprache des reinen Denkens ist ungebrochen.

Am Ende führen diese Umstellungen zu einer überraschenden Lösung. Zwar können wir ein Dispositionsprädikat wie »Ll« nicht explizit definieren. »Aber wir können das Dispositionsprädikat ›Ll‹ durch folgenden Satz einführen:

$$W (x, t) \supset [Ll (x) \equiv L (x, t)]$$

In Worten: ›Wenn irgendein Gegenstand x zu irgendeiner Zeit t in Wasser getan wird, dann ist x löslich genau dann, wenn es sich zu diesem Zeitpunkt auflöst, und ist nicht-löslich genau dann, wenn es sich nicht auflöst.‹ Dieser Satz gehört zu jener Art von Sätzen, die wir ›Reduktionssätze‹ nennen.«[23]

176   Das verbrannte Streichholz

Ist das mehr als ein Taschenspielerkunststück? Worin besteht die besondere Pointe dieser Lösung, die einen »Reduktionssatz« anstelle einer »Definition« verwendet? Bereits am formalen Aufbau des Reduktionssatzes ist sichtbar: Das problematische Dispositionsprädikat ist nach hinten verschoben worden. »Ll (x)« hat seinen Platz im Dann-Konsequens gefunden. Dort ist es mit jenem Beobachtungsprädikat »L (x, t)« äquivalent gesetzt worden, welches die Reaktionsweise beschreibt, daß sich x zu einem bestimmten Zeitpunkt tatsächlich auflöst. Dagegen ist die Beschreibung, daß x in Wasser getan wird – »W (x, t)« –, vorgezogen worden. Als Antezedens eröffnet sie den Reduktionssatz.

Auf geschickte Weise hat Carnap die Falle umgangen, in die ihn sein expliziter Definitionsversuch gelockt hatte. Wird ein Objekt x zum Zeitpunkt t in Wasser gegeben, so kommt ihm die fragliche Disposition genau dann zu, wenn es sich auflöst, und es besitzt diese Eigenschaft nicht, wenn es sich nicht auflöst. Aber wenn x nicht in Wasser gegeben wird, dann folgt daraus nicht mehr automatisch, daß ihm die Disposition der Löslichkeit zugeschrieben werden muß. Statt dessen kann in diesem Fall über das Vorliegen der dispositionalen Eigenschaft nichts ausgesagt werden. Die Bedeutung des Dispositionsbegriffs ist ja darauf »reduziert« worden, daß die Bedingung »W (x, t)« erfüllt ist.

Erinnern wir uns an das verbrannte Streichholz c. Der Definitionsversuch non »Ll (c)«durch die materiale Implikation »W (c) ⊃ L (c)« führte zu dem widersinnigen Resultat, dieses Streichholz als wasserlöslich anerkennen zu müssen. Der Reduktionssatz verhindert diese ungewollte Schlußfolgerung. Denn er verknüpft das Dispositionsprädikat »löslich-in-Wasser« mit dem Beobachtungsprädikat »löst sich auf« nur unter der Voraussetzung, daß das Streichholz »in-Wasser-getan« wird. Nur dann kann ja eine bestimmte Reaktion festgestellt werden.

Die auf den ersten Blick so harmlos erscheinende formale Umstellung hat weitreichende Konsequenzen für die Logik der Forschung. Wie lassen sich dann Dispositionen überhaupt feststellen? War das Streichholz c, das Carnap gestern verbrannt hat, nun löslich oder nicht? Welche sinnvolle Antwort erlaubt uns der Reduktionssatz? Er verhindert zwar, daß auf die Frage nach der möglichen Disposition eine falsche Antwort gegeben wird. Aber er blockiert auch eine richtige Antwort! Die Frage muß offen bleiben. Denn da das verbrannte Streichholz nicht in Wasser gegeben werden kann, kann nicht gesagt werden, ob es die fragliche Disposition besaß oder nicht besaß. Die Unbestimmbarkeit von unverwirklichten Dispositionen ist der Preis, den Carnap für seine logische Reduktionssatz-Lösung zu zahlen hat. Die wissenschaftliche Erkenntnis von Dispositionen ist auf das reduziert worden, was tatsächlich geschieht oder experimentell realisiert wird. Strenggenommen müßte über dispositionale Möglichkeiten geschwiegen werden, bevor sie auf dem Prüfstand in Fakten verwandelt worden sind.

Als Sprachlogiker hatte sich Carnap aus der Falle befreit, in die er durch den Versuch geraten war, Dispositionsprädikate mittels einer materialen Implikation zu definieren. Als Wissenschaftslogiker aber geriet Carnap mit seiner Lösung in eine neue Schwierigkeit. Denn welchen Erkenntnisgewinn kann ein Reduktionssatz liefern, der ein Objekt x nur dann als »löslich« bezeichnen läßt, wenn es sich tatsächlich auflöst oder aufgelöst hat? Es hat doch nur Sinn, über Dispositionen zu sprechen, wenn sie nicht verwirklicht sind oder wurden.

Auf eine raffinierte Art hat Carnap das Virus der Möglichkeit irrealisiert, das sein streng tatsachen-bezogenes Denken infiziert hatte. Im Gewand der Reduktionssätze tauchen Möglichkeiten wie Phantome auf, die mittels eines formelsprachlich reinen Exorzismus aus der Welt, die der Fall ist, vertrieben werden. Wirklich sachhaltig und mit sicherer Bestimmtheit kann Carnap zufolge über Dispositionen nur gesprochen werden, wenn sie realisiert sind.

Auch diese paradoxe Lösung, welche die besondere Pointe der Dispositions-Redeweise ausschaltet, ist nicht ganz neu.

Wie die materiale Implikation »philonisch« war, so ist Carnaps Reduktionsversuch des Möglichen auf das Wirkliche »diodoreisch«. Denn wieder war es ein griechischer Logiker, der ihn als erster durchgeführt hat. Diodoros Kronos, der Lehrer jenes Philon von Megara, welcher die materiale Implikation erfunden hat, entwickelte bereits am Ende des vierten vorchristlichen Jahrhunderts ein Argument, das die Möglichkeit mit Hilfe der Zeitvariablen auf das tatsächlich Bestehende zurückführte. Alexander Aphrodisiensis hat es in seinem Aristoteles-Kommentar als »Meister-Argument« überliefert: »Das ›Mögliche‹ kann auch von jenem Möglichen ausgesagt werden, welches ›diodoreisch‹ genannt wird, welches nämlich ist oder sein wird. Denn dieser Diodoros hat nur das, was entweder ist oder sein wird, als möglich gesetzt. Denn nach ihm ist es möglich, daß ich in Korinth bin, wenn ich in Korinth bin oder überhaupt dort sein werde; und falls ich dort nicht sein sollte, würde es nicht möglich sein.«[24]

Von diesem Diodoros Kronos, der das Mögliche, das nicht verwirklicht ist oder wird, wie Carnap wegzauberte, erzählt Diogenes Laertius in seinem Quellenbuch über *Leben und Meinungen derer, die sich in der Philosophie einen Namen gemacht haben*, daß er während seines Aufenthalts bei König Ptolemaios Soter von dem spitzfindigen Logiker Stilpon aufgefordert wurde, eine raffinierte dialektische Aufgabe zu lösen. »Da er dies aber nicht gleich im Augenblick vermochte, ward der König ungnädig gestimmt, ja nannte ihn sogar spottend Kronos (d.i. Dümmling). Da verließ er die Tafel, schrieb eine Abhandlung über die vorgelegte Frage und gab sich aus Unmut selbst den Tod. Unser Vers auf ihn lautet:

Welch böser Geist war's, der dich, Kronos, dazu trieb,
Daß du, gequält von Herzensangst,
Dich selbst hinunterstürztest in den Tartaros,
Weil dir des Stilpon Rätsel nicht
Sich löste; aus dem Kronos ward ein Esel (onos) nun,
Wenn man das Rho und Kappa streicht.«[25]

Welche Aufgabe Diodoros Kronos gestellt wurde, ist nicht überliefert. Auch seine Abhandlung ist nicht erhalten geblieben. Vielleicht ging es um das verzwickte Problem mit den Dispositionsprädikaten, deren Gebrauch ja auch den Griechen vertraut war. Wie war diesen alltäglich und wissenschaftlich verwendeten Begriffen die Möglichkeit auszutreiben, die Diodoros zufolge nur insofern akzeptiert werden kann, als sie wirklich ist oder verwirklicht wird? Scheiterte die diodoreische Fixierung auf das, »was entweder ist oder sein wird«, am sinnvollen Gebrauch von Dispositionsprädikaten?

POST SCRIPTUM. Nachdem er das Dispositionsproblem »diodoreisch« gelöst hatte, konnten Carnap und seine Frau Ina endlich den schönen Ort in den Hügeln Virginias verlassen, wo sie so lange festgesessen hatten. Mit dem Auto fuhren sie durch das Land der unbegrenzten Möglichkeiten, in dem sie den Rest ihres Lebens verbringen werden. 1936/37 erschien *Testability and Meaning* in der renommierten Fachzeitschrift *Philosophy of Science*. Es war Carnaps erste Veröffentlichung in den USA und sie verbreitete schnell seinen Ruf als scharfsinniger Logiker und strenger Empirist. *Testability and Meaning* wurde zu einem Schlüsseltext der modernen analytischen Philosophie.

Dabei war es weniger Carnaps Konzept des Reduktionssatzes, das überzeugte. Es war vor allem die sprachanalytische Methode, mit der Carnap die dispositionale Problemsituation zuschärfte und lösen wollte. Wie wirklich ist die Möglichkeit? Wie können wir wissenschaftlich sinnvoll über Dispositionen sprechen? Diese von Carnap gestellten Fragen wurden zu einem Dauerbrenner der analytischen Philosophie, vor allem in den USA. Die Antwortversuche reichen von Arthur Paps Analysen der Reduktionssätze und Dispositionsbegriffe bis zu Nicholas Reschers Logik der irrealen Konditionalsätze (»Wenn man ein Streichholz c in Wasser getan hätte, dann ...«), von Wilfrid Sellars Theorie kontrafaktischer Aussagen und kausaler Modalitäten bis zu Karl Poppers Anstrengung, Carnaps »Dispositionen« in eine Philosophie des Vermutungswissens einzubauen.[26]

Auch die beiden Freunde, mit denen Carnap Ende Dezember 1935 zum Treffen der »Philosophical Association« in Baltimore gefahren war, blieben durch sein »Testability paper« philosophisch herausgefordert. Noch 1974, in seinen *Wurzeln der Referenz*, hat Willard Van Orman Quine an Carnaps »Dispositionen« erinnert, auch wenn er dessen abgebranntes Streichholz durch ein wertvolles Goldstück ersetzt hat, »das nie in Wasser getaucht werden wird. Es ist eine bekannte Tatsache, daß die Aussage, das Goldstück löse sich auf, wenn es in Wasser getaucht werde, im Sinn der materialen Implikation trivial und wahr ist; doch deshalb möchte man das Goldstück nicht als wasserlöslich einstufen.«[27] Nelson Goodman wurde vor allem durch seine Untersuchung *Fact, Fiction, and Forecast* berühmt, in der er seinen Kampf gegen das »Gespenst des Möglichen« geführt hat, um es zum Verschwinden zu bringen und um die mysteriösen Dispositionen eines Gegenstands vom »Dachboden«, wo sie herumgeistern, »auf die Erde herunterzuholen«.[28] Und in diesem Klassiker des analytischen Philosophierens findet sich auch jenes Streichholz wieder, an dem sich Carnaps Problem entzündet hatte: » Als Beispiel betrachten wir den bereits bekannten Fall, daß über ein gegebenes Streichholz c ausgesagt wird:

(1) Wenn das Streichholz c angezündet worden wäre, hätte es sich entzündet,

aber geleugnet:

(2) Wenn das Streichholz c angestrichen worden wäre, wäre es nicht trocken gewesen.«[29]

Doch das wäre eine andere Geschichte.

Ein Glas Wasser

Wie KARL POPPER *die Basis der Erkenntnis zum Schwanken brachte und dabei zugleich den Philosophenkönig Platon von seinem Thron herunter holte*

Auf die Intensität der Überzeugungserlebnisse kommt es überhaupt nicht an; ich kann von der Wahrheit eines Satzes, von der Evidenz einer Wahrnehmung, von der Überzeugungskraft eines Erlebnisses durchdrungen sein, jeder Zweifel kann mir absurd vorkommen; aber kann die Wissenschaft diesen Satz deshalb annehmen? Kann sie ihn darauf gründen, daß Herr N.N. von seiner Wahrheit durchdrungen ist?[1]

Karl Popper

Als Rudolf Carnap zweiundsiebzig Jahre alt war, erhielt er den höchsten Ehrentitel. Er wurde »geschilppt«. 1963 erschien *The Philosophy of Rudolf Carnap* in der von Paul Arthur Schilpp herausgegebenen Reihe *The Library of Living Philosophers*. Damit war Carnap in den Olymp der wichtigsten zeitgenössischen Philosophen aufgenommen. Er wurde anerkannt als der einflußreichste Verfechter eines logischen Empirismus, dessen zentrales Ziel es war, durch empirischen Sachbezug und logische Sprachanalyse »die ganze Metaphysik aus der Philosophie zu verbannen«[2]. Es sollte nicht länger von den Phantomen philosophiert werden, über die keine empirisch überprüfbaren oder verifizierbaren Aussagen gemacht werden können, von »Idee« und »Wesen«, von »Sein« und »Nichts«, von »Ich« und »Ding an sich«. Wer darüber reden wollte, konnte Carnap zufolge nur sinnlose metaphysische Sätze bilden, Aussagen, für die kein »Weg zur Verifikation« bekannt ist.

Carnap wollte, wie er bereits 1928 in seinem ersten großen Buch – *Der logische Aufbau der Welt* – programmatisch schrieb, nie etwas anderes als: »Klarheit der Begriffe, Sauberkeit der Methoden, Verantwortlichkeit der Thesen, Leistung durch Zusammenarbeit, in der das Individuum sich einordnet.«[3] Mit diesen Orientierungen wollte er sich von allen Vertretern der Metaphysik abgrenzen, die wie Feudalherren in ihren Türmen der Transzendenz leben, unendlich entfernt von der sinnlichen Erfahrung der physischen Welt. Sie orakeln vom »Nichts«, das »nichtet«, und vom »Sein«, das »west«.

Aber sie geben nur »Scheinsätze« von sich, die nicht der Darstellung von Sachverhalten dienen, sondern dem Ausdruck eines Lebensgefühls. Allerdings fehlt ihnen dazu die künstlerische Begabung, so daß in der Regel nur ein zwitterartiges Gebilde zustande kommt, »das für die Erkenntnis gar nichts und für das Lebensgefühl etwas Unzulängliches leistet.«[4]

Auch Karl Popper, der Carnap 1928 in dessen Seminaren an der Wiener Universität kennengelernt hatte, wurde eingeladen, einen Beitrag zur *Philosophy of Rudolf Carnap* zu schreiben. Er konzentrierte sich dabei auf jene Trennung, die Carnap wie kein anderer vorgenommen hatte: *The Demarcation between Science and Metaphysics*. Denn Carnaps strenge Abgrenzung erschien ihm in doppelter Hinsicht verfehlt: Weder läßt sich jede metaphysische Aussage als »sinnlos« (meaningless) verwerfen, auch wenn sie im strengen Sinn nicht wissenschaftlich ist; noch lassen sich alle wissenschaftlichen Theorien gänzlich von metaphysischen Grundannahmen säubern, die ihnen, oftmals verborgen, als Orientierungsgrundlage dienen. Ein einfaches Glas Wasser half Popper, seine Kritik zu veranschaulichen.

Im Gebirge

Popper begann seinen Beitrag mit einer Erinnerung an jene glückliche Zeit, die er drei Jahrzehnte zuvor mit Carnap verbracht hatte. Es war Sommer 1932. Carnap, der zu dieser Zeit bereits als Professor für Naturphilosophie an der deutschen Universität in Prag arbeitete, war zu Besuch in Österreich, um seine Freunde vom »Wiener Kreis der wissenschaftlichen Weltauffassung«[5] zu treffen, mit denen er zwischen 1926 und 1931 als Privatdozent an der Wiener Universität »die anregendste, erfreulichste und fruchtbarste Zeit« seines Lebens[6] verbracht hatte.

Zusammen mit Carnap und seiner Frau Ina, mit Herbert

Feigl und seiner Maria wandern der promovierte Hauptschullehrer Popper und seine »Hennie« (Josefine Anna Popper, geb. Henninger) durch die Tiroler Alpenlandschaft. Sie freuen sich ihres Lebens. Die Sonne scheint, und sie alle genießen das gemeinsame Wandern, das von langen und faszinierenden Gesprächen begleitet wird. Keiner von ihnen wird jemals vergessen, wie Carnap sie einmal auf eine steile Anhöhe geführt hat. Das Dickicht des schönen alpinen Rhododendrons ist fast undurchdringlich. Doch Carnap findet einen Pfad. Zugleich leitet er seine Weggefährten durch ein schönes und fast undurchdringliches Dickicht von erkenntnistheoretischen Argumenten, was Feigl dazu anregte, diesen Hügel auf den Namen »Semantische Schnuppe« zu taufen, eine Art »Semantical Shooting Star«[7].

Je höher sie klettern, desto stärker beschäftigt sie die grundlegende Frage: Wie sieht die Erfahrungsbasis aus, auf deren Fundament alle kognitiv (wissenschaftlich und philosophisch) sinnvollen Aussagen verankert sein müssen, um sie von unsinnigen metaphysischen Spekulationen und unwissenschaftlichen Meinungen abgrenzen zu können? Es geht um das »Basisproblem«, über das innerhalb des Wiener Kreises eine heiße Debatte geführt wird. Auf welcher sicheren Grundlage läßt sich das Gebäude des wissenschaftlichen Wissens aufbauen? An dieser Frage entzündet sich auch Poppers Philosophie. Die Antwort trägt er bereits mit sich. Denn er hat, angeregt durch Herbert Feigl, seit 1930 an einem umfangreichen Manuskript geschrieben, in dem er *Die beiden Grundprobleme der Erkenntnistheorie* zu lösen versuchte: Mit welchem Recht können allgemeine Sätze, zum Beispiel Naturgesetze, formuliert werden, wenn wir doch immer nur bestimmte Ereignisse und immer nur eine bestimmte Anzahl von Ereignissen beobachten können (das »Humesche Problem« der Induktion); und wie kann man im Zweifelsfall entscheiden, ob man einen wissenschaftlichen Satz vor sich hat oder »nur« eine metaphysische Behauptung (das »Kantsche Problem« der Grenze wissenschaftlicher Erfahrung)?

KARL POPPER

Daß es auch bei der Tiroler Wanderung durch das Ötztal um diese Fragen ging, erhellt eine Notiz in Poppers *Intellectual Autobiography*, die 1974 als Einleitung zur zweibändigen Ausgabe *The Philosophy of Karl Popper* erschien. Denn wie sein Freund Carnap wurde auch Popper, ebenfalls im Alter von zweiundsiebzig Jahren, »geschilppt« und in die *Library of Living Philosophers* aufgenommen: »Als Carnap, Feigl und ich im Sommer 1932 in Tirol zusammentrafen, las Carnap den unveröffentlichten ersten Band meiner *Grundprobleme* und einiges aus dem zweiten Band. Er veröffentlichte kurz darauf zu meiner Überraschung in der Zeitschrift *Erkenntnis* einen Artikel *Über Protokollsätze*, in dem er einige meiner Ansichten, mit ausführlichen Hinweisen auf meine Arbeit, ziemlich genau referierte. Die Sachlage zusammenfassend, erklärte er, daß er das ›Verfahren B‹, wie er mein Verfahren nannte, jetzt für das beste halte, das in der gegenwärtigen Erkenntnistheorie vertreten werde. Dieses Verfahren bestand in dem deduktiven Verfahren, Sätze der Physik zu überprüfen; einem Verfahren, das alle Sätze, sogar die Prüfsätze selbst, als Hypothesen auffaßt, als theoriedurchtränkte Vermutungen«[8]

In Carnaps Aufsatz geht es um das Kernproblem der Wissenschaftslogik, um jene Fragen, »die man unter den Schlagworten ›empirische Begründung‹, ›Nachprüfung‹ oder ›Verifikation‹ zu behandeln pflegt«[9] Geklärt werden sollen die syntaktische Form und der semantische Gehalt jener fundamentalen Aussagen, die zur Bestätigung oder Widerlegung, zur Verifikation oder Falsifikation von wissenschaftlichen Hypothesen und Theorien dienen können. Carnap spielt mehrere Möglichkeiten durch. Schließlich entscheidet er sich, den »Weg B« einzuschlagen, der ihm durch Gespräche mit Popper aufgezeigt worden war. Die gemeinsame Wanderung durch die Tiroler Alpen und die Lektüre von Poppers *Grundprobleme*-Manuskript haben ihn davon überzeugt, daß es keine absoluten Anfangssätze für den Aufbau der Wissenschaft gibt. Man beginnt nicht mit einzelnen Beobachtungssätzen, Protokollaussagen oder Basissätzen, um verallgemeinernd zu generellen Gesetzesaussagen zu gelangen. Statt dessen entwirft man hypothetische Modelle, aus denen man einzelne Sätze logisch ableitet, die zur empirischen Überprüfung der Theorie dienen können. Dabei ist es letztlich eine Frage des Entschlusses, welche Sätze man jeweils als Fundamente des empirisch gesicherten Wissens anerkennen und verwenden will. Denn: »Sobald man will, – etwa wenn Zweifel auftreten oder wenn man die wissenschaftlichen Thesen sicherer zu fundieren wünscht, – kann man die zunächst als Endpunkte genommenen Sätze ihrerseits wieder auf andere zurückführen und jetzt diese durch Beschluß zu Endpunkten erklären.«[10] Carnap bedankte sich bei Popper für diese Einsicht, und er wünschte seinem Gesprächspartner, daß er bald die Möglichkeit zur Veröffentlichung seiner Überlegungen finden möge; denn er hielt sie für einen äußerst wichtigen Beitrag zur Klärung der drängenden Fragen der Wissenschaftslogik.

Logik der Forschung

Im November 1934 war es dann soweit. In der von Moritz Schlick zusammen mit Philipp Frank herausgegebenen Reihe *Schriften zur wissenschaftlichen Weltauffassung* erschien Poppers erste große philosophische Veröffentlichung, seine *Logik der Forschung*, die zum weltberühmten Standardwerk der modernen Wissenschaftstheorie wurde. In dieser »Erkenntnistheorie der modernen Naturwissenschaft« findet sich auch zum ersten Mal jenes kleine unscheinbare Ding, das Popper ins philosophische Spiel bringt, um mit ihm allen Spielarten des Positivismus oder Empirismus, die auf eine sichere Erfahrungsbasis zielten, den Fehdehandschuh hinzuwerfen: »Hier steht ein Glas Wasser.«

Will man für die Erfahrungswissenschaften einen sicheren Grund finden, scheint es sich anzubieten, auf »unmittelbare Gegebenheiten« zurückzugreifen: auf evidente Wahrnehmungserlebnisse oder direkte Beobachtungen. Denn wie sonst sollten wir ein Wissen von Tatsachen erlangen können, wenn nicht durch Wahrnehmung? »Durch Denken allein können wir doch nichts über die Welt der Tatsachen erfahren; nur die Wahrnehmungserlebnisse können die ›Erkenntnisquelle‹ der Erfahrungswissenschaften sein.«[11]

So hatte es ja auch Ludwig Wittgenstein, die graue und geheimnisvolle Eminenz des Wiener Kreises, in seinem Frühwerk, dem *Tractatus logico-philosophicus* gefordert, in dem er eine »primäre«, von unmittelbaren Sinnesdaten handelnde Sprache favorisierte, die allein sicheres Wissen zu bieten schien. Nur der Rückgriff auf »phänomenale« Erlebnisinhalte, die jedem Erkenntnissubjekt »unmittelbar gegeben« sind, sollte die Erkenntnis der Tatsachen-Welt ermöglichen. Rudolf Carnap hatte im *logischen Aufbau der Welt* diesen Phänomenalismus zum Anlaß genommen, sein Begriffssystem aller Erkenntnisgebiete aufzubauen auf der Grundlage eines unmittelbar Gegebenen. Als Basis wählte er »Elementarerlebnisse« einzelner Individuen. Auf ihrem Fundament wurden dann Definitionen für »höhere Begriffe« aufgestellt.[12]

Als Popper mit Carnap die Abhänge des Ötztals emporkletterte, hat er dessen »Konstitutionssystem« ins Schwanken gebracht. Im 5. Kapitel der *Logik der Forschung* hat er vor allem die phänomenalistische Basisauffassung dekonstruiert. Als Anschauungsmaterial benutzte er ein Glas Wasser: »Diese Auffassung scheitert unserer Meinung nach am Induktions- bzw. am Universalienproblem: Wir können keinen wissenschaftlichen Satz aussprechen, der nicht über das, was wir ›auf Grund unmittelbarer Erlebnisse‹ sicher wissen können, weit hinausgeht (›Transzendenz der Darstellung‹); jede Darstellung verwendet allgemeine Zeichen, Universalien, jeder Satz hat den Charakter einer Theorie, einer Hypothese. Der Satz: ›Hier steht ein Glas Wasser‹ kann durch keine Erlebnisse verifiziert werden, weil die auftretenden Universalien nicht bestimmten Erlebnissen zugeordnet werden können (die ›unmittelbaren Erlebnisse‹ sind nur einmal ›unmittelbar gegeben‹, sie sind einmalig). Mit dem Wort ›Glas‹ z.B. bezeichnen wir physikalische Körper von bestimmtem gesetzmäßigem Verhalten, und das gleiche gilt von dem Wort ›Wasser‹. Universalien sind nicht auf Klassen von Erlebnissen zurückführbar, sie sind nicht ›konstituierbar‹ (in Carnaps Terminologie).«[13]

Hier steht also ein Glas Wasser. Popper sieht es und macht die einfache Aussage, daß es hier steht. Wo liegt das Problem? Stellen wir uns vor, daß Popper am Schreibtisch in seiner Wiener Wohnung sitzt. Was ein Tisch ist, weiß er genau. Schließlich hat er (1922 bis 1924) das Tischlerhandwerk gelernt, auch wenn er einsehen mußte, daß er für diese heikle Arbeit nicht begabt genug war. Er sitzt also an seinem Tisch und denkt über das Fundament der wissenschaftlichen Erkenntnis nach. Er erinnert sich an die Gespräche mit Carnap und Feigl. Er liest in Wittgensteins und Carnaps Werken und reflektiert die vorgeschlagenen Lösungsversuche des strittigen »Basisproblems«. Das macht durstig und Popper, der sein Leben lang weder rauchte noch alkoholische Getränke liebte, hat ein Glas Wasser auf dem Schreibtisch stehen. Er sieht, daß es da ist. Popper ist weder radikaler Skeptiker, der sich fragt, ob die Welt wirklich existiert, noch Agnostiker, der an der Erkennbarkeit von Dingen und Tatsachen grundsätzlich zweifelt. Der robuste Realismus des Alltagsverstandes gehört zu seinen Grundüberzeugungen. Da steht tatsächlich ein Glas Wasser, und wenn er Durst hat, wird er daraus trinken.

Aber während er am Schreibtisch sitzt, befindet er sich in einer erkenntnistheoretischen Problemsituation. Er löst sich gedanklich aus der konkreten Wirklichkeit, in der das, was er gerade sieht und erlebt, vorhanden ist. Er will ja eine wissenschaftslogische Frage beantworten: Könnte die Wahrnehmung eines einzelnen Glases Wasser, wie er es gerade vor sich stehen sieht, der wissenschaftlichen Erkenntnis ein sicheres Fundament liefern?

In der *Logik der Forschung* wird das einfache Glas Wasser

zum erstaunlichen Anschauungsmaterial einer rein epistemologischen Problematik: Gibt es sicheres Wissen (*epistemé*)?
Popper argumentiert nicht mehr als ein Mensch, der ein Glas
Wasser mit all seinen Gebrauchsmöglichkeiten vor sich stehen sieht. Er überlegt nicht, was er damit tun könnte. Dieses
Glas Wasser steht ganz einfach nur da. Ihm ist die Atmosphäre des alltäglichen Gebrauchs geraubt. Es ist erstarrt in
seiner Funktion, als Exempel einer erkenntnistheoretischen
Problematik zu dienen, die Popper darstellungstheoretisch
gewendet hat: Mit welchem Recht können wir Allgemeinbegriffe wie »Glas« und »Wasser« verwenden, um das, was wir
beobachten, sprachlich darzustellen? Und wie steht es um die
epistemologische »Basis«, wenn schon in ihr Wörter vorkommen, die »transzendieren«, was unmittelbar erlebt wird?

Wie auch immer die Antwort auf diese Fragen lauten mag,
Popper ist sich sicher, daß die »positivistische« Auffassung,
der Sinn von allgemeinen Prädikaten basiere auf Sinneswahrnehmungen oder könne auf sie zurückgeführt werden, falsch
ist. Sie scheitert seiner Meinung nach »am Induktions- bzw.
am Universalienproblem«. Für diese Meinung hat Popper eine
Reihe von Begründungen geliefert, die das Zentrum seiner
Philosophie bilden.

Popper beginnt mit einer Kritik des induktiven Schließens.
Sie steht am Anfang seiner erkenntnistheoretischen Reflexio-
nen. Aus ihr folgt alles weitere. Bei induktiven Schlüssen handelt es sich um das problematische Schließen von Individualitäten auf Universalität, von Einzelfällen auf ein Gesetz, von
zahlreichen »besonderen« Sätzen auf eine »allgemeine« Aussage. Obwohl wir immer nur bestimmte einzelne Ereignisse,
Dinge oder Tatsachen beobachten, und immer nur eine be-
schränkte Anzahl von ihnen, stellen die empirischen Wissenschaften doch allgemeine Sätze auf, z.B. Naturgesetze, die
für eine unbeschränkte Anzahl von Ereignissen gelten sollen.
Nachdem man einige oder viele schwarze Raben gesehen
hat, nimmt man an, daß alle Raben schwarz sind. Auch das
Wissen, das in einem Satz über ein Glas Wasser mitspielt,

scheint das Ergebnis einer induktiven Verallgemeinerung vieler Wahrnehmungen einzelner Gläser voller Wasser.

Doch mit dieser einfachen Induktionskonzeption gibt sich Popper nicht zufrieden. Denn er ist überzeugt, daß in Allaussagen mehr steckt, als man verallgemeinernd feststellen kann, eine Art epistemologischer »Mehrwert«, der den Bereich noch so vieler einzelner Wahrnehmungen übersteigt. Allsätze »transzendieren«, was wir aufgrund einzelner Wahrnehmungen wissen können. Wer allgemeine Sätze behauptet, beansprucht mehr zu wissen, als er durch bloße Verallgemeinerung vieler Wahrnehmungserlebnisse wissen kann. Für diesen Überschuß muß eine überzeugende Begründung gefunden werden.

Die Unterscheidung von »besonderen« und »allgemeinen« Sätzen hängt dabei eng mit der Differenz zwischen Einzelbegriffen und Universalbegriffen zusammen. Während »Individualien« wie Eigennamen zur Benennung einzelner Individuen dienen (z.B. »Napoleon«, »London«, »Venus« oder »Struppi«), bezeichnen »Universalien« allgemeine Entitäten (z.B. »Mensch«, »Stadt«, »Planet« oder »Hund«). Auch diese Allgemeinbegriffe gehören zu unserer Sprache. Wir benötigen sie, um uns in der Welt von Einzeldingen orientieren zu können. Nur mit ihrer Hilfe können wir systematische Erfahrungen machen und festhalten, können wir vernünftig erwarten, was uns bevorsteht, können wir erkennen, was sich uns in der Mannigfaltigkeit des sinnlich Wahrnehmbaren zeigt.

Was jedoch alltäglich eingespielt ist und wissenschaftlich funktioniert, ist philosophisch problematisch. Denn Induktivismus und Universalismus leiden unter einer fundamentalen Schwäche: Sie lassen sich nicht »logisch« rechtfertigen. Kein Schluß von noch so vielen Einzelfällen auf ein allgemeines Gesetz ist wirklich zwingend; und ebensowenig kann es gelingen, durch Abstraktion von den Individualien gesichert zu den Universalien aufzusteigen.

Popper schlägt in dieser erkenntnistheoretischen Problemsituation eine radikale Lösung vor. Er sucht keine Lösung des

KARL POPPER

Induktions- und des Universalienproblems, sondern verneint ihre Existenz. Wie Alexander zerschlägt er den Knoten, in dem sich ihm zufolge jeder Versuch verheddern muß, die Wissenschaft allein auf Beobachtung und Induktion aufzubauen. Es gibt weder eine Induktionslogik, noch eine universalisierende Ähnlichkeitsabstraktion, die nicht an der »Transzendenz der Darstellung« scheitert. Wie aber läßt sich dann der Gebrauch von Allsätzen und Universalien begründen, der uns im Alltag und in den Wissenschaften so gute Dienste leistet?

Der Mensch ist kein Kübel

Popper hat seine Antwort nicht in der Philosophie gefunden. Auch die Logik lieferte ihm keine überzeugenden Argumente. Es war die Pädagogik, die Popper einen Ausweg aus dem erkenntnistheoretischen Dilemma bot. Es war der engagierte Schulreformer in ihm, der ihn die wesentliche Schwäche des Induktivismus erkennen ließ. Bereits 1924, während seiner Arbeit als Erzieher in einem Hort der Gemeinde Wien für sozial gefährdete Kinder, und dann als Student am Pädagogischen Institut Wien, 1925 bis 1927, war Popper zu jener grundsätzlichen Überzeugung gelangt, für die er sein Leben lang eintrat. Sein erster Aufsatz, den er 1925 als Dreiundzwanzigjähriger für die Zeitschrift *Schulreform* schrieb, begann bereits mit der Feststellung eines »konträren Gegensatzes« zwischen »Individualität« und »Typus«, der durch keine induktivistische Verallgemeinerung überbrückt werden kann. Während jedes Einzelwesen in seiner unverwechselbaren Einzigartigkeit eine Individualität ist, sehen wir das Typische nur, wenn wir das Einzelwesen »von einem allgemeinen Gesichtspunkt aus betrachten; daher ändert sich das Typische mit jedem Wechsel des Gesichtspunktes«[14].

Wenn unser typisierender Blick jedoch durch solche allgemeine Gesichtspunkte gelenkt wird – die zum Beispiel ein einzelnes Ding als typisches »Glas Wasser« erkennen lassen –, dann kann die Erkenntnis nicht aus voraussetzungslosen Verallgemeinerungen bestehen. Der menschliche Geist ist kein »Kübel«, dessen Funktion sich darin erschöpft, individualisierte Sinnesdaten oder einmalig erlebte Wahrnehmungsgegebenheiten passiv aufzunehmen und verallgemeinernd zu speichern. Lernen und Wissenserwerb resultieren nicht aus einer eingetrichterten Stoffaufnahme. Der junge Pädagoge wendet sich gegen jede Theorie des Lernens, die auf eingepaukte Wiederholungen von Gleichem oder Ähnlichem vertraut. Denn jedes Lernen beruht auf Neugier und Neuentdeckung; und das erworbene Wissen ist keine Sammlung und Verallgemeinerung von einzelnen Daten, die uns durch unsere Sinne gegeben sind und die wir in unserem Geist wie in einem Kübel aufbewahren.

Diese lerntheoretische Attacke gegen die induktivistische Kübeltheorie des Geistes wäre schwach, wenn Popper ihr nicht eine positive Theorie des Wissenserwerbs zur Seite gestellt hätte. Gegen das Bild des Kübels hat er sie metaphorisch als »Scheinwerfertheorie« entwickelt. Wie ein Scheinwerfer bestimmte Dinge beleuchtet und deutlicher erkennbar werden läßt, so ist auch das menschliche Bewußtsein, in seiner alltäglichen Aktivität ebenso wie in der hochspezialisierten wissenschaftlichen Theoriebildung, selektiv auf bestimmte Phänomene gerichtet. Die Wahrnehmung, Beschreibung, Erkentnnis oder Erklärung von Tatsachen hängt von Gesichtspunkten ab und ist in höchstem Maße zielgerichtet, um bestimmte Fragen zu beantworten und bestimmte Probleme zu lösen. Alle diese Aktivitäten basieren auf Ansichten, Erwartungen und Erkenntnisinteressen, die aus dem unendlichen Reichtum möglicher Aspekte der Welttatsachen das herausheben und beleuchten, was uns interessiert. Nicht irgendwelche direkten oder unmittelbaren Wahrnehmungen bilden das Material, aus dem sich alltägliche Erfahrung oder wissenschaftliches Wissen aufbauen. Die entscheidende Rolle spielen vielmehr gerichtete Beobachtungen, bei denen wir uns äußerst aktiv und schöpferisch verhalten. Wir *haben* sie nicht, um sie im Kübel des Geistes zu sammeln, sondern *machen* sie im Scheinwerferlicht theoretischer Erwartungen und versuchsweiser Vermutungen.

»Hier steht ein Glas Wasser.« Auch wenn wir diesen trivialen Satz aussprechen, erscheint uns, was wir sehen, in einem besonderen Licht. Die allgemeinen Zeichen, vor allem »Glas« und »Wasser«, sind aktivierende Konzepte, die uns beobachten und erkennen lassen, was uns in der unbegrenzbaren Fülle des Wahrnehmbaren als ein typisches Glas Wasser erscheint. Bereits die scheinbar einfachste Aussage ist »durchtränkt« mit Theorie, wobei Popper das Wort »Theorie« in einem sehr weiten Sinn gebraucht. In das »hier« ist eine rudimentäre Theorie des Raums eingeflossen, ins »steht« eine Theorie der Zeit und des physikalischen Dingverhaltens, ins »ein« eine Theorie der Zahl, in »Glas« und »Wasser« Konzeptionen der Gestalt und der Substanz. Die Worte und der Satz gewinnen ihre Bedeutung erst im Rückgriff auf diese »Theorien«.

Die erkenntnistheoretischen Konsequenzen, die sich aus diesem Beispiel ableiten lassen, hat Popper durch eine Reihe von Überlegungen zugeschärft. »Unsere Sprache ist von Theorien durchsetzt; es gibt keine reinen Beobachtungssätze.«[15] Selbst unsere Alltagssprache ist voller theoretischer Hypothesen und sprachlich gelenkter Vermutungen. Wir können keinen Satz bilden, der nicht bereits weit über das hinausgeht, was uns aufgrund unmittelbarer Erlebnisse gegeben sein soll. Denn dieses Gegebene in Gestalt einer reinen Wahrnehmungsevidenz braucht, um dargestellt zu werden, ein sprachliches Zeichensystem, in dem Allgemeinbegriffe eine wesentliche Rolle spielen. »Hier steht ein Glas Wasser« ist keine phänomenale Darstellung erlebter Einzigartigkeit, die immer nur einmalig gegeben sein kann. Als Beobachtungssatz enthält die Aussage Universalien, deren sprachliche Gebrauchsregeln intersubjektiv als bekannt vorausgesetzt werden müssen. Sie sind nicht »konstituierbar« à la Carnap, sondern »durch den Sprachgebrauch festgelegt«[16]

Vermutungen und Widerlegungen

1959, im Anhang X seiner *Logik der Forschung* über »Universalien, Dispositionen und Naturnotwendigkeit«, hat Popper dieses Argument durch den Hinweis auf Dispositionsprädikate zu stärken versucht. Das war ein geschickter Schachzug, um Carnaps Fixierung auf »unmittelbare Erlebnisse« herauszufordern. Denn Prädikate wie »trinkbar« oder »zerbrechlich« bezeichnen jene Eigenschaften von Dingen, die sie dazu disponieren, unter gegebenen Bedingungen auf bestimmte Einflüsse entsprechend zu reagieren. Sie werden getrunken bzw. zerbrechen. Während das, was tatsächlich geschieht, durch manifeste Prädikate bezeichnet werden kann, referieren Dispositionsprädikate auf ein latentes Vermögen. Der sinnvolle Gebrauch von Dispositionsprädikaten mußte deshalb besonders für eine empiristische Erkenntnistheorie problematisch sein, die alles Erfahrungswissen auf die Beobachtbarkeit tatsächlicher Sachverhalte zurückzuführen versuchte. Er bildete die Achillesferse, an der sie verletzbar war.

In seinem Beitrag zu *The Philosophy of Rudolf Carnap* hat Popper sich 1963 auf Carnaps *Testability and Meaning* bezogen, in dem dieser eine Lösung des Möglichkeitsproblems lieferte, mit dem er sich im Sommer 1936 in Skyland, Virginia, herumgeplagt hatte. Doch gegen Carnaps Versuch, ein Prädikat wie »löslich« durch einen Reduktionssatz wie »Wenn x in Wasser gegeben wird, dann ist x löslich in Wasser genau dann, wenn es sich auflöst« einzuführen, hat Popper kritisch eingewandt: Was haben wir damit gewonnen? Denn jetzt müssen wir ja wiederum die Begriffe »Wasser« und »auflösen« reduzieren, die Popper zufolge ebenfalls dispositional sind. Und es ist klar, daß wir dazu wiederum auf Aussagen zurück-

KARL POPPER

greifen müssen wie: »Wenn irgendetwas, das in Wasser löslich ist, in x gegeben wird, dann löst es sich auf, wenn x Wasser ist.« Die Katze beißt sich in den Schwanz: Die Reduktion des Dispositionsprädikats »löslich« verweist uns auf das Dispositionsprädikat »Wasser«, das wiederum nicht ohne Bezug auf »löslich« eingeführt werden kann, und so weiter, ad infinitum.[17]

Popper hielt alle Universalien für dispositional. Selbst Wörter wie »Glas« oder »Wasser« schreiben den Dingen Fähigkeiten oder Neigungen zu, die in einem Möglichkeitsraum gesetzmäßigen Verhaltens angesiedelt sind. Wir brauchen uns nur zu überlegen, welche Prüfungen wir anstellen würden, wenn wir im Zweifel wären, ob die Eigenschaft, ein »Glas« zu sein, das voller »Wasser« ist, in einem besonderen Fall vorliegt oder nicht. Daß der Beobachtungssatz »Hier steht ein Glas Wasser« ein dispositionales Vermögen bezeichnet, das die unmittelbare Erfahrung transzendiert, ist darauf zurückzuführen, »daß Wörter wie ›Glas‹ und ›Wasser‹ gebraucht werden, um das gesetzmäßige Verhalten bestimmter Dinge zu bezeichnen (oder die ›Disposition‹ dieser Dinge, in gewisser Weise zu reagieren): man kann sie ›Dispositionswörter‹ nennen. Da nun jedes Gesetz die Erfahrung transzendiert – das ist nur ein anderer Ausdruck für seine Nichtverifizierbarkeit – transzendiert jedes Prädikat, das gesetzmäßiges Verhalten aussagt, ebenfalls die Erfahrung… Da alle Universalien dispositionalen Charakter haben, können sie nicht auf Erfahrung reduziert werden.«[18]

Poppers Hinweis auf Dispositionswörter hat dabei zur Folge, daß auch eine strenge Trennung zwischen theoretischen Begriffen und empirischen Beobachtungswörtern nicht akzeptiert werden kann. Es ist nicht zweckmäßig, den Gegensatz zwischen ihnen so zu kennzeichnen, als seien Theorien »nur« sprachlich-symbolische Formeln oder Schemata, während in Beobachtungsaussagen die beschriebene Wirklichkeit direkt abgebildet wird. Denn selbst die konkretesten Sätze enthalten »theoriegetränkte« Dispositionswörter und transzendieren die Erlebniswelt, wenngleich in einem geringeren Maße als hochtheoretische Aussagen.

Noch 1990 wird Popper diese Meinung über die menschliche Erkenntnis nachdrücklich unterstreichen und an sein Beispiel von 1934 erinnern. »Hier steht ein Glas Wasser.« »Ich glaube nicht, daß eine Sprache ohne Universalien jemals funktionieren kann; und der Gebrauch von Universalien verpflichtet uns, die Wirklichkeit von Dispositionen – wenn auch nicht die von letzten und unerklärbaren Dispositionen, das heißt also, von Wesenheiten – zu behaupten und damit (zumindest) zu vermuten. Wir können das alles durch die Feststellung ausdrücken, daß die übliche Unterscheidung zwischen ›Beobachtungswörtern‹ (oder ›nicht-theoretischen Begriffen‹) und theoretischen Begriffen verfehlt ist, da alle (Wörter und) Begriffe bis zu einem gewissen Grad theoretischen Charakter haben, wenn auch einige in höherem Grad als andere.«[19]

Doch Popper will nicht bei der Sprache stehen bleiben. Von den Beobachtungssätzen bewegt er sich zu den Beobachtungen und überrascht uns mit einer verblüffenden Wendung. »Es gibt keine reinen Beobachtungen: sie sind von Theorien durchsetzt und werden von Problemen und von Theorien geleitet.[20] Nur das induktivistische Vorurteil verleitet uns dazu, an einen theoriefreien Zugang zur Wirklichkeit zu glauben. Tatsächlich aber sehen und interpretieren wir die Welt immer schon im Scheinwerferlicht der sprachlichen Darstellungsmittel. Alle Beobachtungen sind theoriegetränkt oder, wie Popper später ergänzen wird: »Es gibt kein Sinnesorgan, in das nicht antizipierende Theorien eingebaut wären.«[21] Auch das Auge liefert keine Wahrnehmungsevidenzen, sondern reagiert typisierend-verallgemeinernd aufgrund eingebauter theoretischer Erwartungen und sprachlich vermittelter Selektionsprinzipien. Wir sehen dieses Ding, das vor uns steht, als ein Glas Wasser nur, weil wir gelernt haben, es so wahrzunehmen und in seiner Gestaltform zu typisieren.

Wenn es also keine reinen Beobachtungssätze gibt, weil in jeder sprachlichen Darstellung dispositionale Universalien vorkommen; wenn die Trennung von empirischer und theoretischer Sprache nur eine Frage der graduellen Abstufung ist; und wenn jede Beobachtung im interpretierenden Scheinwerferlicht eines theoriegetränkten Vermutungswissens gemacht wird, dann muß jede Suche nach einem absolut sicheren Fundament der Erkenntnis scheitern. Das ist der letzte Schritt in einer sich zunehmend radikalisierenden kritischen Reflexion, die am Ende jeder epistemologischen Basiskonzeption den Boden entzieht.

Poppers Lösung des empiristischen »Basisproblems« bestand in dessen Auflösung. Wie er das Induktionsproblem zum Verschwinden gebracht hat, so hat er auch das Basisproblem als solches destruiert: Es gibt keine Basis. Das erklärt, weshalb Popper das Wort »Basis« mit einem ironischen Beiklang versah – »Die Basis schwankt«[22] – und warum er die irreführende Metapher des stabilen »Felsengrunds« durch das Bild eines unsicheren »Sumpfes« ersetzte: »So ist die empirische Basis der objektiven Wissenschaft nichts ›Absolutes‹; die Wissenschaft baut nicht auf Felsengrund. Es ist eher ein Sumpfland, über dem sich die kühne Konstruktion ihrer Theorien erhebt; sie ist ein Pfeilerbau, dessen Pfeiler sich von oben her in den Sumpf senken – aber nicht bis zu einem natürlichen, ›gegebenen‹ Grund. Denn nicht deshalb hört man auf, die Pfeiler tiefer hineinzutreiben, weil man auf eine feste Schicht gestoßen ist: wenn man hofft, daß sie das Gebäude tragen werden, beschließt man, sich vorläufig mit der Festigkeit der Pfeiler zu begnügen.«[23]

Auch eine einfache Beobachtungsaussage wie »Hier steht ein Glas Wasser« ruht nicht auf festem Grund. Wir begnügen uns vorläufig mit ihr, weil sie in der konkreten Situation, in der sie eine darstellende Rolle spielt, als hinreichend sicher erscheint. Aber diese Sicherheit bietet kein unmittelbares oder evidentes Wissen. Denn selbst die einfache Gestaltwahrnehmung, daß hier ein Glas Wasser steht, hat nur Sinn in einem komplexen Zusammenspiel der »subjektiven« Disposition, etwas beobachten, erwarten und erkennen zu wollen, mit der »objektiven« Disposition der Dinge, unter bestimmten Bedingungen auf eine gesetzmäßige Weise zu reagieren.

Wir können zwar, aufgrund unseres Erfahrungswissens, zu Recht vermuten, daß das Glas unter normalen Bedingungen nicht plötzlich zerbrechen und sich in etwas anderes verwandeln wird; und wir können einigermaßen sicher sein, daß es erfrischendes oder genießbares Wasser ist, das sich in ihm befindet. Aber eine absolute Gewißheit gibt es nicht. Denn wenn uns zum Beispiel jemand fragen würde: »Bist du sicher, daß in dem Glas wirklich Wasser ist?«, so würden wir wohl noch einmal genauer hinsehen oder angesichts des eingeflößten Mißtrauens lieber darauf verzichten, das »Wasser« zu trinken. Und selbst die vermeintliche Wahrnehmung, daß dieses Wasserglas aus Glas besteht, ist im Zeitalter zunehmend perfekter Kunststoffimitate nicht mehr evident.

Mit einem kleinen Glas Wasser hat Popper die große Erzählung der empiristischen Erkenntnistheorie als einen fundamentalen Irrtum dekonstruiert. Alles ist durchwebt von Vermutungen. Nichts anderes als diese philosophisch reflektierte Überzeugung, für die eine einfache Gestaltwahrnehmung als unscheinbares Anschauungsmaterial diente, hat Popper als Philosophen berühmt gemacht. Während eines Symposiums in Wien, April 1986, hat er seine erkenntnistheoretische Position noch einmal nachdrücklich unterstrichen: »Unsere Wahrheitssuche geht immer folgendermaßen vor sich: Wir erfinden – a priori – unsere Theorien, unsere Verallgemeinerungen. Zu denen gehören auch unsere Gestaltwahrnehmungen. Eine Gestaltwahrnehmung ist eine Hypothese: Es ist unsere Interpretation dessen, was wir sehen; und als Interpretation ist die Gestaltwahrnehmung eine Hypothese. Wir haben es überhaupt nur mit Vermutungen oder Hypothesen (das ist dasselbe) zu tun. Wir haben dauernd Vermutungen, die von uns geschaffen werden. Diese Vermutungen versuchen wir dauernd mit der Wirklichkeit irgendwie zu konfrontieren und sodann unsere Vermutungen zu verbessern und sie der Wirklichkeit näher zu bringen.[24]

Gegen Platons Ideenlehre

Zur argumentativen Stützung seiner erkenntnistheoretischen Position hat Popper in der *Logik der Forschung* auf das »Universalienproblem« verwiesen und die »Transzendenz der Darstellung« ins Spiel gebracht. Den philosophiegeschichtlichen Hintergrund, vor dem er sich bewegte, hat er 1934 noch nicht thematisiert. Seine Adressaten und Referenzen waren vor allem seine »positivistischen Freunde und Gegner«[25] die er mit seiner Forschungslogik herausfordern wollte: Ludwig Wittgenstein, Rudolf Carnap, Moritz Schlick, Otto Neurath, Hans Reichenbach u. a. Erst einige Jahre später hat Popper auch jenen Philosophen beim Namen genannt, der ihm die Stichworte »Universalien« und »Transzendenz« soufflierte.

War Popper Platoniker? Entsprachen seine universalisierenden Scheinwerfer-Begriffe nicht den Ideen Platons, die das Licht der Erkenntnis auf eine sich ständig verändernde Welt des sinnlichen Scheins werfen? Vermutlich wußte Popper selbst zu Beginn der dreißiger Jahre, als er in Wien an seinem ersten großen Werk schrieb, auf diese Fragen keine Antwort. Denn Platons Philosophie war ihm damals weitgehend unbekannt. Das änderte sich erst, als Popper sich gezwungen sah, den griechischen Philosophenkönig ins Zentrum seines Denkens zu rücken. Und das hing mit der neuen Situation zusammen, in der er sich seit Anfang 1937 befand.

Schon seit einiger Zeit hatte Popper die Annexion Österreichs durch Hitlerdeutschland erwartet, und er befürchtete, daß es zum Krieg kommen würde. Als er am Weihnachtsabend 1936 ein Telegramm erhielt, in dem ihm eine Dozentur am Canterbury University College in Christchurch, Neuseeland angeboten wurde, sagte er zu. Seine Frau und er gaben ihre Stellungen als Lehrer auf. Im Januar 1937 schifften sie sich in London nach Neuseeland ein. Fast neun Jahre sollten sie auf der anderen Seite der Welt zubringen. Es war keine sehr glückliche Zeit, auch wenn Popper dort jenes Werk schrieb, das ihn als politischen Denker weltberühmt gemacht hat, seinen philosophischen Beitrag zum Totalitarismus des zwanzigsten Jahrhunderts und zum Zweiten Weltkrieg. Und hier erst rückte jener Philosoph in den Mittelpunkt, der auch schon beim »Universalienproblem« und »Transzendenzbewußtsein« mitgesprochen hatte.

Am 13. März 1938, am Tag, als Popper von Hitlers Einmarsch in Österreich hörte, beschloß er, seine kritische Erkenntnistheorie politisch zu wenden. Er begann mit der Niederschrift seines Manuskripts *Die offene Gesellschaft und ihre Feinde,* dessen Revisionen sich bis ins Frühjahr 1943 erstreckten. Band 1 – *Der Zauber Platons* – ist eine fulminante Kampfansage gegen den griechischen Denker, den auch Popper als größten Philosophen aller Zeiten anzuerkennen bereit war. Doch seine Aufgabe sah er darin, jene Elemente von Platons Philosophie zu bekämpfen, die seiner Ansicht nach Unheil anrichteten und den Feinden einer freiheitlich-demokratischen Gesellschaft die philosophischen Argumente lieferten. Vor allem Platons Ideenlehre rückte er ins Zentrum seines Angriffs.

Für Platon, wie für die Wiener Verfechter einer wissenschaftlichen Weltauffassung, war Wissen nur dann gerechtfertigt, wenn es begründet ist. Begründet ist es, wenn es auf einen Grund zurückgeführt wird. Während jedoch für radikale Empiristen und Positivisten »unmittelbare Gegebenheiten« das Fundament einer Erkenntnis sein sollten, welche die Welt als Sinnenwelt begriff und Wesenheiten hinter oder außer ihr nicht zuließ, hat Platon die begründende Instanz des sicheren Wissens (epistemé) von menschlichen Wahrnehmungen, Erlebnissen, Vermutungen oder Vorstellungen abgekoppelt. Er mißtraute den Sinnen und suchte nach einem wahren Sein hinter der Welt des Scheins. Der begründende

Grund des wahren Wissens ist das transzendente Reich unkörperlicher, nicht-sinnlicher, ewiger, unveränderlicher »Ideen«. Nur sie können, Platon zufolge, eine sichere Erkenntnis ermöglichen, die das eigentliche Wesen der Wirklichkeit begrifflich erfassen läßt. Denn nur sie erlauben es, in einer unbeständigen und veränderlichen Welt »von vielen Wahrnehmungen zu einem durch Denken Zusammengebrachten[26] fortzuschreiten.

Wir verwenden Allgemeinbegriffe wie »Glas« oder »Wasser«, um bestimmte Dinge zu klassifizieren, aber wie läßt sich das philosophisch begründen? Auf diese unausweichliche Frage hat die platonische Ideenlehre eine erste und folgenreiche Antwort gegeben: Wir können begrifflich sinnvoll klassifizieren, weil es etwas Universales gibt, das die konkreten, veränderlichen Dinge und die stets einmaligen Wahrnehmungserlebnisse transzendiert und unabhängig von ihnen existiert. Das sichere Erkennen und Benennen eines konkreten wahrnehmbaren Einzeldings als ein »Glas Wasser« verdankt sich, Platon zufolge, den abstrakten, gedanklich begreifbaren Ideen »Glas« und »Wasser«, an deren transzendenter Idealität das Einzelding »teilhat«, ohne mit ihr zusammenzufallen.

Für Popper, den Philosophen des Vermutungswissens, war die Ideenlehre Platons durch eine Voraussetzung bestimmt, die er nicht teilen wollte: Wer wahrnimmt oder erkennt, will sicheres Wissen. Denn diese unterstellte oder gewünschte Sicherheit allein ist es ja, die den Philosophen überhaupt nach einem festen Grund fragen läßt und zur Annahme von Ideen verführt. Nur wer die Unsicherheit und Unvollkommenheit des Vermutungswissens nicht erträgt, muß sich in die Transzendenz vollkommener Ideen flüchten. Er fragt nicht: Was steht dort auf dem Tisch? Und er begnügt sich nicht mit der Antwort: Hier steht ein Glas Wasser. Statt dessen fragt er: Was ist das, was wir »Glas« und »Wasser« nennen, was ist es, das uns das Wesen dieser wahrnehmbaren Dinge zu erkennen erlaubt? Die Frage nach dem »Was« zielt auf etwas Übersinnliches, das die sinnliche Erkenntnis transzendieren und ihr dabei einen festen Grund geben soll.

Popper hielt diese Frage und Platons Antwort für Zeichen eines autoritären Charakters, der auch dort Sicherheiten sucht und anerkennt, wo sie nicht zu finden sind. Das erhellt der Kontext, in den Popper Platons Ideenlehre gestellt hat. Er griff auf staatliche, familiäre und religiöse Strukturen zurück, um sich über den Sinn und die Funktion von Platons Ideen klarzuwerden. »Die veränderlichen Dinge sind wie ein entarteter und dem Verfall ausgesetzter Staat, gewissermaßen die Nachkommen, die Kinder der vollkommenen Dinge. Und wie Kinder sind sie Abbilder ihrer Ahnen. Den Vater oder das Original eines veränderlichen Dinges nennt Platon die ›Form‹, das ›Modell‹ oder die ›Idee‹ dieses Dinges. Wie bereits bemerkt, müssen wir hervorheben, daß die Form oder Idee trotz ihres Namens keine ›Idee‹ im psychologischen Sinn ist; sie ist kein Vorstellungsbild, kein Traum, sondern ein wirkliches Ding. Sie ist sogar in höherem Grade wirklich als die gewöhnlichen und veränderlichen Dinge, die trotz ihrer scheinbaren Festigkeit zum Verfall verurteilt sind; denn die Form oder Idee ist vollkommen und nicht vergänglich. – Wie ein Kind seinen Vater sieht – es erblickt in ihm ein Ideal, ein einzigartiges Vorbild, eine gottgleiche Personifikation seiner eigenen Wünsche; die Verkörperung der Vollkommenheit, Weisheit, Festigkeit, des Ruhmes und der Tugend; die Macht, die es geschaffen hat, bevor seine Welt begann, die es nun behütet und unterstützt und ›kraft‹ deren es existiert – so sieht Platon seine Formen oder Ideen. – Es trägt vielleicht zum Verständnis der Ideenlehre bei, wenn wir sie mit gewissen religiösen Ansichten in Griechenland vergleichen. Wie in vielen primitiven Religionen sind zumindest einige der griechischen Götter nichts als idealisierte Stammväter oder Helden – Personifikationen der ›Tugend‹ oder ›Vollkommenheit‹ des Stammes.«[27]

Der beste oder ideale Staat als eine höhere Wirklichkeit, an welcher die verschiedenen, tatsächlich bestehenden, dem

Verfall ausgelieferten Staaten nur teilhaben können, ohne ihn je erreichen zu können; das Ideal eines vollkommenen Vaters, dessen Autorität und Vorbildcharakter außer frage steht; und die vergöttlichten Stammesväter einer geschlossenen Gesellschaft, die nicht dem Verfall unterliegen wie die gewöhnlichen Menschen: All diese Vergleiche zeigen, daß Poppers Attacke gegen Platons Ideenlehre nicht nur ein innerphilosophischer Schachzug war. Sie zielte gegen deren autoritären und totalisierenden Gehalt, den Popper nicht bereit war, anzuerkennen. Seine Stärke als Philosoph bestand gerade darin, daß er für sich die Freiheit in Anspruch nahm, an keine Autorität zu glauben und jede Idealisierung auf menschliches Maß zurechtzustutzen.

Auch die Ansicht, daß die Aufgabe der Wissenschaften darin besteht, die wahre Natur der Dinge zu beschreiben oder zu entdecken, ihre verborgene Wahrheit oder ihr eigentliches Wesen, galt Popper als Zeichen einer Charakterschwäche. Hier sehnte sich jemand nach einer höheren Erkenntnis, weil er nicht stark genug war, sich mit der Einsicht zufrieden zu geben: Es sind immer nur Vermutungen, Interpretationen und Hypothesen, mit denen wir der Wirklichkeit näherzukommen versuchen.

Platons Ideenlehre war, Poppers Lesart zufolge, die Apologie eines totalitären Denkens, das durch intellektuellen Größenwahn beherrscht wird. Und Platons idealer Philosoph, der die ewigen und göttlichen Ideen zu schauen vermochte, war kein bescheidener Sucher nach der Wahrheit, der, wie Sokrates, wußte, wie wenig er wußte. Platon inthronisierte ihn als stolzen Besitzer der Wahrheit und »totalitären Halbgott«[28], fast allwissend und allmächtig. »Seit Platon ist der Größenwahn die am meisten verbreitete Berufskrankheit der Philosophen.«[29]

Auch der philosophiegeschichtliche Hintergrund des »Universalienproblems«, das in der *Logik der Forschung* erwähnt wird, begann Popper erst im neuseeländischen Exil zu interessieren. Der von Platon entzündete Dauerbrenner der europäischen Philosophiegeschichte forderte ihn heraus, seine eigene Stellung im immer noch ungeschlichteten Widerstreit zwischen »Universalien-Realisten« und »Nominalisten« zu klären. Welchen Stellenwert wollte er den Allgemeinbegriffen geben, »die nicht bestimmten Erlebnissen zugeordnet werden können«?

Auf der einen Seite stehen die Universalien-Realisten, die mit Platon darauf bestehen, daß allgemeine Begriffe sich auf etwas beziehen, das es auch wirklich gibt, in einer Welt abstrakter Wesenheiten oder Ideen. Die Bezeichnung ähnlicher oder gleicher Dinge als »Glas Wasser« ist nicht nur ein praktischer Notbehelf, sondern verweist neben den Einzelvorkommnissen auf einen real existierenden Typus. Der Universalien-Realist setzt voraus, daß die Welt selbst durch eine Wiederkehr des Gleichen bestimmt ist, durch eine ideale, allgemeine Beschaffenheit, die wir mit unseren sprachlichen Prädikaten nachzeichnen. Allgemeine Zeichen werden von ihm als Abbilder verstanden, die auf ideale Vorbilder oder Originale verweisen.

Auf der anderen Seite stehen die sogenannten Nominalisten. Sie erkennen nur das als gegeben, präsent oder seiend an, was in einer Welt des Konkreten sinnlich erfahrbar ist. Der Nominalist sieht in dem, was der Universalien-Realist als eine ideale, abstrakte Eigenschaft der wahren Welt begreift, allein eine Leistung der Sprache, der »*nomen*«. Die Welt selbst ist ohne den sprachlichen Zugriff ungegliedert. Erst durch sprachliche Klassifikation und begriffliche Unterscheidung gewinnt sie für uns ihre Struktur. Nur der sprachbegabte Mensch rechnet das Neue, sofern es Altem ähnlich ist oder ihm gleicht, zusammen in die Einheit der Form.

Schon als Pädagogikstudent, der sich mit den Schwierigkeiten der Wissensvermittlung beschäftigte und gegen das induktivistische Kübelmodell des Geistes sein Scheinwerfermodell entwickelte, hat Popper geahnt, daß es sich beim Universalienstreit nicht nur um ein sprachtheoretisches Problem handelte: »Daß es im Grunde um das Problem geht, wie wir auf biologisch ähnliche Situationen ähnlich reagieren können. Da alle (oder fast alle) Reaktionen, biologisch gesehen, einen antizipatorischen Wert haben, so kommen wir zu dem Problem der Antizipation oder der Erwartung; und mit diesem Problem kommen wir zu dem der Anpassung an Regelmäßigkeiten oder an Gesetzmäßigkeiten.«[30]

»Hier steht ein Glas Wasser.« Popper hat mit guten Gründen darauf hingewiesen, daß eine solche Aussage weit über das hinausgeht, was wir aufgrund unmittelbarer Erlebnisse sicher wissen können, weil in ihr Universalien vorkommen. Aber er hat diese Transzendenz nicht platonistisch konzipiert. Popper war kein Universalien-Realist (oder, wie er später lieber sagte: kein »Essentialist«), der nach der Idee, dem Wesen oder der wahren Natur von wahrnehmbaren Dingen und Substanzen wie »Glas« oder »Wasser« fragte. Der platonische Drang, ideale Wesenheiten zu enthüllen, war ihm fremd. Er hielt ihn für das Symptom eines intellektuellen Größenwahns, der sich nicht mit dem Vermutungswissen zufriedengeben kann, das dem Menschen allein verfügbar ist. Aber Popper hat auch den klassischen Nominalismus niemals akzeptiert. Für ihn bestand die Welt nicht nur aus einem Sammelsurium zersplitterter Individualitäten. Die Welt, die der Fall ist, ist durchzogen von »Regelmäßigkeiten«. Nur deshalb kann sich der Mensch ihr anpassen und begründet erwarten, was ihm zustoßen kann. Universalien wie »Glas« und »Wasser« halten Ähnlichkeiten fest, auf die wir in ähnlichen Situationen ähnlich reagieren.

Wenn Popper seine eigene Position bestimmte, die er gegenüber Universalien einnahm, dann hat er sich am liebsten als »methodologischer Nominalist« zu erkennen gegeben; als Nominalist, weil er nicht an die platonischen Ideen glaubte, und als Methodologe, weil er von einer »Logik der Forschung« überzeugt war. Denn er vertraute auf die wissenschaftliche Methode, empirisch gehaltvolle Hypothesen über das gesetzmäßige Verhalten von Dingen aufstellen und diese an Einzelfällen überprüfen zu können: »Der methodologische Nominalismus stellt sich nicht die Aufgabe, die wahre Natur eines Dinges ausfindig zu machen und zu definieren; es ist vielmehr sein Ziel, das Verhalten eines Dinges unter verschiedenen Umständen zu beschreiben und insbesondere anzugeben, ob dieses Verhalten irgendwelche Regelmäßigkeiten aufweist. Mit anderen Worten: der methodologische Nominalismus sieht das Ziel der Wissenschaft in der Beschreibung der Gegenstände und Ereignisse unserer Erfahrung und in einer ›Erklärung‹ dieser Ereignisse, das heißt in ihrer Beschreibung mit Hilfe universeller Gesetze. Unsere Sprache und insbesondere diejenigen ihrer Regeln, die wohlkonstruierte Sätze und Schlüsse von einer bloßen Anhäufung von Worten unterscheiden, sind für ihn das großartige Instrument wissenschaftlicher Beschreibung; die Worte hält er für Hilfswerkzeuge zur Durchführung dieser Aufgabe und nicht für Namen von Wesenheiten.‹[31]

Als methodologischer Nominalist hat Popper jene Form des Fragens zurückgewiesen, die Sokrates, Platon und Aristoteles entwickelt haben: Was ist das Wesen der Erkenntnis? Was ist das Wesen von Glas oder Wasser? Er glaubt nicht, daß eine gründliche Beantwortung solcher Fragen eine notwendige Voraussetzung wissenschaftlicher Forschung, oder gar deren Hauptaufgabe ist. Statt dessen fragte er: Wie wird wissenschaftliche Forschung praktiziert? Wie erkennen wir natürliche Gesetzmäßigkeiten? Wie verhält sich dieses Stück Materie? Wie reagiert es in der Nachbarschaft anderer Körper? Unter welchen Bedingungen können wir weitgehend sicher sein, ein Glas Wasser vor uns stehen zu haben und keine virtuelle Vorspiegelung? Und allen platonischen Wesensphilosophen, die ihm vorwarfen, er könne nie hoffen, »eine genaue Antwort auf irgendeine der ›wie‹-Fragen zu geben, solange er nicht die ›was‹-Frage beantwortet habe«, hat Popper gern entgegnet, »daß er den bescheidenen Grad von Genauigkeit, den er mit seinen Methoden erreichen kann, dem prätentiösen Wirrwarr bei weitem vorziehe, den sie mit den ihren erreicht hätten«[32]

KARL POPPER 209

Mit dieser erkenntnistheoretischen Überzeugung ist der Philosoph des Vermutungswissens berühmt geworden. Gegen das platonische Ideal eines »königlichen Philosophen«, der das Wesen der Dinge zu erkennen vermag, stellte Popper das Bild eines Menschen, dem nicht einmal eine Basisaussage wie »Hier steht ein Glas Wasser« als unumstößlich und gewiß gilt. Alles ist durchwebt von Vermutungen. Für diese philosophische Einsicht, für die er sein Leben lang stritt, wurde Popper vielfach ausgezeichnet. Er erhielt zahlreiche Orden und Ehrendoktorwürden. 1965 wurde er durch Königin Elisabeth II. in den Ritterstand erhoben, 1982 wurden ihm die Insignien eines »Companion of Honour« verliehen. Es besteht kein Zweifel, daß Sir Karl, C.H., mit seiner erkenntnistheoretischen Bescheidenheit zu den großen Philosophen des zwanzigsten Jahrhunderts gehört.

Unter einem Baum

Warum sich WALTER BENJAMIN *an
seinem vierzigsten Geburtstag nicht umgebracht
hat, sondern noch einmal von der Aura des
Lebens berühren ließ*

Das Mediale, das ist die Unmittelbarkeit aller geistigen Mitteilung, ist das Grundproblem der Sprachtheorie, und wenn man diese Unmittelbarkeit magisch nennen will, so ist das Urproblem der Sprache ihre Magie.[1]

Walter Benjamin

Im Sommer 1932, während Popper, Carnap, Feigl und ihre Frauen durch das Rhododendrondickicht die »Semantische Schnuppe« emporklettern und das Basisproblem diskutieren, welche Beziehung zwischen Allgemeinbegriffen und nur einmal gegebenen Erlebnissen besteht, wandert Walter Benjamin allein über die staubigen Felder Ibizas. Die Sonne steht sengend in seinem Rücken, während er ziellos den fast verwischten Pfaden folgt, ohne zu wissen, wohin sie ihn führen werden.

In dieser Situation, von der Benjamin in seiner Skizze *In der Sonne*[2] erzählt hat, sieht auch er sich mit dem Urproblem der Sprache konfrontiert. Er fragt nach den Namen der Dinge und Erscheinungen, zwischen denen er sich bewegt. Aber er will es nicht wissen, um einer »Logik der Forschung« eine Basis zu schaffen. Er ist nicht auf der Suche nach einem sicheren sprachlichen Fundament, auf dem ein Gebäude der wissenschaftlichen Erkenntnis aufgebaut werden kann. Auch der Gedanke, daß seine Gestaltwahrnehmungen von Baum und Feld, Hügel und Pfad nur Vermutungen sein könnten, weil sie durch den hypothetischen Charakter dispositionaler Universalbegriffe gesteuert werden, ist ihm fremd. Er kommt nicht auf die Idee, ein Urteil wie »Hier steht ein Baum« zu fällen, um dann nach seiner möglichen Bestätigung durch bestimmte Wahrnehmungserlebnisse zu fragen.

Walter Benjamin erlebt auratisch, worüber Karl Popper kritisch reflektiert. Und während der Wiener Wissenschaftslogiker dabei alles auf die Karte des Mittels setzt, weil er die

Sprache nur als ein rationales Instrument der Darstellung und Argumentation zu begreifen vermag, läßt sich der Berliner Literaturkritiker und Sprachästhet auf die »Unmittelbarkeit aller geistigen Mitteilung« ein, die die Welt ebenso betrifft wie die Sprache und das erkennende Subjekt.

Benjamin ist ein Magier der ästhetischen Urteilskraft, dem die Sprache nicht nur als ein Mittel zum Transport von Inhalten erscheint, sondern auch als ein Medium, in welchem sich dem Menschen das geistige Wesen der Wirklichkeit zu offenbaren vermag. Die Dinge will er nicht unter wissenschaftliche Gesetze zwingen, sondern auratisch wahrnehmen, um noch in der kleinsten Zelle angeschauter Wirklichkeit das Geheimnis der Welt zu entziffern. Unter einem Baum hat er die Magie der Sprache und die Aura der Dinge am intensivsten erlebt.

Auratisch = aurisch

Auf der Flucht

Um Benjamins Sprachidee und Weltsicht zu verdeutlichen, wollen wir ihm ein Stück auf seinem Weg folgen, zu jenem ibizenkischen Baum, unter den er sich legt, um in seinem Schatten einen Augenblick der Ruhe und der Sammlung zu finden. Alles, was Benjamin fühlte und dachte, was er als Glück erhoffte und als Wahrheit vernehmen wollte, ist in diesem »Denkbild« eines kurzen Schattens verdichtet, in dem das Urproblem der Sprache zugleich gedanklich reflektiert und ästhetisch gestaltet wird.

»*Der Baum und die Sprache*. Ich stieg eine Böschung hinan und legte mich unter einen Baum. Der Baum war eine Pappel oder eine Erle. Warum ich seine Gattung nicht behalten habe? Weil, während ich ins Laubwerk sah und seiner Bewegung folgte, mit einmal in mir die Sprache dergestalt von ihm ergriffen wurde, daß sie augenblicklich die uralte Vermählung mit dem Baum in meinem Beisein noch einmal vollzog.

Die Äste und mit ihnen auch der Wipfel wogen sich erwägend oder bogen sich ablehnend; die Zweige zeigten sich zuneigend oder hochfahrend; das Laub sträubte sich gegen einen rauhen Luftzug, erschauerte vor ihm oder kam ihm entgegen; der Stamm verfügte über seinen guten Grund, auf dem er fußte; und ein Blatt warf seinen Schatten auf das andre. Ein leiser Wind spielte zur Hochzeit auf und trug alsbald die schnell entsprungenen Kinder dieses Betts als Bilderrede unter alle Welt.«[3]

Dieses kurze Schattenstück, das 1933 in der *Kölnischen Zeitung* veröffentlicht wurde, beginnt nicht zufällig mit dem Personalpronomen der ersten Person Singular. Hier steht kein Baum als Anschauungsobjekt einer entsubjektivierten Erkenntnis oder als bloßes Beispiel zur Verdeutlichung eines allgemeinen erkenntnis- und sprachtheoretischen Problems. Hier spricht ein Ich von seiner einmaligen Wahrnehmung, in der die äußere Erfahrung eines konkreten Baums mit der inneren Vision einer poetisch-bildhaften Vermittlung von Welt und Sprache verschmilzt. Aber dieser Moment wird zugleich als ein Denkbild literarisiert, dessen Bedeutung das unmittelbare Erlebnis übersteigt, ohne sich jedoch von ihm zu lösen. Um diese Bedeutung zu verstehen, muß man sich zunächst Benjamins Situation Anfang der dreißiger Jahre vergegenwärtigen. Es war eine Lebensphase, in der es um alles ging.

In seiner *Geschichte einer Freundschaft* erinnert Gershom Scholem, der intimste Kenner des Lebens und Werks von Walter Benjamin, an den 15. Juli 1932, jenen denkwürdigen vierzigsten Geburtstag, an dem sich Benjamin im Hotel du Petit Parc in Nizza das Leben nehmen wollte. Wie es zu diesem Entschluß kam und warum Benjamin ihn dann doch nicht in die Tat umgesetzt hat, blieb für Scholem ein Rätsel. »Es war eine Klimax, eine plötzlich ausgebrochene und ebenso plötzlich überstandene Fieberkrise seines Lebens.«[4] Benjamin hat sich, Scholem zufolge, niemals und zu niemandem über seine Motive geäußert. Doch die Symptome sprechen dafür, daß es sich hier um mehr und anderes handelte als um ein rätselhaftes Fieber. Auch über den Grund, warum Benjamin sich nicht umgebracht hat, lassen sich Vermutungen anstellen. Eine soll hier zur Sprache kommen.

Nach seiner Scheidung von Dora, geborene Pollak, war Benjamin im Spätherbst 1930 in eine möblierte Wohnung gezogen, Prinzregentenstraße 66 in Berlin-Wilmersdorf. Er lebte improvisiert. Sein Arbeitszimmer besaß noch nicht einmal einen Schreibtisch. Und Benjamin fühlte sich nicht recht wohl zwischen den finsteren, zum Teil erborgten Möbeln, mit denen er seine Wohnung ausstatten mußte. Auch die Miete war zu hoch und setzte Benjamin ökonomisch unter erheblichen Druck. Das Geld, das er als Literaturkritiker und Essayist verdiente, reichte nur zum Nötigsten. Ohne Vermögen und ohne festes Einkommen befand er sich in einer Phase gesteigerten Existenzkampfes.

Benjamin war in Deutschland zwar weithin als Publizist bekannt, als Übersetzer großer Teile von Prousts *Auf der Suche nach der verlorenen Zeit* und von Baudelaires *Tableaux Parisiens*, als freier Mitarbeiter der *Frankfurter Zeitung* und der *Literarischen Welt*. Mit seinem großen Essay über Goethes *Wahlverwandtschaften* hatte er 1925 den Ruf eines hervorragenden Literaturkritikers erlangt. 1928 publizierte der Rowohlt-Verlag seinen Essayband *Einbahnstraße* und seine Untersuchung über den *Ursprung des deutschen Trauerspiels*, die ihn als einen der bedeutendsten Kunsttheoretiker der Epoche auswies.

Aber Benjamin war von einer tiefen Müdigkeit befallen. Er wollte nicht mehr an der ökonomischen Front kämpfen, um durch schlecht bezahltes Schreiben die materiellen Schwierigkeiten zu beheben, unter denen er litt. Seine Armut empfand er als ein Übel und die praktischen Arrangements zu seiner Überwindung als eine Ablenkung von den großen Werken, die er schreiben wollte. Zwar gab es – orientiert an den Kontingenzen eines grund- und ziellosen Lebens – Siege im kleinen. Aber ihnen entsprachen die Niederlagen im großen. Benjamin fühlte sich, wie er Scholem am 17. April 1931 schrieb, wie »ein Schiffsbrüchiger, der auf einem Wrack treibt, indem er auf die Spitze des Mastbaums klettert, der schon zermürbt ist. Aber er hat die Chance, von dort zu seiner Rettung ein Signal zu geben.«[5]

Auch die politische Lage in Deutschland erschien ihm hoffnungslos. Die Spannungen des politischen, gesellschaftlichen Lebensraums zogen ihn in einen Strudel von Unsicherheiten, aus denen er keinen Ausweg sah. Deutschlands erste Republik und Demokratie lag in Agonie. Die Wirtschaftsordnung hatte für ihn, wie er Scholem am 3. Oktober mitteilte, »soviel festen Grund wie die hohe See und die Notverordnungen überschneiden sich wie die Wellenkämme«.[6] Von der Massenarbeitslosigkeit profitierten vor allem die Nationalsozialisten, und Benjamins Annäherung an den historischen Materialismus und die Politik der KPD erwies sich zunehmend als unhaltbarer und zweideutiger Rettungsversuch. »Dich gefährdet das Verlangen nach Gemeinschaft, und sei es selbst der apokalyptischen der Revolution, mehr als das Grauen der Einsamkeit, das aus so manchen deiner Schriften spricht, und auf das ich freilich einen höheren Einsatz zu machen bereit bin als auf die Metaphorik, mit der du dich um deine Berufung betrügst«[7], schrieb ihm der Freund bereits am 6. Mai 1931, und Benjamin konnte nicht anders, als ihm recht zu geben. Über den Stellenwert seiner geistigen Arbeit in der proletarischen Politik und über die Dauer einer möglichen Parteizugehörigkeit zur KPD machte er sich keine Illusionen.

Hinzu kam, daß er die drei großen Liebesbeziehungen seines Lebens – Dora, mit der er 1917 bis 1930 verheiratet war, Asja Lacis und Jula Cohn – hinter sich hatte und glaubte, daß ihnen nichts mehr folgen konnte.

Eine seltsam gelassene Todessehnsucht hatte den »Schiffbrüchigen« ergriffen, verbunden mit dem Wunsch, die letzten Tage oder Wochen seines Lebens klug und menschenwürdig zu verbringen. Benjamin begann ein *Tagebuch vom siebten August neunzehnhunderteinunddreißig bis zum Todestag* zu verfassen, das er mit den Worten einleitete: »Sehr lang verspricht dieses Tagebuch nicht zu werden.« Unfähig, etwas zu unternehmen, lag er auf dem Sofa und versuchte zu lesen, wobei er oft am Ende der Seite in eine so tiefe Abwesenheit verfiel, daß er umzublättern vergaß, »meist mit meinem Plan beschäftigt, ob er unumgänglich sei, ob besser hier im Atelier oder im Hotel ins Werk zu setzen«[8].

1932 schien in Benjamins materieller Lage eine Besserung einzutreten. Goethes Todestag jährte sich zum hundertsten Mal und die »merkantile Konjunktur des Goethejahrs«[9] gab auch ihm etliche hundert Mark zu verdienen. In dieser Situation hörte er von Ibiza, der spanischen Baleareninsel, die damals noch ein Geheimtip und nur von wenigen Touristen besucht war. Abrupt entschloß er sich, den Sommer dort zu verbringen, weitab vom Weltverkehr in großer Einsamkeit und äußerst sparsam mit dem Geld haushaltend, das er verdient hatte. »Aus der zuletzt über alle Begriffe anspannenden berliner Erwerbs- und Verhandlungsschmach zu entrinnen, war dies jedenfalls die einzige Gelegenheit.«[10]

Am 7. April 1932 besteigt Benjamin an den Hamburger Landungsbrücken den Frachtdampfer Catania, der ihn in elftägiger, anfangs sehr stürmischer Fahrt bis Barcelona bringt, von wo er mit einem Postdampfer nach Ibiza gelangt. Sofort nimmt ihn die archaische Landschaft gefangen, die zu den sprödesten, unberührtesten gehört, die er je gesehen hat. Ohne jeden Komfort lebt er bis Ende Juli in einem steinernen Bauernhaus in der Bucht von San Antonio. Er führt ein Leben, »wie die Hundertjährigen es als ein Geheimnis den Reportern anvertrauen: aufstehn um sieben Uhr und im Meer baden, wo weit und breit kein Mensch am Ufer zu sehen ist und allenfalls nur in der Höhe meiner Stirn ein Segler am Horizont, darauf, gegen einen gefügigen Stamm im Walde gelehnt, ein Sonnenbad.«[11]

Doch der Aufenthalt in Ibiza ist von Anfang an überschattet. Seine Berliner Wohnung hat Benjamin an einen Mann vermietet, der sich schon bald als Hochstapler entpuppt, hinter dem die Polizei her ist. Jetzt muß Benjamin die Miete für die leerstehende Wohnung selbst aufbringen, was seine finanzielle Situation sehr erschwert. Hinzu kommt eine unglückliche Liebesgeschichte. Denn im Juni besucht ihn die attraktive und lebhafte Deutschrussin Olga Parem. Sie verbringen einige sehr schöne gemeinsame Tage, und Benjamin macht ihr unerwarteterweise einen Heiratsantrag. Aber sie lehnt ab. Vermutlich sieht sie in dem Antrag den verzweifelten Versuch Benjamins, aus seiner Depression und prekären Lebenssituation zu flüchten.

Benjamin befindet sich in einer hoffnungslosen Situation. Seinen vierzigsten Geburtstag will er, wie er Scholem mitteilt, in Nizza mit einem skurrilen Burschen verbringen, dem er bei seinen Kreuz- und Querzügen schon öfters begegnet sei, »und den ich zu einem Glase Festwein einladen werde, wenn ich das Alleinsein nicht vorziehen sollte«[12] Beunruhigt vermutet der Freund, daß es sich bei diesem geheimnisvollen Gefährten um den Tod handelt und daß mit dem Glas Wein der Schierlingsbecher gemeint ist, den Benjamin, die Selbstmordpläne des Vorjahrs wieder aufnehmend, am 14. Juli im Hotel du Petit Parc in Nizza leeren will.

Doch es kommt anders. Denn einige Tage vor seinem Geburtstag entschließt sich Benjamin zu einer langen einsamen Wanderung über die staubigen Felder Ibizas, die alles verändern wird. Es ist heiß. Schweiß rinnt ihm von der Stirn, und das Hemd bietet nur einen dürftigen Schutz vor der Sonnenhitze des Mittags. Der große Leib des Gehenden versucht den leichten Windhauch einzusaugen, der ein wenig Kühlung verspricht. So gelangt Benjamin schließlich zu jenem Baum, unter dem er einen magischen Moment erlebt, in dem alles unbedeutend wird, was ihn bedrängt und ängstigt. Es ist die Aura des Lebens selbst, die ihn gefangen nimmt. In seinem kurzen Schattenstück *Der Baum und die Sprache* hat er diese Erfahrung literarisiert.

Was ist eigentlich Aura?

Um die existenzielle und metaphysische Bedeutung dieses poetischen Augenblicks ermessen zu können, hilft ein Blick in jenes autobiographische Prosastück, das Benjamin kurz vor seinem vierzigsten Geburtstag als eine Erinnerung an die Geliebte Jula Cohn geschrieben hat. *In der Sonne* bringt die Bäume zum Sprechen, die als einzige in der Sonnenhitze des Mittags zu leben scheinen. Es ist der Zweig einer vereinzelt stehenden Weide, der den Vorübergehenden berührt und eine Erinnerung an die verlorene Jula wachruft: »Der Tag, da er mit einem Baum gefühlt, kommt ihm in den Sinn. Damals bedurfte es nur derer, die er liebte – sie stand, um ihn recht unbekümmert, auf dem Rasen – und seiner Trauer oder seiner Müdigkeit. Da lehnte er den Rücken gegen einen Stamm, und nun nahm der sein Fühlen in die Lehre. Er lernte mit ihm, wenn er zu schwanken anfing, Luft zu schöpfen und auszuatmen, wenn der Baum zurückschwang.«[13]

Unwillkürlich ist die Berührung durch den Weidenzweig, der die Erinnerung an einen anderen Ort und eine andere Zeit evoziert. Da stand Jula, die er liebte. Aber einen noch stärkeren Eindruck als die Frau hinterließ der Baum, mit dem er sich eins zu fühlen begann. Es war das Konzept der Aura, das an ihm erlebbar wurde, und das jetzt, als Benjamin vom Zweig einer Weide berührt wird, wieder lebendig wird.

Die Erfahrung der Aura spielt in Benjamins Leben und Werk eine Schlüsselrolle. Die »Anlehnung« an den Stamm, die »mediale« Verbindung zwischen schwankendem Baum und mitschwingendem Menschen, der hohe Grad projektiver »Einfühlung«: Immer ist es ein einmaliges Erlebnis, das sich der abstrakten Kategorisierung oder der technisch-experimentellen Reproduzierbarkeit entzieht und einen konkreten Anlaß braucht, sei es die Müdigkeit oder die Liebe, die Trauer oder die Sehnsucht, das im Zentrum seiner Aufmerksamkeit steht.

»Was ist eigentlich Aura?« Zum ersten Mal hat Benjamin diese Frage 1931 in seinem Aufsatz *Kleine Geschichte der Photographie* zu beantworten versucht. Gegen die Wiederholung des Gleichartigen, die sich am Massengeschmack orientiert, beschwört er die Einmaligkeit, die nur der Einzelne erleben kann: »Ein sonderbares Gespinst von Raum und Zeit: einmalige Erscheinung einer Ferne, so nah sie sein mag. An einem Sommermittag ruhend einem Gebirgszug am Horizont oder einem Zweig folgen, der seinen Schatten auf den Betrachter wirft, bis der Augenblick oder die Stunde Teil an ihrer Erscheinung hat – das heißt die Aura dieser Berge, dieses Zweiges atmen.«[14]

Benjamin ist ein Künstler magisch-auratischer Wahrnehmung, die er wiederholt am Schattenwurf eines Zweiges verdeutlicht. Die räumlichen Dinge werden in den Zeithorizont des Augenblicks gestellt. Der Mensch folgt »ruhend«, ohne willentliche Anstrengung, den nahen und fernen Dingen, die von selbst wie Schatten auf ihn fallen. Die Welt ist nicht alles, was der Fall ist, sondern eine unbegrenzbare Fülle einmaliger Erscheinungen, die dem Subjekt zufallen und es in ihren auratischen Bann ziehen können. Hier ist kein entpersönlichtes Erkenntnissubjekt am Werk, das die Tatsachen der Welt unter Allgemeinbegriffe oder theoretische Urteile subsumieren will. Statt dessen öffnet sich intentionslos ein einzelner Mensch den Dingen, die ihn »berühren«. Die Aura der Berge und Zweige kann nicht erkannt, sondern nur »geatmet« werden wie das *Pneuma*, das in der theologischen Tradition als Hauch, Atem und göttlicher Geist imaginiert worden ist und etymologisch »Leben« meint.

Benjamin hat diesen theologischen Bedeutungsgehalt der Aura nicht verheimlicht, der auch in seiner Vorstellung des »Mediums«, das heißt »der Unmittelbarkeit aller geistigen Mitteilung«, mitschwingt. Aber erlebt hat er die Aura auf profane Weise. Es waren vor allem die Rauscherfahrungen des Haschisch-Essers, die ihn zum ersten Mal die Aura von Menschen und Dingen wahrnehmen ließen. Gemeinsam mit Bekannten und unter Aufsicht befreundeter Ärzte hatte er 1927 mit Haschisch zu experimentieren begonnen. Er wollte nicht in den gefährlichen Bannkreis einer berauschten Sucht geraten. Ihn interessierte die rauschhafte Aufhebung der Grenze zwischen Subjekt und Objekt, zwischen innerer Vision und äußerer Erscheinungswelt.

Bereits in seiner ersten Haschisch-Impression, aufgeschrieben am 18. Oktober 1927, 3 1/2 Uhr früh, hat er von einem beglückenden Kontinuitätsgefühl gesprochen, das die Angst, in den Abgrund zwischen Ich und Welt zu stürzen, verschwinden ließ. »Unbegrenztes Wohlwollen. Versagen der zwangsneurotischen Angstkomplexe. Der schöne ›Charakter‹ tut sich auf. Alle Anwesenden irisieren ins Komische. Zugleich durchdringt man sich mit ihrer Aura.«[15] Was sich im Rausch auftut, ist eine »Offenbarung«, der das empfindsame Subjekt gerecht wird, indem es sich unmittelbar von der Aura der Dinge berühren läßt. Auch auf Ibiza hat Benjamin Haschisch gegessen. Im Brief vom 26. Juli 1932 an Gershom Scholem, in dem er von seinem Scheitern und seiner todessehnsüchtigen Hoffnungslosigkeit schreibt, von seinen »Niederlagen im Großen« und seinen »Siegen im Kleinen«, teilt er dem Freund mit, daß er »ein höchst bedeutsames Buch über Haschisch« schreiben will, von dem niemand weiß und das »vorläufig unter uns bleiben«[16] soll. Vielleicht wollte er in diesem Buch ausführen, was er bereits Anfang März 1930 über den intimen Zusammenhang zwischen rauschhaften Erlebnissen (»*crocks*«) und dem Wesen der Aura notiert hatte: »Erstens erscheint die echte Aura an allen Dingen. Nicht nur an bestimmten, wie die Leute sich einbilden. Zweitens ändert sich die Aura durchaus und von Grund auf mit jeder Bewegung, die das Ding macht, dessen Aura sie ist. Drittens kann die echte Aura auf keine Weise als der geleckte spiritualistische Strahlenzauber gedacht werden, als den die vulgären mystischen Bücher sie abbilden und beschreiben.«[17]

Wenn die Aura an allen Dingen erscheinen kann, dann auch an den sprachlichen Ausdrucksformen. Von einer solchen Spracherfahrung zeugt das Protokoll eines leichten und freundlichen Haschischrauschs am 18. April 1931, in dem Benjamin nicht nur eine große Zärtlichkeit für die Dinge, sondern auch für die Wörter empfindet. Es erlebt »eine Art der Verflüchtigung der Vorstellungen in Wortaromen«[18]. Die Aufmerksamkeit verlagert sich, sprachtheoretisch formuliert, von der Inhaltsseite der Sprache auf ihre Ausdrucksgestalt.

Die Qualität der Wörter und Sätze erschöpft sich nicht darin, verbale Inhalte (Vorstellungen) darzustellen. Die Materialität des Ausdrucks drängt sich in den Vordergrund und wird als solche wahrgenommen. Nicht was »durch« die Sprache dargestellt wird, sondern was sich »in« ihrem Lautbild, Tonfall oder Rhythmus mitteilt, erlebt Benjamin auratisch. Der verbale Inhalt verflüchtigt sich und die Wörter strömen ein spezifisches Aroma aus, für das der Rausch die Sinne geöffnet hat. Es geschieht, was von den Surrealisten imaginiert worden ist, über deren ästhetische Leistung Benjamin 1929 einen erhellenden Aufsatz geschrieben hat. Wie eine inspirierende Traumwelle war der Surrealismus über seine Stifter hereingebrochen und hatte die Sprache selbst bis zu einer Schwelle getrieben, »wo Laut und Bild und Bild und Laut mit automatischer Exaktheit derart glücklich ineinandergriffen, daß für den Groschen ›Sinn‹ kein Spalt mehr übrigblieb. Bild und Sprache haben den Vortritt.«[19]

Der Baum und die Sprache

Es ist heiß an diesem Julitag 1932, als Benjamin in der sengenden Mittagssonne über die Felder von Ibiza wandert. Das Gehen fällt ihm schwer. Nur ein Baum verspricht ein wenig Schatten und Ruhe. »*Ich stieg eine Böschung hinan und legte mich unter einen Baum. Der Baum war eine Pappel oder eine Erle.*« Warum kann Benjamin sich an seine Gattung nicht erinnern? Weil er nicht daran interessiert ist, ihn naturkundlich zu klassifizieren. Er will ihn nicht begrifflich fixieren, sondern nur ruhen und den Schatten genießen.

Die Begründung, die Benjamin nachträglich selbst anführt, um sein Vergessen zu rechtfertigen, besitzt jedoch eine tiefere Bedeutung. Es ist das Erlebnis der Aura des Baums, durch das die begriffliche Identifikation sich verflüchtigt. Ohne daß er es will, geschieht augenblicklich eine Vermählung des Gesehenen mit seinem sprachlichen Ausdruck, wobei weder das Ich noch der verbale Inhalt von »Pappel« oder »Erle« eine entscheidende Rolle spielen. Der theoretische Gattungsname ist unbedeutend geworden, »*weil, während ich ins Laubwerk sah und seiner Bewegung folgte, mit einmal in mir die Sprache dergestalt von ihm ergriffen wurde, daß sie augenblicklich die uralte Vermählung mit dem Baum in meinem Beisein noch einmal vollzog*«.

Es beginnt mit einem Blick. Benjamin folgt den Bewegungen des Laubs im leichten Wind. Er fixiert nicht, was er sieht, sondern gleicht seinen Blick dem Gesehenen an. Mit seinen Augen »atmet er die Aura« der Zweige und des Laubs. Und in dieser Gedankenlosigkeit wird er zum Medium einer Erfahrung, die ihn augenblicklich überfällt. Nicht »durch« ihn, sondern »in« ihm wird die Sprache vom Baum ergriffen. Es ist nicht seine individualisierte Sprache, um die es hier geht. Es ist die Sprache des Menschen überhaupt, die von der Natur wie eine Geliebte dazu verführt wird, noch einmal ihre uralte Vermählung zu vollziehen im Beisein eines ruhenden Zuschauers.

Dieses rauschartige Erlebnis, das kein Haschisch benötigt, kann nur augenblicklich stattfinden. Blitzartig, »*mit einmal*«, kommt etwas im Blick zur Erscheinung. Es wird in einem glücklichen Moment erfahren, der, wie jede auratische Erfahrung, nur einmalig sein kann. Zwar vollzieht sich jetzt »*noch einmal*«, was schon in uralten Zeiten geschah. In der Präsenz ist Erinnerung am Werk. Aber es ist dennoch einmalig; denn es ist nicht von Dauer, nicht beliebig reproduzierbar und hängt nicht ab vom bewußten Willen des Subjekts.

Was ist das für eine »*uralte Vermählung*«, die jetzt noch einmal vollzogen wird, in diesem Augenblick der Sammlung, in dem Benjamin sich ganz der Aura des Baums öffnet und überläßt? Benjamin hatte die Aura als eine »einmalige Erscheinung einer Ferne, so nah sie sein mag« bestimmt. Das scheint, beim ersten Lesen, paradox, als wäre das räumlich Nahe zugleich das räumlich Ferne. Aber so ist es nicht gemeint. Im »Gespinst von Raum und Zeit« ist die Ferne, die an dem nahen Gegenstand erscheint, eine zeitliche Distanz. Was im Juli 1932 unter diesem ibizenkischen Baum miterlebt wird, ist zugleich die Vergegenwärtigung eines Zustands, der weit zurück liegt. Es ist die rauschhafte Evokation einer Zeit, in der zwischen Sprache und Welt noch eine unmittelbare Verbindung bestand.

Daß Benjamin diese Unmittelbarkeit, die er als »Urproblem der Sprache« und als »Grundproblem der Sprachtheorie« begriff, wiederholt an einem Baum vergegenwärtigt hat, von dem er lernt, zu fühlen und zu leben, liefert einen Hinweis, wo und wann diese Vermählung einst stattgefunden haben soll. Denn es handelt sich bei diesem kleinen Prosastück ja nicht nur um die Beschreibung einer persönlichen Erfahrung. Seine philosophische Tiefe gewinnt es im Kontext einer Tradition, auf die Benjamin sich bezieht. »Baum« ist kein abstrakter Universalbegriff, um zu bezeichnen, was jetzt gesehen oder erkannt wird. Es ist ein Wort, dessen Bedeutungsgehalt geistesgeschichtlich vorgeprägt ist und in diesem einmaligen Spracherlebnis seine Spuren hinterlassen hat.

Rückblende: Begegnung mit der Mystik

Um diese Spuren lesen zu können, muß man auf Benjamins Berliner Studienzeit zurückblicken. Als vierundzwanzigjähriger Student der Philosophie war er 1916 durch Scholem, der sich schon damals mit jüdischer Mystik beschäftigte, angeregt worden, das Wesen der Sprache zu begreifen, und zwar, wie er am 11. November 1916 schrieb, »soweit ich es verstehe: in immanenter Beziehung auf das Judentum und mit Beziehung auf die ersten Kapitel der Genesis«.[20] Seine Antwort wollte er dem Freund zunächst brieflich mitteilen. Aber um den Gegenstand genauer zu fassen, entschloß er sich zu einer Abhandlung. So entstand Benjamins erster sprachphilosophischer Traktat *Über Sprache überhaupt und über die Sprache des Menschen*, eine Art Selbstverständigung seiner eigenen Sprachidee im Kontext jüdisch-mystischen Sprachendenkens.

Es ist nicht der Baum der Erkenntnis des Guten und des Bösen, sondern der Baum des Lebens, den Gott mitten im Garten Eden aufwachsen ließ, der in der ibizenkischen Erfahrung zu Wort kam. Dieser Baum des Lebens, der den eigentlich utopischen Gehalt der jüdischen Mystik darstellt, symbolisiert eine Einheit, in der weder das Gute vom Bösen, das Reine vom Unreinen, das Wahre vom Falschen, das Sprachliche vom Dinglichen, noch das Geistige vom Körperlichen, das Wesen von der Erscheinung getrennt waren. An dieser Einheit orientierte sich Benjamins Sprachidee, die auf eine »reine Sprache« zielte, in der sich das sprachliche Wesen der Dinge dem Menschen unmittelbar mitzuteilen vermag. Indem der paradiesische Mensch den Dingen der Schöpfung ihren Namen gab, löste er die Aufgabe, die ihm zugeschrieben war. »Unlösbar wäre sie, wären nicht die Namensprache des Menschen und die namenlose der Dinge in Gott verwandt, entlassen aus demselben schaffenden Wort, das in den Dingen Mitteilung der Materie in magischer Gemeinschaft, im Menschen Sprache des Erkennens und Namens in seligem Geiste geworden wäre.[21]

Das Essen vom Baum der Erkenntnis wurde mit der Vertreibung aus dem Paradies bestraft. Die reinen adamitischen Namen sind verschüttet von den vielfältigen Begriffen der unterschiedlichen Sprachen, die in keinem unmittelbaren Zusammenhang mit den Dingen stehen, die sie bezeichnen.

»Der Sündenfall ist die Geburtsstunde des menschlichen Wortes, in dem der Name nicht mehr unverletzt lebte, das aus der Namensprache, der erkennenden, man darf sagen: der immanenten eigenen Magie heraustrat, um ausdrücklich, von außen gleichsam, magisch zu werden. Das Wort soll etwas mitteilen (außer sich selbst). Das ist wirklich der Sündenfall des Sprachgeistes.«[22]

Daß Benjamin sechzehn Jahre später die Gattung des Baumes nicht behalten hat, in dessen Beisein er die uralte Vermählung von Baum und Sprache noch einmal miterlebt hat, ist deshalb kein Zeichen eines unzuverlässigen Gedächtnisses. Es soll zeigen, daß allein der Verzicht auf das »richtende Wort« eines klassifikatorischen Urteils vom paradiesischen Zustand zu träumen ermöglicht. Denn das richtende Wort, von der Schlange souffliert beim Essen vom Baum der Erkenntnis, ist es gewesen, das die Vertreibung aus dem Garten Eden provoziert hat. Der Wesenszusammenhang der Sprache ist dabei, Benjamin zufolge, in dreifacher Hinsicht durch den Sündenfall bestimmt: »Indem der Mensch aus der einen Sprache des Namens heraustritt, macht er die Sprache zum Mittel (nämlich einer ihm unangemessenen Erkenntnis), damit auch an einem Teile jedenfalls zum bloßen Zeichen; und das hat später die Mehrheit der Sprachen zur Folge. Die zweite Bedeutung ist, daß nun aus dem Sündenfall als die Restitution der in ihm verletzten Unmittelbarkeit des Namens eine neue, die Magie des Urteils, sich erhebt, die nicht mehr selig in sich ruht. Die dritte Bedeutung, deren Vermutung sich vielleicht wagen läßt, wäre, daß auch der Ursprung der Abstraktion als eines Vermögens des Sprachgeistes im Sündenfall zu suchen sei.«[23] Die Seligkeit des paradiesischen Zustands ist verloren gegangen. Bloßes Zeichen, Urteilslogik und begriffliche Abstraktion sind an die Stelle eines adamitischen Sprachgeistes getreten, der den Dingen nahe war und sie bei ihrem Namen nannte.

Benjamin hat 1916 diese unselige Dreifaltigkeit als »bürgerliche Auffassung der Sprache« charakterisiert. Sie sieht in der Sprache nur ein Mittel zur Darstellung, wobei »das Wort zur Sache sich zufällig verhalte«.[24] Der Zeichencharakter sei durch irgendwelche Konventionen festgelegt worden, die den Bezug zwischen Zeichen und Bezeichnetem regeln. Benjamin nannte keinen Namen, der für diese, ihm zufolge, völlig »unhaltbare« und »leere« bürgerliche Sprachkonzeption hätte bürgen können. Aber bemerkenswert in dieser Hinsicht ist eine eigenartige Synchronizität. Denn ebenfalls 1916 erschien in Lausanne und Paris der *Cours de linguistique générale* des Genfer Sprachwissenschaftlers Ferdinand de Saussure, der zum epochalen Gründungstext der modernen Linguistik und Semiotik avancierte. Es gibt keine Indizien, daß Benjamin dieses Buch zur Kenntnis genommen hat. Aber alles, wogegen er ankämpfte, hätte in diesem Versuch, die *Grundfragen der allgemeinen Sprachwissenschaft* zu beantworten, den Widersacher finden können. Und wieder war es ein Baum, an dem auch Saussure seine Überlegungen zur Natur des sprachlichen Zeichens erläutert hat.

»Das sprachliche Zeichen vereinigt in sich nicht einen Namen und eine Sache, sondern eine Vorstellung und ein Lautbild.«[25] Das war Saussures Ausgangspunkt. Die Sprache ist keine »Nomenklatur«, kein Namensverzeichnis, bei dem auf der einen Seite Bäume stehen und auf der anderen Seite das Wort »Baum«. Im Zeichen »Baum« verbindet sich statt dessen eine abstrakte Vorstellung aller möglichen Bäume mit einem allgemeinen Lautbild, das als ein identisches Muster hinter den vielfältigen Aussprachevarianten dieses Wortes steht. Welche Beziehung besteht zwischen bezeichnendem Lautbild und bezeichneter Vorstellung? Saussures Antwort war definitiv und konnte, ihm zufolge, von niemand ernsthaft bestritten werden: »Das Band, welches das Bezeichnete mit der Bezeichnung verknüpft, ist beliebig.«[26] Es ist »arbiträr«, ganz und gar unmotiviert, vollständig relativ. Nicht nur besteht zwischen den Namen und den Dingen keinerlei natürliche Zusammengehörigkeit. Selbst die psychische Verbindung zwischen der Vorstellung »Baum« und dem entsprechenden

Lautbild ist eine willkürliche Zeichenrelation, auf die man sich konventionell geeinigt hat.

Benjamin wußte, daß diese bürgerliche Sprachauffassung wissenschaftlich nicht zu widerlegen war. Wer die Früchte vom Baum der Erkenntnis gegessen hat, muß die Sprache als System arbiträrer Darstellungsmittel verobjektivieren. Er selbst war jedoch Zeit seines Lebens auf der Suche nach einer anderen Spracherfahrung, die sich von dieser Erkenntnis nicht völlig in den Bann ziehen ließ. Benjamin hoffte, noch einmal etwas vom Baum des Lebens fühlen zu können und unter seinen Zweigen wie ein neuer Adam die Namen der Dinge zu empfangen. Auf eine »mystische Sprachtheorie«, der das Wort schlechthin als Wesen der Sache gilt, konnte er sich dabei nicht berufen. So sehr ihm die bürgerliche Ansicht der Sprache als »leer« erschien, so sehr durchschaute er ihre mystische Alternative als »unrichtig«.[27] Es gibt keinen Weg zurück ins Paradies. Denn vor dem Garten Eden, so lautet die jüdische Überlieferung, lagern »die Cherubim mit dem flammenden, blitzenden Schwert, zu bewachen den Weg zu dem Baum des Lebens«.[28]

Es gab nur eine Möglichkeit. Es mußte ein Weg gefunden werden, um wenigstens in glücklichen Augenblicken an den weltlichen Dingen und sprachlichen Zeichen etwas von jener Unmittelbarkeit nacherleben zu können, die vor dem Sündenfall des Sprachgeistes bestanden hat. Dieser Wunsch erhellt, warum Benjamin die Aura der Dinge und Wörter beschwor, mit Hilfe des Haschisch-crocks die Grenzen zwischen Ich, Welt und Sprache aufzuheben versuchte, warum er die Traumsprache der Surrealisten bewunderte und warum er erotische Metaphern wie »Zärtlichkeit«, »Berührung«, »Durchdringung«, »Vermählung«, »Hochzeit«, »Liebesglück« verwendete.

»Ich legte mich unter einen Baum.« Noch einmal, verzweifelt, einsam und entschlossen, seinem Leben ein Ende zu machen, hat Benjamin im Juli 1932 dieses kleine Glück erlebt. Der Lebensbaum des Paradieses warf einen kurzen Schatten

auf den Ruhenden. Und statt den Baum klassifikatorisch zu benennen oder sprachlich darzustellen, was er sah, poetisierte Benjamin die bloße Zeichensprache des Alltags. Er atmete das »Aroma« der Wörter, achtete auf ihren Klang, hörte auf ihre verborgenen semantischen Beziehungen und rhythmisierte ihre syntaktischen Verkettungsmöglichkeiten. *»Die Äste und mit ihnen auch die Wipfel wogen sich erwägend oder bogen sich ablehnend; die Zweige zeigten sich zuneigend oder hochfahrend; das Laub sträubte sich gegen einen rauhen Luftzug, erschauerte vor ihm oder kam ihm entgegen; der Stamm verfügte über seinen guten Grund, auf dem er fußte; und ein Blatt warf seinen Schatten auf das andere.«*

Es war die magische Kraft des poetischen Sprachgebrauchs, die hier wirksam war. Sie äußerte sich nicht in einer ganz anderen, mystischen Sprachgestalt. Sie konnte nur an den Zeichen und Zeichenverkettungen der gewöhnlichen Sprache zur Erscheinung kommen. Sie brauchte die verbalen Inhalte und darstellenden Mittel der profanen Mitteilungssprache als ihren Fundus, aus dem sie schöpfen konnte. Benjamin war kein Okkultist oder Esoteriker, der in den Worten einen rätselhaften Sinn zu dechiffrieren versuchte. Er war kein kabbalistischer Mystiker, der in ihnen die reinen Namen Gottes zu finden hoffte. Seine auratische Erfahrung blieb ganz und gar dem alltäglichen Sprachgebrauch verhaftet. Die magische Unmittelbarkeit war nicht direkt zu gewinnen und lief auch nicht beziehungslos neben dem semiotischen Vermittlungscharakter arbiträrer Zeichen. Sie konnte allein durch eine poetische Verfahrensweise zur Erscheinung kommen und gezeigt werden.

Die poetische »Vermählung« fand auf allen Ebenen der Sprache statt: phonologisch, syntaktisch und semantisch. So wurde erzeugt, was die linguistische Poetik als »Überstrukturiertheit« aufgezeigt und reflektiert hat. Sprachliche Ähnlichkeiten und Gleichheiten werden im Text selbst manifest und verleihen ihm einen poetischen Mehrwert, der an verstärkten Merkmalen der Geordnetheit wahrnehmbar ist.

Klangliche Ähnlichkeiten zwischen den einzelnen Laut-
bildern wurden durch alliterierende und assonierende Beziehungen hörbar: Wipfel – wogen – erwägend; Zweige – zeigten – zuneigend; Laub – rauh – erschauerte; guter – Grund –
fußte; Blatt – warf – Schatten – andre. Syntaktische Paralleli-
sierungen skandierten den sprachlichen Rhythmus wie eine
musikalische Komposition: »*Die Wipfel wogen sich erwägend
und bogen sich ablehnend; das Laub erschauerte vor ihm oder
kam ihm entgegen.*« Sinnbezüge wurden gestiftet zwischen
»wogen« und »erwägend«, »bogen« und »ablehnend«, »zuneigend« und »hochfahrend«, wobei die Mehrsinnigkeit der
Wörter ausgenutzt wurde. Ihre Sinnesressourcen erlaubten
es einerseits, den Naturvorgang zu beseelen und ihm menschliche Gefühlsqualitäten zuzuschreiben (sich sträuben; hochfahrend sein; erschauern; einen guten Grund haben); andererseits erhielten diese mentalen Prädikate damit zugleich
einen naturbezogenen Bedeutungsgehalt, der in seiner Bild-
haftigkeit sinnlich erfahrbar war. So sehr in den Baum und
seine Bewegung ein anthropomorpher Sinn hineinprojiziert
wurde, so sehr erschien in seiner sprachlichen Beschreibung
der ursprüngliche, anschauliche und körperorientierte Bilder-
reichtum einer Wortsemantik, in der die Trennung zwischen
dem Bereich des Gegenständlichen, über den wir objektivie-
rend verfügen, und dem Bereich des Kommunikativen, in dem
wir uns als beseelte Subjekte begegnen, noch nicht vollzogen
ist.

Die Vermählung von Baum und Sprache artikulierte sich
in der Poetisierung der Alltagssprache. Die Wörter und ihre
Zusammenstellung, ihr Lautbild und Vorstellungsgehalt ge-
wannen ein eigenes Gewicht, das schwerer wog als die bloße
Darstellung weltlicher Sachverhalte durch konventionalisierte Zeichen. Im Spiel der phonologischen, semantischen und
syntaktischen Ähnlichkeiten und Variationen wurde poetisch
erzeugt, was Benjamin als Aura des Baums erlebte, unter
dem er lag. Es war ein Akt mimetischer Empfängnis und
Spontaneität, in dem das Leben des Baums selbst »medial« in

Erscheinung trat. Diese Medialität, die Benjamin 1916 in seinem sprachphilosophischen Traktat als das »Urproblem der Sprache« reflektiert hatte, erlebte er sechzehn Jahre später in Ibiza als Vermählung. *»Ein leiser Wind spielte zur Hochzeit auf und trug alsbald die schnell entsprossenen Kinder dieses Betts als Bilderrede unter alle Welt.«*

In seiner *Geschichte einer Freundschaft* hat Gershom Scholem erwähnt, daß Benjamins Entschluß, sich Ende Juli 1932 das Leben zu nehmen, ebenso sehr ein Rätsel seines Lebens war wie der plötzliche Abbruch dieses Vorhabens, nachdem schon alle Anstalten dazu getroffen worden waren. »Er hat sich, so weit ich weiß, niemals und zu niemandem darüber geäußert.«[29] Aber ist die Vermutung zu verwegen, daß es, angesichts seiner Niederlagen im Großen, jener Sieg im Kleinen war, als Benjamin sich unter einen Baum niederlegte und plötzlich, ohne es zu wollen, noch einmal mit dem Baum des Lebens in Berührung kam?

Ewige Semantik

Über das mimetische Vermögen

Die nächste große Niederlage ließ nicht lange auf sich warten. Die nationalsozialistische Machtübernahme zwang Benjamin, im März 1933 Deutschland endgültig zu verlassen. Als unabhängiger Forscher und Schriftsteller war er mit einem Schlag seiner Existenzgrundlage beraubt und auch seiner persönlichen Freiheit nicht mehr sicher. Sein Bruder war schweren Mißhandlungen ausgesetzt und in ein Konzentrationslager gesperrt worden. Wieder reiste Benjamin nach Ibiza, wohin er sich schon einmal gerettet hatte. Seine Lebensbedürfnisse senkte er auf ein kaum mehr zu unterbietendes Minimum. Gerade in einer solchen verzweifelten Situation erscheint seine Fähigkeit zur geistigen Konzentration von einer fast übermenschlichen Intensität.

Im Frühjahr 1933 schrieb Benjamin auf Ibiza seine Aufzeichnung *Über das mimetische Vermögen*, in der auf höherer Ebene noch einmal zur Sprache kam, was er im Jahr zuvor unter dem Lebensbaum sinnlich erlebt hatte. Er ordnete und überhöhte es zu einer »Lehre vom Ähnlichen«, die mit der grundlegenden Feststellung begann: »Die Natur erzeugt Ähnlichkeiten. Man braucht nur an die Mimikry zu denken. Die höchste Fähigkeit im Produzieren von Ähnlichkeiten aber hat der Mensch. Die Gabe, Ähnlichkeit zu sehen, die er besitzt, ist nichts als ein Rudiment des ehemals gewaltigen Zwanges, ähnlich zu werden und sich zu verhalten. Vielleicht besitzt er keine höhere Funktion, die nicht entscheidend durch mimetisches Vermögen mitbedingt ist. Dieses Vermögen hat aber eine Geschichte, und zwar im phylogenetischen so gut wie im ontogenetischen Sinne.«[30]

Gattungsgeschichtlich manifestiert sich das mimetische Vermögen in vielen Formen, in denen auch eine ursprüngliche Abhängigkeit von der Natur wirksam ist. Nicht zufällig sprach Benjamin von einem Zwang, ähnlich zu werden. Die Bestimmung des Menschen ist es, dieses animalische Erbe zu gestalten und die Abhängigkeit von der Natur zunehmend zu liquidieren, ohne daß die Kräfte der Mimesis geopfert werden. So entstanden die magischen Korrespondenzen und Analogien der alten und »primitiven« Völker, ihre Ritualtänze, mit denen sie den Wind, den Regen oder das Feuer nachahmen, und ihre poetischen Zaubersprüchen, die von klanglichen und semantischen Energien durchströmt werden, um die Geister der Welt zu beschwören.

In den Kinderspielen hat diese phylogenetische Stufe ihre individualgeschichtliche Entsprechung: »Zunächst einmal sind Kinderspiele überall durchzogen von mimetischen Verhaltensweisen, und ihr Bereich ist keineswegs auf das beschränkt, was wohl ein Mensch vom andern nachmacht. Das Kind spielt nicht nur Kaufmann oder Lehrer, sondern auch Windmühle und Eisenbahn.«[31] Es durchläuft die Metamorphosen von Ereignissen, Personen und Maschinen, ist spielerisch Vater oder Mutter, Schiff, Dampfer oder Flugzeug, imitiert das Hupen von Feuerwehr und Krankenwagen. Nicht nur für die alten Völker ist das mimetische Vermögen eine lebensbestimmende Kraft.

»Dabei ist zu bedenken, daß weder die mimetischen Kräfte, noch die mimetischen Objekte, oder Gegenstände, im Laufe der Jahrtausende die gleichen blieben. Vielmehr ist anzunehmen, daß die Gabe, Ähnlichkeiten hervorzubringen – zum Beispiel in den Tänzen, deren älteste Funktion das ist – und daher auch die Gabe, solche zu erkennen, sich im Wandel der Geschichte verändert hat. Die Richtung dieser Änderung scheint durch die wachsende Hinfälligkeit des mimetischen Vermögens bestimmt zu sein.«[32] Für diesen Vorgang einer zunehmenden Liquidierung scheint besonders die menschliche Sprache beispielhaft zu sein. Die Zeit, in der man aus Eingeweiden, Sternen und anderen Naturerscheinungen lesen konnte, was nie geschrieben wurde, scheint ebenso vorbei zu sein wie die Zeit, in der die menschliche Lautsprache noch gestisch oder onomatopoetisch und die menschliche Schrift noch ikonisch waren. Zwischen Sprache und Welt scheint keine Ähnlichkeit mehr zu bestehen. Ihr Verhältnis erscheint als arbiträr, nicht natürlich, rein konventionell geregelt.

Aber auch der Sprache gegenüber beharrte Benjamin noch auf einer Mimesis, wenngleich »unsinnlicher« Art. Sprache und Schrift galten ihm als Archive »unsinnlicher Ähnlichkeit«. Die Ähnlichkeit, die er meinte, konnte dabei keine bloß imitative Wiedergabe sein, sondern war immer auch umbildende Darstellung und Gestaltung als Zeichen menschlicher Freiheit, die sich aus dem Zwang animalischer Naturverbundenheit gelöst hat. Und diese Ähnlichkeit mußte »unsinnlich« sein, da keine äußerlich, sinnlich unmittelbar fixierbare Beziehung zwischen Darstellung und Dargestelltem besteht, sondern eine Art »magischer« Zusammenhang, mit dem eine doppelte Distanzierung verbunden ist. Benjamins Sprach-Magie widersprach sowohl der Arbitraritätsthese de Saussures, weil sie an einer »Ähnlichkeit« festhielt, als auch einer onomatopoetischen Natürlichkeitsthese, gegen welche sie die »Unsinnlichkeit« der Ähnlichkeit behauptet.

Benjamin wußte und akzeptierte, daß die magische Seite von Rede und Schrift nicht mehr unmittelbar zu fassen ist. Sie hat sich dem zeichenhaften Charakter der Sprache untergeordnet und kann, wenn überhaupt, nur noch in deren Gewand erscheinen. Das Mimetische ist an das Semiotische als seinen Fundus gebunden. Aus ihm hat Walter Benjamin geschöpft, als er sich im Sommer 1932 unter den ibizenkischen Baum legte, die Vermählung von Baum und Sprache erlebte und sich für einen poetischen Augenblick im Paradies wähnte.

POST SCRIPTUM. Als sein Versuch, vor den Nazis über die Pyrenäen zu flüchten, scheitert, nimmt sich Walter Benjamin am 27. September 1940 im spanischen Grenzort Port-Bou das Leben.

Baum, Fagott und Pfeife

EPILOG: *Wie Philosophen den Anfang des Wissens und der Sprache suchten und dabei kein Ende fanden*

Wir sprechen mit Wörtern über Gegenstände. Stellt man sich vor einen Baum und sagt man »Baum« – nun ja, das ist die erste Dimension problemloser Praxis. Alles ist konkret, wie man sagt.[1]

Paul Lorenzen

Auf eine bemerkenswerte Weise spielt Holz in der abendländischen Philosophie eine wichtige Rolle. Marx hat an einem hölzernen Tisch den Fetischcharakter der Ware enthüllt. Freud veranschaulichte am Kinderspiel mit einer Holzspule seine Idee des Todestriebs. Carnap benutzte ein Streichholz, um sich aus dem Schlamassel dispositionaler Möglichkeiten zu befreien.

Auch die Grundfrage nach dem Verhältnis zwischen Wirklichkeit, Wissen und Sprache ist immer wieder an Dingen aus Holz erläutert worden. Benjamin brachte mimetisch den Lebensbaum des Paradieses zum Sprechen und widersprach damit dem linguistischen Grundsatz »Das sprachliche Zeichen ist beliebig«, den Saussure am Beispiel von »Baum« veranschaulicht hat. Vor allem aktuelle philosophische Anstrengungen, mit guten Gründen einen festen Grund zu finden, auf dem das menschliche Erkenntnis- und Sprachvermögen gesichert aufgebaut werden kann, bevorzugen hölzerne Gegenstände: einen Baum, ein Holzblasinstrument, eine Pfeife. Wie und womit beginnen, damit ein fundiertes weltbezogenes Sprechen möglich ist? Diesem philosophischen Problem des sicheren Anfangs ist das Ende dieses Buches gewidmet.

Ein Baum in unserer Nähe

Im Sommer 1949 fährt der sechzigjährige Ludwig Wittgenstein nach Ithaca im US-Bundesstaat New York. Er besucht seinen Freund Norman Malcolm, der als Harvard-Doktorand 1938 in Cambridge einige seiner Seminare über die Philosophie der Psychologie besucht hat. An der Cornell University trifft sich Wittgenstein auch mit einigen von Malcolms Kollegen, darunter Max Black und Stuart Brown, und fortgeschrittenen Philosophiestudenten. Man diskutiert über die Vorstellung »einfacher Gegenstände«, über Erinnerungsvermögen und Träume, über Verifikation und Wahrheit.

Mit Malcolm unterhält sich Wittgenstein am liebsten über den Begriff des Wissens und die philosophische Suche nach Gewißheit. Material bieten vor allem die Überlegungen von Wittgensteins Kollegen und Malcolms Lehrer George Edward Moore zur *Verteidigung des Common Sense*.[2] Immer wieder kommen die Diskussionspartner dabei auf Moores erkenntnistheoretische Behauptung zu sprechen: »Ich weiß, das dies ein Baum ist.« Welche Rolle kann ein solcher Satz im gesellschaftlichen Sprachspiel spielen? Will Moore sich selbst von der Sicherheit seines Wissens überzeugen und sie gegen skeptische Einwände verteidigen, daß es kein sicheres Wissen geben kann, sondern nur hypothetisches Vermutungswissen à la Popper? Oder will er einem Geprächspartner etwas Sachhaltiges über ein strittiges Phänomen mitteilen: Man sieht im Nebel etwas, das der eine für einen Strauch, der andere für einen Baum hält?

Auf den ersten Blick scheint der Satz »Ich weiß, daß dies ein Baum ist« ein selbstverständlicher, trivialer Satz zu sein. Dennoch kann er alles mögliche bedeuten. Moore scheint, wie Wittgenstein Malcolm erläutert, selbst nicht zu wissen, was er mit seinem Paradesatz sagen will. »Wir können vermuten, daß er ihn verwendet, um einen philosophischen Gesichtspunkt hervorzuheben. – Aber Moore ist sich nicht klar

Baum, Fagott und Pfeife

darüber, was er damit meint. Es ist ihm nicht einmal klar, daß er von dieser Feststellung keinen normalen Gebrauch macht. Ihn verwirrt der Unterschied zwischen dem Gebrauch in irgendeinem üblichen Sinn und dem Gebrauch zur Verdeutlichung einer philosophischen These.«[3]

Am Ende seines Amerika-Aufenthalts wird Wittgenstein schwer krank. Eine schmerzhafte Entzündung an beiden Schultern wird diagnostiziert. Doch Wittgenstein fürchtet, an Krebs erkrankt zu sein und ein nutzloser und bettlägeriger Invalide zu werden. Auf keinen Fall will er in Amerika sterben. »Ich bin Europäer – ich will in Europa sterben«, flüstert er Malcolm ganz erregt zu.[4] Im Oktober kehrt er nach Cambridge zurück. Anfang Dezember informiert er Malcolm über eine neue Diagnose seiner Ärzte. Wittgenstein hat erfahren, daß er Prostatakrebs hat. Er ist keineswegs erschrocken über diese Nachricht, »aber ich war's, als ich hörte, man könne etwas dagegen unternehmen, denn ich hatte nicht den Wunsch weiterzuleben. Aber es ging nicht nach meinem Wunsch.«[5] Vor allem kann er sich nicht vorstellen, daß er imstande sein könnte, wieder intensiv zu arbeiten. Während des kommenden Jahrs fühlt er sich schwach und unfähig, konzentrierte philosophische Untersuchungen anzustellen. Doch das Problem der Gewißheit, das er mit Malcolm diskutiert hat und das ihn auch lebenspraktisch beschäftigt, läßt ihn nicht los. Auf undatierten losen Blättern, teilweise auch in datierten Merkheften, notiert er sich seine Gedanken. Bohrend stellt er die Frage: Welche anfängliche Grundgewißheit gibt es in unserer Wahrnehmung, unserem Denken und unseren Aussagen? »Es ist so schwer, den Anfang zu finden. Oder besser: Es ist schwer, am Anfang anzufangen. Und nicht versuchen, weiter zurückzugehen.«[6]

Im Februar 1951 zieht Wittgenstein zu seinem Arzt Dr. Bevan, um bei ihm zu sterben. Anfang März erlebt er, wie er seinem amerikanischen Freund schreibt, »etwas Außerordentliches«. Er fühlt sich sehr wohl und überraschenderweise in der richtigen Gemütsverfassung, Philosophie zu treiben. »Ich war völlig gewiß gewesen, daß ich dazu niemals wieder imstande sein würde. Zum ersten Mal seit über 2 Jahren hat sich der Vorhang in meinem Kopf wieder geöffnet.«[7] Gewißheit ist das letzte große philosophische Thema, mit dem sich Wittgenstein vor seinem Tode, er stirbt am 29. April 1951, intensiv beschäftigt und das er in immer wieder neuen Anläufen und Perspektiven reflektiert. Von der Erfahrung körperlicher Unversehrtheit über eingespielte Sprachkenntnis bis hin zu logischem und mathematischem Denkvermögen reicht das Spektrum, in dem sich Wittgenstein bewegt, um das Sprachspiel des Wissens und des Irrtums, der Gewißheit und des Zweifels zu beschreiben.

Worauf kann ich mich wirklich verlassen? Was ist der Beweis dafür, daß ich etwas weiß? Doch gewiß nicht, daß ich sage, ich wisse es. Auch Moores Baum, über den er sich in Ithaca oft und intensiv mit Malcolm unterhalten hat, taucht in Wittgensteins letzten Notizen immer wieder auf. Am 3. April erinnert er an diese unterhaltsame Situation: »Ich sitze mit einem Philosophen im Garten; er sagt zu wiederholten Malen ›Ich weiß, daß das ein Baum ist‹, wobei er auf einen Baum in unsrer Nähe zeigt. Ein Dritter kommt daher und hört das, und ich sage ihm: Dieser Mensch ist nicht verrückt: Wir philosophieren nur.«[8]

Es ist kein Biologe oder Botaniker, der in dieser kurzen Anekdote zitiert wird. Die selbstgewisse Aussage, die sich über ihre Unsicherheit zu beruhigen scheint, informiert weder über die Gattung eines bestimmten Gewächses, noch dokumentiert sie ein besonderes naturkundliches Wissen. Sachbezogene Beschreibungen oder wissenschaftliche Klassifikationen sind hier nicht gefragt. Auch die verwendete Sprache ist den beiden Gesprächspartnern vertraut. Niemand erklärt hier einem anderen, was mit dem Wort »Baum« gemeint oder als Referenzobjekt bedeutet wird. Sprachwissenschaftliche Analysen sind überflüssig. Was also ist das drängende Problem, das wiederholt zur Vergewisserung herausfordert: »Ich weiß, daß das ein Baum ist«?

Der Rahmen dieser kurzen Episode gibt darauf eine erste Antwort. Es sind zwei Philosophen, die sich hier zu einem philosophischen Gespräch haben verführen lassen. Sie spielen mit in der langen Geschichte philosophischer Rätsel und ihrer unermüdlichen Lösungsversuche. Nur aus dieser Geschichte bezieht die Konversation Sinn und Ausdauer. Wie läßt sich das gewußte Verhältnis klären, das zwischen einem einzelnen Gegenstand (dieses reale Ding da, das ich sehe) und seiner botanischen Bestimmtheit (als Baum) besteht, die im Prädikat »Baum« sprachlich fixiert und mitteilbar ist? Das ist hier die Frage, auf die weder eine Analyse der linguistischen Bedeutung noch eine Information über den Gegenstand antworten können. Denn beide umgehen das rätselhafte Problem, das die beiden Philosophierenden verwirrt und sich zunächst nur durch die hartnäckige Wiederholung jener scheinbar trivialen Aussage andeutet: »Ich weiß, daß das ein Baum ist«.

Während er sagt, was er weiß, zeigt unser Philosoph zugleich auf einen realen Gegenstand, der auch für den anderen sichtbar ist. Die mündliche Äußerung wird flankiert durch einen Zeigefinger, der auf etwas hinweist, das als anschauliches Beispiel dazu dienen soll, für die mitteilbare Richtigkeit des Gewußten zu bürgen. Nur so scheint sie jene Gewißheit ausdrücken zu können, die sie gegenüber zweifelnden Einwänden absichert. Das Spannungsverhältnis zwischen Sagen, Wissen und Objektbezug wird durch eine hinweisende (indexikalische) Geste zu entspannen versucht.

Aber ist diese Lösung, die weder auf eine bildliche (ikonische) Ähnlichkeit, noch auf eine konventionalisierte (symbolische) Beziehung zwischen Zeichen und Bezeichnetem vertraut, sondern auf die physische Präsenz des Gezeigten, nicht viel zu einfach angesichts des Problems, um das es hier geht? Denn wer oder was garantiert, daß es der Baum ist, auf den gezeigt wird? Wüßten wir nicht schon, was es ist, worauf der Sprecher zeigt, so könnten wir nicht sehen, daß er auf einen Baum zeigt. Diese mysteriöse Zirkularität ist es, die »ver-

EPILOG 243

rückt« zu machen droht, wenn man sich ihrer philosophischen Herausforderung stellt.

»Wir philosophieren nur.« Nicht ohne Ironie schwächt das »nur« den Ernst des Philosophierens ab – und rettet es zugleich vor dem Stigma des wirklichen Verrücktseins. Gerade was von einem hinzugekommenen Dritten als Zeichen von Verwirrtheit oder Stupidität aufgefaßt werden könnte, qualifiziert das Sprachspiel der beiden Gesprächspartner als philosophisch. Sie sind gefesselt durch den Widerstreit zwischen Sagen und Zeigen, sprachlichem Zeichen und sprachloser Gegebenheit, allgemeiner Bedeutung und einzelnem Diesda. Denn »das«, was als Inhalt eines mitteilbaren Gedankens gewußt wird, ist nicht ohne weiteres zu vereinheitlichen mit »dem«, worauf mit dem Zeigefinger hingewiesen werden kann, selbst wenn es zur gleichen Zeit und am gleichen Ort geschieht. An ihrer Reibung entzündet sich die philosophische Tätigkeit.

Anlaß zum Philosophieren ist hier ein intellektueller Zweifel, der entsteht, wenn man die Sprache als ein Reservoir von Namen versteht, mit denen die Dinge der Welt benannt werden. Man befindet sich in einem Wirrwarr, über den Wittgenstein in seinen *Philosophischen Untersuchungen* bemerkt hat: Daß man sich nicht mehr auskennt, »hängt mit der Auffassung des Benennens als eines, sozusagen, okkulten Vorgangs zusammen. Das Benennen erscheint als eine seltsame Verbindung eines Wortes mit einem Gegenstand. – Und so eine seltsame Verbindung hat wirklich statt, wenn nämlich der Philosoph, um herauszubringen, was die Beziehung zwischen Namen und Benanntem ist, auf einen Gegenstand vor sich starrt und dabei unzählige Male einen Namen wiederholt, oder auch das Wort ›dieses‹«[9]

Die Opfer der Bew. seele

244   Baum, Fagott und Pfeife

Dies ist ein Fagott

Was heißt »Benennen«? Und welche Rolle spielt dabei das Hinweisen auf ein Dieses, das dem Zeichen sein Referenzobjekt sichern will? Das sind philosophische Fragen, angesiedelt jenseits empirischer Wissenschaft und linguistischer Forschung. Bereits Platon hat sich mit ihnen abgequält, und auch heute noch verbreiten sie eine Unruhe, die wohl bestehen bleibt, solange philosophiert wird.

Aber kann es denn nicht doch eine endgültige Lösung dieses unaufhörlichen Philosophierens geben, das in immer wieder neuen Variationen die reflexive Anspannung der Philosophen provoziert, seit sich die ursprüngliche Einheit des griechischen *noein* aufgelöst hat, mit dem einst sowohl das sinnlich-rezeptive Wahrnehmen als auch das sprachliche Denken gemeint war? Angesichts dieser Frage ist der Lösungsversuch bemerkenswert, den ein Kreis deutscher Wissenschaftstheoretiker, vor allem an den Universitäten Erlangen und Konstanz, unternommen hat. Gegründet und inspiriert durch den Mathematiker und Philosophen Paul Lorenzen hat die »Erlanger Schule« ein »konstruktivistisches« Programm entworfen und durchgeführt, das für alle Wissensbereiche, von der Logik bis zur Physik, von der Mathematik bis zur Ethik, eine methodische Begründung forderte, die ihren Ausgangspunkt in einer gesicherten Basis haben soll, die keiner weiteren Begründung bedarf. 1967 erschien die *Logische Propädeutik* von Wilhelm Kamlah und Paul Lorenzen. Das Werk mit dem programmatischen Untertitel *Vorschule des vernünftigen Redens* wurde die Fibel eines konsequenten Konstruktivismus. Mit dieser Propädeutik hat sich die Erlanger Schule, zu der auch Peter Janich, Friedrich Kambartel, Kuno Lorenz und Oswald Schwemmer gehörten, der Herausforderung gestellt, »die Sprache von Wissenschaft und Philosophie überhaupt von Grund auf zu überprüfen und neu zu entwerfen«.[10] Ein verloren gegangener Anfang soll wiedergefunden werden,

EPILOG   245

um die philosophischen Verwirrungen aufzuheben und eine wohlbegründete Disziplinierung des Denkens und Redens zu vermitteln.

Obwohl dabei wieder »von vorn« begonnen werden soll, wendet sich dieser Neu-Anfang jedoch nicht zurück zu dem, was einst als logosartige Einheit von Sein, Denken und richtigem Reden erschien. Denn auf dieses glückliche Zusammenspiel, das sich nicht der kritischen Reflexion, sondern der Offenbarung verdankte, ist nicht mehr zu hoffen in einer Epoche, die durch Zweifel und Skepsis gekennzeichnet ist. Wie kann es, trotz aller Skepsis, gelingen, eine verläßliche Orientierung in der Welt zu finden und ein sicheres Wissen zu erreichen?[11] Der Erlanger Konstruktivismus hat dieser Frage eine pädagogische Wendung gegeben. Er vertraut auf eine »Lehrbarkeit« der wissenschaftlichen Tätigkeit und philosophischen Reflexion, die methodisch begründet werden kann: »Lehren in diesem Sinne erfordert insbesondere, daß wir an keiner Stelle eines Gedankenganges, der uns als Argument für Behauptungen einerseits, für Aufforderungen oder Normen andererseits dienen soll, ein Wort gebrauchen, von dessen gemeinsamer Verwendung wir uns nicht überzeugt haben, und daß wir jede von uns aufgestellte Behauptung, Aufforderung oder Norm schrittweise begründen«[12]

Das Programm, vernünftiges und verläßliches Reden noch einmal von Anfang an zu überprüfen und neu aufzubauen, führt zur Frage, wo ein Anfang zu machen ist. Wo und wie beginnen? Nicht zufällig hat diese Frage die Vernunft seit ihrer eigenen geschichtlichen Entdeckung beschäftigt. Kosmologisch wurde die Frage nach dem Ursprung alles Seienden gestellt und nach den ersten einfachen Bausteinen einer verläßlichen Weltordnung; erkenntnistheoretisch nach dem Beginn des Wissens und den Grundprinzipien des Seins. Der mißtrauische Verzicht auf traditionale Sicherheiten ließ die neuzeitliche Philosophie nach dem ersten Fundament des Wissens suchen und nach dem tragenden Grund subjektiver Gewißheit. Vor allem René Descartes hat diese Suche 1641 in seinen *Meditationen über die Grundlagen der Philosophie* zum Programm erklärt: »Schon vor einer Reihe von Jahren habe ich bemerkt, wieviel Falsches ich in meiner Jugend habe gelten lassen, und wie zweifelhaft alles ist, was ich ernach darauf gebaut, daß ich daher einmal im Leben alles von Grund auf umstoßen und von den ersten Grundlagen (*a primis fundamentis*) an neu beginnen müsse, wenn ich jemals für etwas Unerschütterliches und Bleibendes in den Wissenschaften festen Halt schaffen wollte.«[13]

Die Frage nach dem Anfang und danach, wie es gelingen kann, bei einem absoluten, nicht weiter hintergehbaren Anfang zu beginnen, gehört offensichtlich zur Mentalität einer Kultur, die ihre Fundamente in den tiefsten Tiefen und anfänglichsten Anfängen zu suchen gezwungen ist, weil sie nur so jene Sicherheit zu gewinnen glaubt, auf die sie sich wirklich verlassen kann. Von ersten Prinzipien und Urelementen, von Fundament, Grund und Ursprung handelt unsere ganze philosophische Tradition. Ein Allererstes muß gefunden werden, um vollkommene Gewißheit und Zweifellosigkeit zu erlangen. Auch die Wissenschaften folgen dieser Intention. (Sub)atomare Urelemente und kosmologischer Urknall sind ihre liebsten Themen. Man sucht sie zu ergründen, weil man erfahren will, womit und wie alles begann.

Aber mit dem Anfangen bei einem absolut Ersten ist es eine seltsame Sache. Wenn man nach dem Anfang nicht gefragt wird, weiß man, was anfangen heißt; wenn man jedoch gefragt wird, was es heißt, am Anfang anzufangen, weiß man es nicht mehr. Deshalb muß man sich darauf besinnen und kommt ins Stocken. Aus dieser Verlegenheit versucht uns der Konstruktivismus zu befreien, indem er selbst den absoluten Anfang inszeniert. Er lehrt, wie man »von Grund auf« neu beginnen kann, und liefert dazu selbst den erstanfänglichen fundamentalen Grund, auf dem dann das Gebäude vernünftigen Denkens, Redens und Handelns sicher stehen kann.

Auch der Konstruktivist weiß um die Schwierigkeiten eines solchen Fundamentalismus und spielt dabei gern auf eine literarische Figur an, die ironischerweise durch ihre Lügengeschichten berühmt geworden ist. Verhält er sich nicht wie der Baron von Münchhausen, der sich nur durch eine wunderbare Täuschung aus einem ähnlichen Dilemma befreien konnte? »Könnte es nicht sein, daß sich das Denken überfordert auf der Suche nach dem noch makellosen, noch irrtumsfreien Anfang seiner selbst? Sich am eigenen Schopf aus dem Sumpf mißlungener Bemühungen herauszuziehen, ist das nicht ein von vornherein aussichtsloses Vorhaben der Vernunft?«[14]

Mit dem Bild einer ungewöhnlichen Schiffahrt hat Paul Lorenzen das philosophische Problem verdeutlicht. Die natürliche Sprache erscheint wie ein auf See befindliches Schiff, durchaus komfortabel, aber doch dahinschwimmend und -schlingernd auf den unsicheren Wellen eines Meeres mit seinen Riffen und Untiefen, Stürmen und Windstillen. »Immer schon« sind wir auf diesem Schiff unterwegs, fern von jedem festen Land. Doch das soll, in konstruktivistischer Perspektive, die Frage nach dem Woher und Wohin nicht verhindern. »Wenn es kein erreichbares Festland gibt, muß das Schiff schon auf hoher See gebaut sein; nicht von uns, aber von unseren Vorfahren. Diese konnten also schwimmen und haben sich – irgendwie aus etwa herumtreibenden Holz – wohl zunächst ein Floß gezimmert, dieses dann immer weiter verbessert, bis es heute ein so komfortables Schiff geworden ist, daß wir gar nicht mehr den Mut haben, ins Wasser zu springen und noch einmal von vorn anzufangen.«[15] Gerade zu diesem mutigen Sprung fordert uns der Konstruktivist auf. Wir sollen wieder ins Wasser springen, um noch einmal die Handlungen nachzuvollziehen, mit denen wir uns ein neues Floß konstruieren können. Aber welches herumtreibende Holz – Rest früherer Schiffbrüche? – kann uns dabei als Material dienen?

Die Planke, an die wir uns klammern sollen, heißt »elementare Prädikation«. Unvermittelt und voraussetzungslos sollen wir mit der Zuordnung einfacher Wörter zu bestimmten Gegenständen oder Handlungen beginnen: »Man stellt sich vor einen Baum und sagt ›Baum‹.« Die Dinge werden voneinander unterschieden und die Welt wird in ihre einfachen Bestandteile zerlegt mittels sprachlicher Prädikatoren, die in einer »ersten Dimension problemloser Praxis« funktionieren. Das Sprechen wird begründet auf dem Fundament einer elementaren sprachlichen Handlung, welche eine verläßliche Orientierung in der Welt ermöglichen soll. »Das heißt, die Prädikation ist tatsächlich ein Anfang im strengen Sinne, sie läßt sich nicht begründen. Und sie ist zugleich Bedingung der Möglichkeit gemeinsamer, kommunikativ ausgezeichneter Orientierung, weil derartige Orientierungen nur unterscheidend zustande kommen.«[16] Es überrascht nicht, daß neben Descartes' *a primis fundamentis* Immanuel Kants transzendentale »Bedingung der Möglichkeit« zitiert wird, um dem Konstruktivismus seine Erstbegründung zu liefern. Vor jeder besonderen Erfahrung besteht *a priori* die Möglichkeit der Unterscheidung, die prädikativ festgehalten und mitgeteilt werden kann.

Um diese Perspektive zu verdeutlichen, verwenden Wilhelm Kamlah und Paul Lorenzen in der *Logischen Propädeutik* das Beispiel des Fagotts: »Wir beginnen mit einer einfachen sprachlichen Handlung, indem wir z. B. sagen: ›Dies ist ein Fagott.‹ Genauer: wir denken uns eine Situation, in der ein Musikschüler über die Holzblasinstrumente aufgeklärt wird: Der Lehrer nimmt ein Fagott in die Hand und sagt den angeführten Satz. Der Satz stellt eine sprachliche Handlung dar, die in diesem Falle verbunden ist mit einer Handlung des Hinweisens. Diese ›deiktische‹ Handlung, wie wir sagen wollen, wird zugleich von der zeigenden oder greifenden Hand und dem Wörtchen ›dies‹ ausgeführt.«[17] Mit einer hinweisenden Geste wird auf den entsprechenden Gegenstand gezeigt, sprachlich unterstützt durch das kleine Demonstrativpronomen »dies«. Deiktisch (griech. *deiknynai*: zeigen, hinweisen) wird das Wort dem entsprechenden Ding prädiziert. Die Musikinstrumente eines Orchesters dienen hier als Anschauungsmaterial für die vielen Dinge der Welt, die durch prädikative Handlungen bestimmt und klassifiziert werden können. Die Vielfalt des Seienden wird in prädizierte Parzellen aufgeteilt und das endlose Band der Erscheinungen wird in Oppositionen zerschnitten, die jedem, der hier mitspielt, gleichermaßen als fester Halt verfügbar sind. Man nimmt ein Fagott in die Hand und sagt: »Dies ist ein Fagott.«

Von den ersten Dingen

Nun drängt sich der Verdacht auf, daß der propädeutische Eifer, mit dem der Konstruktivismus den Verwirrten und Verunsicherten, den im Wasser Schwimmenden und im Sumpf Versinkenden sein Wissen und seine Sprache anbietet, der Problemsituation entspricht, in der man sich nicht mehr auszukennen meint, sobald man zu philosophieren beginnt. Auf sie muß sich einlassen, wer ein absolut Erstes sucht, das alles Folgende sicher begründen kann. Descartes' radikaler Zweifel, der alles von Grund auf umstieß, um für etwas Unerschütterliches festen Halt zu schaffen, hat in der konstruktivistischen Propädeutik seine unübersehbaren Spuren hinterlassen.

Vor allem Ludwig Wittgenstein und Jacques Derrida haben gezeigt, wie schwer es ist, »am Anfang anzufangen. Und nicht weiter zurückzugehen.« Sie haben philosophiekritisch demonstriert, daß jede Re-konstruktion *a primis fundamentis* in ihre selbstgebauten Fallen tappt, die es zu de-konstruieren gilt mittels einer doppelten Geste: Zunächst werden die vorgenommenen Bestimmungen und Festlegungen destruiert, aufgelöst und zurückgewiesen, dann werden die zurückbleibenden Trümmer konstruktiv zu einem neuen Bild zusammengeführt, das begreifbar macht, was sich in der kritisierten Ordnung nicht verstehen ließ.

Einen ersten Ansatzpunkt zur Dekonstruktion bieten dabei jene Elemente, die im Rahmen des Konstruktivismus selbst problematisiert worden sind. Das sind, im Falle der elementaren Prädikation, besonders jene Elemente, an denen die Verläßlichkeit einer scheinbar unmittelbar einsichtigen Zuordnung von Namen und Benanntem unzuverlässig ist. Denn kaum haben Kamlah und Lorenzen mit ihrem Exempel »Dies ist ein Fagott« eine erste prädikative Handlung vollzogen, haben sie bereits mit dem Problem eines seriellen Mißverständnisses zu kämpfen. »Würden wir in der bisherigen Weise fortfahren, Wörter einzuführen wie ›Fagott‹, ›Rose‹, also jeweils auf Gegenstände hinweisen und dazu sagen, ›dies ist ein –‹, so würden wir die sprachliche Handlung, auf deren Rekonstruktion es jetzt ankommt, verfehlen. Wir würden nämlich bei unserem Gesprächspartner die Vermutung wecken, er solle auf dasjenige hingeführt werden, was ihm bildungssprachlich als ›Substantiv‹ bekannt ist.‹[18] Gleich zu Anfang müssen also mögliche Fehler oder Irrtümer vermieden werden. Dazu wird eine »vielseitige Einübung« vorgeschlagen, die zeigt, daß es auf den aus der Grammatik bekannten Unterschied von Substantiv, Adjektiv, Verb nicht ankommt, sondern lediglich darauf, von einem Gegenstand prädikativ irgend etwas auszusagen, z.B. »das klappert«, »das ist klein«, »das ist ein Baum« oder »das ist löslich«. Prädikatoren sind keine grammatischen, sondern sprachlogische Kategorien.

Wie schwer es ist, selbst einfache Prädikatoren nicht mißzuverstehen, hat der amerikanische Sprachlogiker Willard Van Orman Quine an einem amüsanten Irrtum erläutert[19]. Eine Lemurenart aus Madagaskar wird von den Zoologen als Indri bezeichnet. In der Sprache der Eingeborenen bedeutete »indri« jedoch nichts anderes als »da läuft es«. Der französische Naturforscher Pierre Sonnerat glaubte jedoch, sein Informant hätte den Namen des Tieres genannt, das vorbeilief.

Es war vor allem Ludwig Wittgenstein, der zu Beginn der *Philosophischen Untersuchungen* jedes namenstheoretische Ursprungskonzept scharfsinnig dekonstruiert hat, wobei ihm ein einfaches »Sprachspiel« zur Veranschaulichung diente. Stellen wir uns eine Sprache vor, auf die das konstruktivistische Programm zu passen scheint. Sie soll der referentiell zuverlässigen Verständigung eines Bauenden A mit seinem angelernten Gehilfen B dienen. Es sind Würfel, Säulen, Platten und Balken vorhanden. B hat A die Bauelemente zu reichen. Zu diesem Zweck verwenden beide eine Sprache, bestehend aus den Wörtern »Würfel«, »Säule«, »Platte« und »Balken«. Diese primitive Sprache läßt sich erweitern durch Zahlwörter; ferner durch die beiden Indikatoren »dieses« und »dorthin«; und schließlich noch durch eine Anzahl von Farbmustern. A könnte dann Befehle geben wie: »Diese zwei Platten dorthin«, wobei auf ein Farbmuster hingewiesen und mit einer Geste auf eine bestimmte Stelle gezeigt wird.

Bereits ein so einfaches Sprachspiel läßt einige wesentliche Eigenschaften der Sprache erkennen, die nicht durch ein hinweisendes Benennen nach dem Muster »dies ist ein Fagott« begründet werden können. Zwar ist es möglich und im Falle von Mißverständnissen auch sinnvoll, ab und zu auf einen solchen Hinweis zurückzugreifen. Aber er ist kein Fundament, auf dem das Sprachspiel sicher steht. Er ist nur ein Spielzug, von bestimmten begrenzten Zwecken abhängig und in einzelnen Situationen mehr oder weniger hilfreich. Man muß die Regeln des Benennens bereits kennen, um nach der Bedeutung einzelner Wörter fragen und entsprechend belehrt werden zu können.

Die Probleme verschärfen sich, wenn wir jene Wortarten betrachten, an denen die Einführung von bezugnehmenden Prädikatoren durch eine hinweisende Geste scheitern muß. Was tun mit den Zahlwörtern, den Farbmustern und den Ortsbestimmungen? Man könnte zwar versucht sein, auch ein Zahlwort hinweisend einzuführen, indem man auf eine bestimmte Anzahl von Dingen zeigt und dabei das entsprechende Wort ausspricht. Das mag sogar vollkommen exakt sein. Man zeigt auf zwei Nüsse und sagt: »Das heißt ›zwei‹.«

Aber, gibt Wittgenstein zu bedenken, »wie kann man denn die Zwei so definieren? Der, dem man die Definition gibt, weiß ja dann nicht, was man mit ›zwei‹ benennen will; er wird annehmen, daß du diese Gruppe von Nüssen ›zwei‹ nennst! – Er kann dies annehmen; vielleicht nimmt er es aber nicht an. Er könnte ja auch, umgekehrt, wenn ich dieser Gruppe von Nüssen einen Namen beilegen will, ihn als Zahlnamen mißverstehen.‹[20]

Ähnlich vieldeutig ist auch das fundamentale Lehren von Farbnamen. »Das ist rot.« Prinzipiell ist ja nicht auszuschließen, daß ein durch Hinweis beigebrachter Farbname als Personenname oder als Bezeichnung einer Rasse oder vielleicht auch einer Himmelsrichtung verstanden wird. Die Zeigehandlung garantiert kein richtiges Verständnis, kann es auch nicht begründen. Sie ist nicht eindeutig. Auf was und wie zeige ich, wenn ich auf eine Farbe deute? »Worin besteht es denn – ›auf die Form zeigen‹, ›auf die Farbe zeigen‹? Zeig auf ein Stück Papier! – Und nun zeig auf seine Form, – nun auf seine Farbe, nun auf seine Anzahl (das klingt seltsam!) – Nun, wie hast du es gemacht? – Du wirst sagen, du habest jedesmal etwas anderes beim Zeigen ›gemeint‹. Und wenn ich dich frage, wie das vor sich geht, wirst du sagen, du habest deine Aufmerksamkeit auf die Farbe, Form etc. konzentriert. Nun aber frage ich noch einmal, wie das vor sich geht.‹[21] Wittgensteins Antwort ist in der Frage versteckt. Es gibt keine einheitliche Form des »auf-die-Farbe-Zeigens«, und ebenso wenig ein garantierbares einheitliches Verständnis dessen, was mit einer ersten sprachlichen Prädikation wie »dies ist rot« gesagt oder gemeint sein kann.

Wittgenstein hat diesen skeptischen Gedanken am Gebrauch deiktischer Wörter wie »dieses« und »dorthin« weiterentwickelt, und damit jedem Versuch, durch Zeigehandlungen einen disziplinierten Sprachgebrauch *a primis fundamentis* zu begründen, den Boden entzogen: »Wird auch ›dorthin‹ und ›dieses‹ hinweisend gelehrt? – Stell dir vor, wie man ihren Gebrauch etwa lehren könnte! Es wird auf Örter und

EPILOG 253

Dinge gezeigt werden, – aber hier geschieht ja dieses Zeigen auch im Gebrauch der Wörter und nicht nur beim Lernen des Gebrauchs.[22] Dieser Gebrauch ist prädikativ uneinholbar. Er zeigt sich im »dies heißt –«, ohne durch ein »dies heißt ›dies‹« referentiell ausgesagt oder durch ein Zeigen aufs Zeigen indiziert werden zu können. »Dies« ist, anders gesagt, kein Name. Es benennt nichts, auch wenn es so scheinen mag, als könnten wir das Wort »dies« gleichsam zu einem Gegenstand sagen und ihn damit identifizieren.

All diese philosophischen Untersuchungen lassen nur einen Schluß zu: Die Konstruktivisten wollen etwas als unvermittelten Anfang und unhintergehbares Fundament setzen, was als bereits bestehende Sprachspielpraxis immer nur nachträglich verstanden und reflektiert werden kann. Wer zum Beispiel mit einer ursprünglichen sprachlichen Handlung beginnen will, um einen Musikschüler über das Holzblasinstrument Fagott aufzuklären, setzt bereits voraus, daß dieser Schüler die Grammatik der Benennung kennt und versteht, welche Rolle das Wort »Fagott« in der Sprache spielen soll. Nur wenn der Schüler weiß, daß sein Lehrer ihm die Bezeichnungen der Instrumente beibringen will, kann ihm die hinweisende Prädikation »dieses Instrument ist ein Fagott« zum Verständnis des Wortes verhelfen.

Dies ist keine Pfeife

Mit einem dialektischen Denkbild hat René Magritte 1926 jedes prädikative Ursprungskonzept durcheinandergebracht. Unter eine sorgfältig gezeichnete Pfeife schrieb er den verneinenden Hinweis: »Ceci n'est pas une pipe.«

Das Zusammenspiel von Gezeigtem und Gesagtem scheint auf den ersten Blick so einfach zu sein wie jeder prädikative Akt. Die Pfeife, die hier gezeichnet ist, ist leicht als solche zu identifizieren; und ebenso leicht ist das Wort »Pfeife« zu lesen. Man fühlt sich an Schulbücher erinnert, in denen elementares Wissen vermittelt wird. Gerade in dem Moment jedoch, in dem einem bekannten Ding ein vertrauter Name zugesprochen werden müßte, spricht ihn der Satz »dies ist keine Pfeife« dem gezeigten Gegenstand ab. Deshalb empfinden wir Magrittes Bild als einen referentiellen Witz: Zum einen ist es unvermeidbar, die Aussage auf die Zeichnung zu beziehen, wie es das indexikalische Pronomen »dies«, der symbolische Sinn von »Pfeife« und die ikonische Ähnlichkeit von Zeichnung und Ding suggerieren; zum andern jedoch fällt es schwer, eine Ebene zu finden, auf der der Satz »dies ist keine Pfeife« als wahr, falsch oder widersprüchlich bestimmt werden könnte.

Die scheinbar einfache Beziehung zwischen Ding, Bild und Wort ist durch eine harmlose Negation verwirrt worden. Hat René Magritte nicht gewußt, was eine gewöhnliche Pfeife ist und was »Pfeife« bedeutet? Wohl kaum. Verwechselte er möglicherweise die Pfeife mit einem Fagott? Auch das wird nicht der Fall gewesen sein. Die Kenntnis der Dinge und der sprachlichen Zeichen stand hier nicht in Frage. Magritte spielte ein philosophisches Spiel. Er forderte mit seiner Illustration jede Prädikationstheorie *a primis fundamentis* heraus. Denn er hatte ja auch recht mit der Negation. »Dies« ist tatsächlich keine Pfeife. Welches »dies«?

Michel Foucault, der Theoretiker der Ähnlichkeit und der Repräsentation, der untersuchte, wie sich das Verhältnis zwischen den Wörtern und den Dingen, *Les mots et les choses*[23], geschichtlich verändert hat, lieferte einen erhellenden Kommentar zu Magrittes philosophischem Bild: Dies, hinweisend verstanden als die gezeichnete Pfeife, ist keine Pfeife, sondern nur die Zeichnung einer Pfeife. Die prädikative Aussage selbst – »dies ist keine Pfeife« – ist selbstverständlich auch keine Pfeife, sondern nur eine Aussage, die sagt, daß dies keine Pfeife ist. Und schließlich ist in dem Satz »dies ist keine Pfeife« auch »dies« keine Pfeife, sondern nur ein Demonstrativpronomen. Diese ganze Bild-Text-Korrespondenz, diese

Zeichung, diese hingeschriebene Aussage, dieses »dies«: All das ist keine Pfeife. »Nirgendwo ist da eine Pfeife.«[24] Die Negationen haben sich gehäuft, und die Verbindung des Wortes mit dem (gezeichneten) Gegenstand ist immer seltsamer geworden. Ding, Bild und Text sind auseinander gefallen und besitzen keinen gemeinsamen Raum mehr, wo sie sich überlagern oder gegenseitig stützen könnten. Sie sind voneinander geschieden, auch wenn es schwer fällt, diese Scheidung zu akzeptieren. Was so einfach schien, hat uns in einen Wirrwarr geführt, wie er für philosophische Problemsituationen typisch ist.

Auch hier ist es bereits Platon gewesen, der das Problem zugeschärft und damit eine Reflexion in Gang gesetzt hat, die seit mehr als zweitausend Jahren philosophisch beunruhigt. Etwa zwischen 390 und 370 vor Beginn unserer Zeitrechnung hat er den Dialog geschrieben, den wir als Beginn einer philosophischen Beschäftigung mit der Sprache betrachten können. Im *Kratylos* ging es vor allem um die Frage nach der Bedeutung der Wörter. Gibt es, wie Kratylos, einer der ersten philosophischen Lehrer Platons, meinte, so etwas wie eine natürliche Richtigkeit der Wörter, eine Art von mimetischer Benennung, die jeglichem Ding von Natur aus zukommt? Oder sind die sprachlichen Zeichen (Namen), wie Hermogenes, ein Schüler des Sokrates, meinte, nur willkürliche, beliebige Ausdrücke, die auf Gewohnheit und Übereinkunft gründen, ohne mit dem Wesen der benannten Dinge etwas zu tun zu haben?

Sokrates löste dieses Problem durch eine radikale Sprachkritik. Gegen Ende des Dialogs wird das mimetische Namensmodell des Kratylos als Illusion entlarvt und die reine Erkenntnis als eine geistige Form inthronisiert, die sich nicht durch Sprache verleiten lassen dürfe. Der »Dingsinn« (Begriff) wird angesiedelt in einem Reich von transzendenten Ideen, das für sich selbst erkannt werden soll und kann, unabhängig von sprachlichen Benennungen. »SOKRATES: Auf welche Weise man nun Erkenntnis der Dinge erlernen oder selbst finden soll, das einzusehen sind wir vielleicht nicht genug, ich und du; es genüge uns aber schon, darin übereinzukommen, daß nicht durch die Worte, sondern weit lieber durch sie selbst man sie erforschen und kennenlernen muß als durch die Worte. KRATYLOS: Offenbar, Sokrates.[25]

Von dieser platonischen Sprachabstinenz hat sich die Philosophie nicht beherrschen lassen. Selbst Platon hat sie nicht streng durchgehalten. Denn auch im *Kratylos* stimmt der Denker Sokrates in den Chor der Dichter ein und erforscht den Sinn der Wörter, um so dem Wesen der Dinge nahe zu kommen. Der Weg zu den Dingen war schon immer sprachlich vermittelt.

Vor allem durch die sprachanalytische Wende ist seit Beginn des 20. Jahrhunderts die Sprache zum wichtigsten Grundlagenthema der Philosophie geworden. Sie wird als konstitutiv für die Erkenntnis gehalten, die ohne sprachliche Vermittlung nicht gedacht werden kann. Philosophie wird als Sinnkritik im Medium der Sprache praktiziert; und alle Problemstellungen sollen sprachbezogen formuliert und gelöst werden können. So lautet das Programm der sprachanalytischen Philosophie, einer der »Hauptströmungen der Gegenwartsphilosophie«. Mit diesem »linguistic turn« aber sind wir in einen neuen Schlamassel geraten. Denn zum einen können wir nicht mehr verhehlen, daß wir durch die Sprache beherrscht und von ihr durchdrungen sind. Unsere Erkenntnis ist ein sprachvermittelter Diskurs. Aber wir können zum andern nicht übersehen, daß die Erkenntnis der Dinge und Tatsachen nicht problem- und bruchlos in der Sprache einrastet.

Nicht jedes philosophische Problem ist sprachlich begründet. Doch in jeder Philosophie artikuliert sich ein Sprachbewußtsein, das hinsichtlich dieses Problems eine paradoxe Funktion erfüllt: Philosophisch zu denken heißt, ins Labyrinth der Sprache einzutreten mit der Hoffnung, an ihrem Leitfaden einen Ausweg zum Licht der Erkenntnis zu finden. Mit dieser verwirrenden Doppeldeutigkeit der Sprache wird jede philosophische Diskussion eröffnet, was auch immer ihr Thema sein mag: die Natur oder die Ökonomie, der Trieb oder die Seele, die Logik oder die Wissenschaft. Wir können uns diese Aufmerksamkeit auf die Sprache rückblickend an den großen Philosophen und ihren kleinen Dingen in Erinnerung rufen, mit denen wir uns beschäftigt haben. Sie alle ließen sich durch ein besonderes Sprachbewußtsein leiten, um ihrem Denken einen Weg zu zeigen.

Bei JOHANN WOLFGANG GOETHE sollten die Phänomene der Natur für sich stehen. Er wollte sie so sehen, wie sie sich selbst zeigten. Selbst die spekulative Idee der Urpflanze galt ihm nicht als theoretisch erschlossen, sondern aus der aufmerksamen Betrachtung vieler unterschiedlicher Pflanzen gewonnen. Um sie zur Sprache zu bringen, wollte Goethe in der Natur wie in einem Buch lesen. Aber diese Lektüre konnte nur gelingen, weil Goethe auf eine dichterische Sprache vertraute, die den »heiligen Lettern« der Göttin Natur angemessen war. Vor allem in den Epen Homers offenbarte sich ihm ein natürliches Weltganzes. Deshalb konnte seine Idee der Metamorphose der Pflanzen in Homers göttlichem Verwandlungskünstler Proteus ihre mytho-poetische Entsprechung finden; und daraus erklärt sich auch Goethes eigener Versuch, von Urworten und Urpflanzen, Urgestein und Urelementen dichterisch zu sprechen, um so für das »geheime Gesetz« und »heilige Rätsel« der Natur das »lösende Wort« zu finden.

KARL MARX hat auf eine solche wahre Symbolik nicht mehr gesetzt. Für ihn funktionierte die Sprache des materiellen Lebens auf profane Weise. Als gesellschaftlich tätiges Naturwesen beginnt der Mensch nicht damit, die Wirklichkeit geistig-ideell anzuschauen und zu begreifen. Er fängt vielmehr damit an, sich bestimmte Dinge als Befriedigungsmittel der eigenen Bedürfnisse zu produzieren oder anzueignen. So ist in dem Wort »Tisch« nichts anderes festgehalten als die gegenständliche Bedeutungshaftigkeit all dieser Möbelstücke, die uns als Tische nützlich sind. – In diese natürliche Praxis bricht die tauschwertorientierte Warenproduktion ein, die auch den einfachen Tisch in ein »sinnlich übersinnliches Ding« verwandelt. Jetzt muß anders von ihm gesprochen werden. Eine Kritik der Politischen Ökonomie ist erforderlich, die mit abstrakten Begriffen und theoretischen Überlegungen arbeitet, um den Warenfetischismus und sein Geheimnis analysieren zu können. Für Marx war die Sprache ein nützliches Werkzeug des menschlichen Bewußtseins.

SIGMUND FREUD hingegen erschien sie als ein verworrenes Medium unbewußter Wünsche und Triebregungen. Seine Entdeckung des Unbewußten stellt eine ungeheure Herausforderung jeder Psychologie dar, in deren Mittelpunkt die bewußte menschliche Persönlichkeit steht, die ihre Sprache kompetent beherrscht. Freud hat das Nicht-Wissen zum entscheidenden Grund und Sinn menschlichen Handelns und Sprechens erklärt. Nicht nur seinem Enkel, sondern auch ihm war das zwanghafte Spiel mit einer Holzspule rätselhaft. Und er brauchte Jahre, bis er dem kindlichen Gebrauch der einfachen Zeigwörter »da« und »fort« durch den Rückgriff auf die mythischen Triebkräfte *Eros* und *Thanatos* erhellen konnte.

Auch LUDWIG WITTGENSTEIN, Freuds Wiener Zeitgenosse, fühlte sich durch die Sprache eher verwirrt als sicher gelenkt. Es schien ihm, wie er im *Tractatus logico-philosophicus* schrieb, als verkleide die Sprache die Gedanken, »und zwar so, daß man von der äußeren Form des Kleides nicht auf die Form des Gekleideten schließen kann«[26]. Zunächst hoffte er noch, durch logische Analyse der Sprache die Gedanken klar und deutlich machen zu können. Später hat er sich dem eingespielten Funktionieren des gewöhnlichen Sprachgebrauchs zugewandt, um die Verwirrungen auflösen zu können. Am Gebrauch des Wortes »Schmerz« hat er philosophisch untersucht, wie das Sprachspiel seelischer Ereignisse alltäglich stattfindet, wobei er sich aus dem irreführenden Muster von »Name« und »Benanntem« befreite. Nur so war es ihm auch möglich, den Solipsismus der gepanzerten Käferexistenz zu überwinden, in den er sich als junger Mann geflüchtet hatte, um seine Sprache und seine Welt rein zu halten.

RUDOLF CARNAP ließ sich von Wittgensteins früher Sprachkritik dazu anregen, eine logische Syntax und Semantik der Sprache zu konstruieren, die alles auf die Karte begrifflicher Präzision, empirischer Überprüfbarkeit und logischer Ableitung setzte. Durch logische Analyse der Sprache sollte jede Metaphysik als sinnlos überwunden werden. Dieser strenge Anspruch verwirrte Carnap vor allem angesichts der Möglichkeiten, die in Dispositionsprädikaten zum Ausdruck kommen. Er setzte alles daran, den dispositionalen Sprachgebrauch auf eine Sprache der Tatsachen zu »reduzieren«, um nicht im bodenlosen Sumpf bloßer Möglichkeiten zu versinken. Dazu halfen ihm seine Reduktionssätze, für deren Erfolg ein hoher Preis zu zahlen war: Unverwirklichte Möglichkeiten entzogen sich einer wissenschaftlich sinnvollen Beschreibung.

KARL POPPER ist darin seinem Freund nicht gefolgt. Die »Logik der Forschung« ist angewiesen auf den Gebrauch von Dispositionsprädikaten, die sich nicht auf eine Beschreibung unmittelbarer Gegebenheiten reduzieren lassen. In unsere Sprache sind Allgemeinbegriffe eingebaut, die uns einen Spielraum von Möglichkeiten eröffnen. Selbst so einfache Wörter wie »Glas« oder »Wasser« werden verwendet, um die Dispositionen dieser Dinge oder Substanzen, in gewisser Weise zu reagieren, zu bezeichnen. Als dispositionale Allgemeinbegriffe übersteigen sie den Bereich des sinnlich Erlebbaren. Sie lenken unsere Aufmerksamkeit auf mögliche Regelmäßigkeiten, über die wir stets nur Vermutungen anstellen können. Der notwendige Gebrauch von »Universalien« zwingt uns zu einer »Transzendenz der Darstellung«, die Popper gegen Platons transzendente, vergöttlichte Ideen-Welt auf den Boden eines ganz und gar diesseitigen Vermutungswissens zurückgeholt hat.

WALTER BENJAMIN hat unter einem Baum auf Ibiza erlebt, was jeder empirisch oder logisch gerichteten Sprachauffassung unbegreiflich bleiben muß. Die magische Kraft der Poesie wurde wirksam angesichts eines Baums, dessen Aura in Benjamin ihr sprachliches Echo fand. Baum und Sprache »vermählten« sich und zeugten eine Bilderrede, in der die höchste Fähigkeit des Menschen zum Ausdruck kam: sein mimetisches Vermögen, durch das sich ihm das Wesen der Dinge zu offenbaren vermag. Wie Goethe, dessen Welt unmittelbare Anschauung sein sollte, hat auch Benjamin im Buch der Natur zu lesen versucht; und ebenso wie Goethe hat er aus der Sprache der Dichtung geschöpft, um dem Geheimnis der Welt entsprechen zu können.

Am Beginn dieser philosophischen Reise stand ein Wegweiser: Statt nach dem metaphysischen Wesen des Dings zu fragen, wollte ich den besonderen Gebrauch verstehen, den die einzelnen Philosophen von ihren Dingen machten. Diese Verwendung erschien im Koordinatensystem der alltäglich eingespielten Lebensform als mehr oder weniger »verrückt«. Im Rückblick läßt sich dieser Ruck der denkerischen Haltung auch als ein sprachphilosophischer Akt entziffern. Der unreflektiert funktionierende Sprachgebrauch ist philosophisch problematisch geworden im ursprünglichen Sinn des Wortes. Denn *problema* bedeutete zunächst soviel wie Hindernis, Barriere, Herausforderung, das Vorgeworfene, das von den Göttern und den Weisen als Rätsel hingeworfen worden ist. Wie hängen weltliche Phänomene und physische Dinge, psychische Empfindungen und geistige Gedanken, alltägliche Wörter und theoretische Begriffe zusammen? Sie scheinen aufeinander zugeschnitten zu sein und ohne einander nicht bestehen zu können. Aber die philosophische Reflexion kann die Brücken und Barrieren nicht übersehen, die hier im Spiel sind. Ein Ursprungsdenken, das durch elementare Prädikationen wie »Dies ist ein Fagott« Ding, Wahrnehmung und Wort zusammenschweißen will, muß scheitern. Das hat Magritte mit seinem irritierenden Hinweis »Dies ist keine Pfeife« veranschaulicht. Und da würde es auch nichts nützen, wenn man zu wiederholten Malen sagen würde: »Ich weiß, daß das eine Pfeife ist«, während man mit einem Philosophen im Garten sitzt und Pfeife raucht.

Wie groß aber wäre erst unsere Verwirrung, wenn wir diese einfache Pfeife so sehen würden, wie es Goethe, Marx, Freud, Wittgenstein und die anderen großen Philosophen mit ihren alltäglichen Dingen vorgemacht haben! Nichts bliebe so, wie es dem Alltagsbewußtsein als selbstverständlich erscheint. Doch gerade darin besteht ja der verführerische Reiz des Rucks, zu dem uns die Philosophie seit ihren griechischen Anfängen aufgefordert hat mit dem uneinlösbaren Versprechen Platons, uns die Dinge endlich so zu zeigen, wie sie wirklich sind.

Wer sich in den Irrgarten der Sprache begibt, um von den ersten Grundlagen, *a primis fundamentis*, an neu zu beginnen, findet zwar viele begehbare Wege, von der Formelsprache des reinen Denkens bis zur Bilderrede der dichterischen Einbildungskraft, aber kein

ENDE.

Anmerkungen

Vorwort

1 L. Wittgenstein: Über
  Gewißheit. Frankfurt/Main
  1970, S. 121
2 M. Heidegger: Die Frage nach
  dem Ding. Tübingen 1975,
  2. Aufl., S. 1
3 Platon: Theaitetos, 174 a
4 L. Wittgenstein: Philosophische Untersuchungen,
  Nr. 153. In: Schriften.
  Frankfurt/Main 1960

Fächerpalme und Nelkenstock

1 Aus dem Fragment Nausikaa.
  In: Goethe erzählt sein Leben.
  München 1972, S. 268
2 J. W. Goethe: Tagebuch,
  29.3.1787. In: Ebd., S. 266
3 J. W. Goethe: Italienische Reise.
  München 1999, 7. Aufl., S. 266
4 Ebd., S. 375
5 J. J. Rousseau: Brief an Males-
  herbes. In: Schriften. Band 1
  (hrsg. von Henning Ritter).
  München u. Wien 1978, S. 483
6 J. J. Rousseau: Abhandlung
  über die Wissenschaften und
  Künste. In: Ebd., S. 35 f.
7 J. J. Rousseau: Der Gesellschaftsvertrag. Stuttgart 1963,
  S. 30

8 J. J. Rousseau: Die Bekenntnisse. München 1981, S. 631
9 Ebd., S. 62
10 J. J. Rousseau: Träumereien
   eines einsamen Spaziergängers. In: Schriften. Band 2,
   S. 727
11 J. W. Goethe: Schriften zur
   Botanik und Wissenschafts-
   lehre. (dtv Gesamtausgabe.
   39). München 1963, S. 56
12 Ebd., S. 174
13 Ebd., S. 50
14 Goethes Briefe an Charlotte
   von Stein. Zweiter Band.
   Erster Teil (hrsg. von Julius
   Petersen). Leipzig 1923,
   S. 256–258
15 J. W. Goethe: Italienische
   Reise. München 1999, 7. Aufl.,
   S. 25
16 J. W. Goethe: Schriften zur
   Botanik, a.a.O., S. 61
17 Ebd., S. 62
18 J. W. Goethe: Italienische
   Reise, a.a.O., S. 60
19 J. W. Goethe: Schriften zur
   Botanik, a.a.O., S. 62
20 J. W. Goethe: Italienische
   Reise, a.a.O., S. 60
21 J. W. Goethe: Schriften zur
   Botanik, a.a.O., S. 63
22 J. W. Goethe: Italienische
   Reise, a.a.O., S. 222
23 Ebd.

24 Ebd., S. 375

25 Ebd., S. 377

26 Ebd.

27 J. W. Goethe: Schriften zur Botanik, a.a.O., S. 46

28 Ebd., S. 67

29 Ebd., S. 35

30 Ebd.

31 Ebd.

32 Ebd., S. 175

33 Ebd., S. 176

34 In: Friedrich Burschell: Schiller. Hamburg 1958, S. 98

35 Ebd., S. 96

36 Ebd., S. 107 f.

37 Der Briefwechsel zwischen Schiller und Goethe. Erster Band. Briefe der Jahre 1794–1797. (hrsg. von Siegfried Seidel). München 1984, S. 8

38 J. W. Goethe: Schriften zur Botanik, a.a.O., S. 182

39 Ebd.

40 Der Briefwechsel zwischen Schiller und Goethe, a.a.O., S. 9

41 Ebd.

42 J. W. Goethe: Schriften zur Botanik, a.a.O., S. 182

43 Platon: Sophistes, 246 b

44 Platon: Phaidros, 249 b

45 J. W. Goethe: Schriften zur Botanik, a.a.O., S. 181

46 Ebd.

47 Ebd., S. 180

48 J. W. Goethe: Italienische Reise, a.a.O., S. 323

49 Ebd., S. 375

50 Homer: Odyssee. Vierter Gesang, Vs. 414–424

51 J. W. Goethe: Schriften zur Botanik, a.a.O., S. 102

52 In: Goethes Werke. Hamburger Ausgabe in 14 Bänden. Band. 12. Hamburg 1981, S. 433

53 J. W. Goethe: Schriften zur Botanik, a.a.O., S. 71

54 Ebd., S. 72

Der verrückte Tisch

1 Daniel Defoe: Robinson Crusoe (1719). Frankfurt/Main 1973, S. 94

2 Karl Marx/Friedrich Engels: Werke. Hrsg. vom Institut für Marxismus-Leninismus beim ZK der SED. Berlin (Ost) 1956 ff., Bd. 28, S. 129. (Diese sog. »blauen Bände« werden im Folgenden als »MEW« zitiert.)

3 K. Marx/F. Engels: Briefe über Das Kapital. Berlin (Ost) 1954, S. 79

4 K. Marx: Grundrisse der Kritik der politischen Ökonomie (Rohentwurf 1857–1858). Frankfurt/Main und Wien o.J., S. 265

5 Ebd., S. 52

6 Ebd., S. 53

7 Ebd., S. 56

8 Ebd., S. 77

9 Ebd., S. 80

10 MEW 23, S. 12

11 Ebd.

12 MEW 13, S. 15

13 MEW 23, S. 74

14 K. Marx/F. Engels: Briefe über Das Kapital, a.a.O., S. 130

15 Ebd.

16 MEW 23, S. 85

17 MEW 23, S. 97

18 Heinrich Heine: Ludwig Marcus. In: Sämtliche Werke Bd. XIV. München 1964, S. 43

19 Zit. in : MEW Ergänzungsband. Schriften bis 1844. Erster Band, S. 438

20 Ebd., S. 440 f.

21 MEW 19, S. 293
22 MEW Ergänzungsband. Schriften bis 1844, a.a.O., S. 262
23 Ebd., S. 260
24 Ebd., S. 229
25 G. W. F. Hegel: Phänomenologie des Geistes. Werke in zwanzig Bänden. Band 3. Frankfurt/Main 1970, S. 593
26 Ebd., S. 591
27 MEW Ergänzungsband. Schriften bis 1844, a.a.O., S. 578
28 MEW 2, S. 7
29 MEW 3, S. 131
30 MEW 3, S. 133
31 MEW 3, S. 136
32 MEW 3, S. 143
33 Platon: Phaidon, 81 d
34 Platon: Timaios, 71 a
35 MEW 3, S. 28
36 MEW 4, S. 457
37 Heinrich Heine: London. In Sämtliche Werke. Band VI. München 1964, S. 70
38 MEW 13, S. 69
39 MEW 13, S. 70
40 MEW 1, S. 9
41 MEW 13, S. 632
42 MEW 13, S. 15
43 MEW 13, S. 16
44 MEW 23, S. 192
45 MEW 23, S. 195
46 MEW 4, S. 67
47 MEW 23, S. 51
48 MEW 23, S. 62
49 MEW 23, S. 56
50 MEW 23, S. 52
51 MEW 13, S. 16
52 MEW 23, S. 87
53 MEW 23, S. 86
54 MEW 23, S. 848
55 MEW 9, S. 100
56 MEW 9, S. 97
57 MEW. Ergänzungsband.

Schriften bis 1844, a.a.O., S. 536
58 MEW 3, S. 35
59 MEW 4, S. 461
60 Ebd.
61 MEW 8, S. 117
62 MEW 23, S. 15
63 MEW 23, S. 55
64 MEW 23, S. 55
65 MEW 13, S. 21
66 MEW 4, S. 482
67 MEW 23, S. 92

Die hölzerne Spule

1 J. W. Goethe: Faust. Der Tragödie erster Teil. Studierzimmer
2 Sigmund Freud: Gesammelte Werke. Chronologisch geordnet. (17 Bände). London 1941 ff. (Im folgenden zitiert als G.W.), Band XIV, S. 374
3 G.W. XIV, S. 472
4 Ebd., S. 473
5 Ebd., S. 471
6 J. W. Goethe: Faust, a.a.O.
7 G.W. XIV, S. 479
8 G.W. X, S. 329. Die biographische Recherche stützt sich vor allem auf Ernest Jones: Das Leben und Werk von Sigmund Freud. 3 Bände. Bern und Stuttgart 1960/62; Max Schur: Sigmund Freud – Leben und Sterben. Frankfurt/Main 1977; Peter Gay: Freud – Eine Biographie für unsere Zeit. Frankfurt/Main 1995
9 G.W. X, S. 336
10 Ebd., S. 344
11 Ebd., S. 359
12 Ebd., S. 360
13 Ebd., S. 361

14 G.W. XIII, S. 11
15 Vgl. Jean Piaget: Nachahmung, Spiel und Traum. Stuttgart 1975
16 G.W. XIII, S. 12
17 Ebd., S. 13
18 Ebd., S. 14
19 G.W. VIII, S. 153
20 G.W. XII, S. 18
21 Ebd., S. 21 f.
22 G.W. XIII, S. 12 f.
23 Ebd., S. 13
24 G.W. VII, S. 214
25 G.W. XIII, S. 13
26 Ebd., S. 15
27 G.W. XIII, S. 435
28 S. Freud: Brief an Oskar Pfister vom 27.1.1920. Zit. in: M. Schur: Sigmund Freud, a.a.O., S. 394
29 G.W. XIII, S. 14
30 Ebd., S. 40
31 Ebd., S. 23
32 G.W. XIV, S. 478
33 In E. Jones: Das Leben und Werk von Sigmund Freud III, S. 58
34 G.W. II/III
35 Ebd., S. 602
36 G.W. XIV, S. 471
37 Ebd., S. 481
38 G.W. XIII, S. 11
39 G.W. II/III, S. 123
40 G.W. XIII, S. 67
41 Ebd., S. 38
42 Ebd., S. 40
43 G.W. XII, S. 251
44 S. Freud: Brief an E. Jones. Zit. in: M. Schur: Sigmund Freud, a.a.O., S. 393
45 In P. Gay: Sigmund Freud, a.a.O., S. 442
46 G.W. XIII, S. 47
47 Vgl. A. Weismann: Das Keimplasma. Eine Theorie der Vererbung. 1892

48 G.W. XIII, S. 53
49 Arthur Schopenhauer: Die Welt als Wille und Vorstellung II. Zweiter Halbband. Zürich 1977, S. 594
50 In seinem frühen Entwurf einer Psychologie, vgl. S. Freud: Aus den Anfängen der Psychoanalyse, a.a.O., S. 306
51 G.W. XIII, S. 60
52 A. Schopenhauer: DieWelt als Wille und Vorstellung, a.a.O., S. 596
53 G.W. XIII, S. 62
54 Ebd., S. 62
55 Platon: Symposion, 190 d
56 Freud fährt fort: »Ich glaube, es ist hier die Stelle, abzubrechen.« (G.W. XIII, S. 63)
57 G. Deleuze und F. Guattari: Anti-Ödipus (1972). Frankfurt/Main 1977, S. 27
58 Vgl. Jacques Lacan: Schriften. 3 Bände. Olten 1973/75/80
59 D. W. Winnicott: Vom Spiel zur Kreativität. Stuttgart 1997, 9. Aufl.
60 G.W. XIII, S. 64
61 G.W. XVI, S. 90
62 Ebd., S. 91
63 Empedokles. In: Wilhelm Capelle (Hrsg.): Die Vorsokratiker. Stuttgart 1968, S. 195
64 G.W. XVI, S. 92
65 G.W. XIII, S. 64
66 L.Wittgenstein: Vorlesungen über Ästhetik, Psychoanalyse und religiösen Glauben. Düsseldorf und Bonn 1996, 2. Aufl., S. 61
67 L.Wittgenstein: Tractatus logico-philosophicus, Satz 6.52. In: Schriften. Frankfurt 1960

Der Käfer in der Schachtel

1 S. Freud: Die Traumdeutung. Gesammelte Werke II/III, S. 295

2 Ebd., S. 296

3 L.Wittgenstein: Vorlesungen über Ästhetik, Psychoanalyse und religiösen Glauben. Düsseldorf und Bonn 1996, 2. Aufl., S. 61

4 L.Wittgenstein: Philosophische Untersuchungen, Nr. 422. In: Schriften. Frankfurt/Main 1960

5 Ebd., Nr. 295

6 Ebd., Nr. 283

7 Zit. in: Norman Malcolm: Erinnerungen an Wittgenstein. Frankfurt/Main 1987, S. 46

8 F. Kafka: Die Verwandlung. In: Erzählungen. Frankfurt/Main o. J., S. 57

9 F. Kafka: Tagebücher 1910-1923. Frankfurt/Main o.J., S. 224 ff.

10 F. Kafka: Hochzeitsvorbereitungen auf dem Lande. Frankfurt/Main o.J., S. 10

11 L.Wittgenstein: Geheime Tagebücher 1914–1916 (hrsg. von Wilhelm Baum). Wien 1991, S. 70

12 L.Wittgenstein: Tagebücher 1914–1916. In: Schriften. Frankfurt/Main 1960, S. 175

13 Ebd., S. 173

14 Zit. in: Ray Monk: Wittgenstein. Stuttgart 1994, S. 55

15 Ebd., S. 59

16 Ebd., S. 134

17 L.Wittgenstein: Tractatus logico-philosophicus, Satz 1. In: Schriften. Frankfurt/Main 1960

18 Ebd., Satz 7

19 Ebd., S. 10

20 Ebd., Satz 5.621

21 Ebd., Satz 5.63

22 Ebd., Satz 5.62

23 Ebd., Satz 6.4311

24 Zit. in: Ray Monk: Wittgenstein, a.a.O., S. 275

25 L. Wittgenstein: Philosophische Bemerkungen. I. Band (Wiener Ausgabe, hrsg. von Michael Nedo). Wien und New York 1994, S. 4

26 Ebd., S. 126

27 L.Wittgenstein: Philosophische Bemerkungen (= Schriften 2). Frankfurt/Main 1964, S. 51

28 L.Wittgenstein: Manuskript 107. Zit. in: Merrill B. Hintikka und Jaakko Hintikka: Untersuchungen zu Wittgenstein. Frankfurt/Main 1990, S. 186

29 L.Wittgenstein: Philosophische Bemerkungen. II. Band (Wiener Ausgabe), S. 163

30 Oliver Sacks: Der Mann, der seine Frau mit einem Hut verwechselte. Reinbek bei Hamburg 1988, S. 25

31 Ebd., S. 26

32 Ebd., S. 22

33 L.Wittgenstein: Philosophische Bemerkungen. I. Band (Wiener Ausgabe), S. 192

34 L.Wittgenstein: Philosophische Bemerkungen. II. Band (Wiener Ausgabe), S. 183

35 L.Wittgenstein: Philosophische Untersuchungen, a.a.O., Nr. 153

36 Ebd., Nr. 304

37 Ebd., Nr. 664

38 Ebd., Nr. 66

39 Ebd., Nr. 51

40 Ebd., Nr. 283

41 L.Wittgenstein: Bemerkungen über die Philosophie der Psychologie (= Schriften 8). Frankfurt/Main 1982, S. 62

42 L.Wittgenstein: Tractatus logico-philosophicus, a.a.O., Satz 5.6

43 In: Schriften, Frankfurt/Main 1960, S. 286

44 Zit. in: N. Malcolm: Erinnerungen an Wittgenstein, a.a.O., S. 132

Das verbrannte Streichholz

1 In: Aristotelis Analyticorum Priorum Librum I. Commentarium, Satz 183. Zit. In: J. M. Bochenski: Formale Logik. Freiburg und München 1956, S. 132

2 Dear Carnap, Dear Van. The Quine-Carnap Correspondence (hrsg. von Richard Creath). Berkeley, Los Angeles und London 1990, S. 212

3 Ebd., S. 214

4 Ebd.

5 R. Carnap: Mein Weg in die Philosophie. Stuttgart 1993, S. 53

6 Ebd.

7 Moritz Schlick: Fragen der Ethik. Frankfurt/Main 1984, S. 193

8 Dear Carnap, Dear Van, a.a.O., S. 204

9 Ebd., S. 212

10 Vgl. R. Carnap: Überwindung der Metaphysik durch logische Analyse der Sprache. In: Erkenntnis 2 (1931), S. 219–241. Vgl. auch R. Carnap: Scheinprobleme in der Philosophie (1928). Frankfurt/Main 1966

11 L.Wittgenstein: Tractatus logico-philosophicus, Satz 4.112, a.a.O.

12 R. Carnap: Testability and Meaning. In: Philosophy of Science 3 (1936), S. 419–471; 4 (1937), S. 1–40. Ich zitiere nach dem verkürzten Nachdruck in Herbert Feigl und May Brodbeck (Hrsg.): Readings in the Philosophy of Science. New York 1953, S. 47–92. Ebd. S. 52 (Übersetzung von mir)

13 Ebd., S. 53

14 Rudolf Carnap, Hans Hahn und Otto Neurath: Wissenschaftliche Weltauffassung – Der Wiener Kreis (1929). In: Hubert Schleichert (Hrsg.): Logischer Empirismus. München 1975, S. 201–222, S. 211

15 R. Carnap: Mein Weg in die Philosophie, a.a.O., S. 8

16 Ebd., S. 6

17 Gottlob Frege: Begriffsschrift. Halle 1879

18 R. Carnap: Mein Weg in die Philosophie, a.a.O., S. 19

19 G. Frege: Begriffsschrift, a.a.O., S. 5

20 Sextus Empiricus: Adversus Mathematicos VIII, 113 f. Zit. In: J. M. Bochenski: Formale Logik. Freiburg und München 1956, S. 134. Vgl. William und Martha Kneale: The Development of Logic. Oxford 1962, S. 128–138

21 L.Wittgenstein: Tractatus logico-philosophicus, a.a.O., Satz 5.101

22 R. Carnap: Logische Syntax der Sprache. Wien und New York 1968 (2. Aufl.), S. 198; vgl. auch ders.: Einführung in

die symbolische Logik. Wien 1960 (2. Aufl.), S. 8 f.

23 R. Carnap: Testability and Meaning, a.a.O., S. 53

24 Zit. in J. M. Bochenski: Formale Logik, a.a.O., S. 132

25 Diogenes Laertius: Leben und Meinungen berühmter Philosophen. Hamburg 1990 (3. Aufl.), S. 129

26 Vgl. A. Pap: Reduction sentences and open concepts. In: Methodos 5 (1953), S. 3–30; N. Rescher: Hypothetical Reasoning. Amsterdam 1964; W. Sellars: Counterfactuals, dispositions, and causal modalities. In: H. Feigl, G. Maxwell, M. Scriven (Hrsg.): Minnesota Studies in the Philosophy of Science, Band II. Minneapolis 1958; K. Popper: Conjectures and Refutations. London 1963

27 W.V.O. Quine: Die Wurzeln der Referenz. Frankfurt/Main 1976, S. 23 f.

28 N. Goodman: Tatsache, Fiktion, Vorraussage (1959). Frankfurt/Main 1975, S. 80

29 Ebd., S. 29f.

Ein Glas Wasser

1 K. Popper: Logik der Forschung. Tübingen 1969, 3. vermehrte Aufl., S. 20

2 R. Carnap: Der logische Aufbau der Welt. Frankfurt/Main, Berlin und Wien 1979, 4. Aufl., S. XIX (Vorwort: Wien, Mai 1928)

3 Ebd., S. XX

4 R. Carnap: Überwindung der Metaphysik durch logische Analyse der Sprache. In:

Hubert Schleichert (Hrsg.): Logischer Empirismus. München 1975, S. 149–171, S. 170

5 Vgl. M. Geier: Der Wiener Kreis. Reinbek bei Hamburg 1992; M. Geier: Karl Popper. Reinbek bei Hamburg 1994

6 R. Carnap: Mein Weg in die Philosophie. Stuttgart 1993, S. 32

7 K. Popper: The Demarcation Between Science and Metaphysics. In: P. A. Schilpp (Hrsg.): The Philosophy of Rudolf Carnap. La Salle/Illinois 1963, S. 183–226, S. 184

8 K. Popper: Ausgangspunkte. Hamburg 1979, S. 123

9 R. Carnap: Über Protokollsätze. In: H. Schleichert (Hrsg.): Logischer Empirismus. München 1975, S. 81–94, S. 81

10 Ebd., S. 90

11 K. Popper: Logik der Forschung, a.a.O., S. 61

12 R. Carnap: Der logische Aufbau der Welt, a.a.O.

13 K. Popper: Logik der Forschung, a.a.O., S. 61

14 K. Popper: Über die Stellung des Lehrers zur Schule und Schüler. In: Schulreform 4 (1925), S. 204

15 K. Popper: Logik der Forschung, a.a.O., S. 76 (Zusatz 1968)

16 Ebd., S. 51

17 K. Popper: Vermutungen und Widerlegungen. Teilband 2. Tübingen 1997, S. 403

18 K. Popper: Logik der Forschung, a.a.O., S. 378

19 K. Popper: Vermutungen und Widerlegungen. Teilband 1, Tübingen 1994, S. 174

ANMERKUNGEN

20 K. Popper: Logik der Forschung, a.a.O., S. 76

21 K. Popper: Objektive Erkenntnis. Hamburg 1973, S. 86

22 K. Popper: Logik der Forschung, a.a.O., S. 76

23 Ebd., S. 75 f.

24 K. Popper: Alles Leben ist Problemlösen. München 1994, S. 143 f.

25 K. Popper: Ausgangspunkte, a.a.O., S. 123

26 Platon: Phaidros, 249 b

27 K. Popper: Die offene Gesellschaft und ihre Feinde. Band I. Der Zauber Platons. Tübingen 1992, 7. Aufl., S. 32 ff.

28 Ebd., S. 158

29 K. Popper: Auf der Suche nach einer besseren Welt. München 1991, 6. Aufl., S. 196

30 K. Popper: Ausgangspunkte, a.a.O., S. 21 f.

31 K. Popper: Die offene Gesellschaft, a.a.O., S. 40

32 Ebd.

Unter einem Baum

1 W. Benjamin: Angelus Novus. Ausgewählte Schriften 2. Frankfurt/Main 1966, S. 11

2 Ebd., S. 179-182

3 W. Benjamin: Denkbilder. Frankfurt/Main 1974, S. 125 f.

4 G. Scholem: Walter Benjamin – die Geschichte einer Freundschaft. Frankfurt/Main 1975, S. 233

5 W. Benjamin: Briefe 2. Hrsg. und mit Anmerkungen versehen von Gershom Scholem und Theodor W. Adorno. Frankfurt/Main 1978, S. 532

6 Ebd., S. 537

7 Ebd., S. 533

8 Zit. in G. Scholem: Walter Benjamin, a.a.O., S. 224

9 W. Benjamin: Briefe 2, a.a.O., S. 547

10 Ebd., S. 548

11 Ebd., S. 551

12 Zit. in G. Scholem: Walter Benjamin, a.a.O., S. 231

13 W. Benjamin: Angelus Novus, a.a.O., S. 180 f.

14 W. Benjamin: Das Kunstwerk im Zeitalter seiner technischen Reproduzierbarkeit. Frankfurt/Main 1963, S. 83

15 W. Benjamin: Über Haschisch. Frankfurt/Main 1972, S. 65

16 W. Benjamin: Briefe 2, a.a.O., S. 556

17 W. Benjamin: Über Haschisch, a.a.O., S. 107

18 Ebd., S. 122

19 W. Benjamin: Angelus Novus, a.a.O., S. 201

20 W. Benjamin: Briefe 1. Frankfurt/Main 1978, S. 128

21 W. Benjamin: Angelus Novus, a.a.O., S. 20

22 Ebd., S. 22

23 Ebd., S. 22 f.

24 Ebd., S. 19

25 Ferdinand de Saussure: Grundfragen der allgemeinen Sprachwissenschaft. Berlin 1967. 2. Aufl., S. 77

26 Ebd., S. 79

27 W. Benjamin: Angelus Novus, a.a.O., S. 19

28 Das erste Buch Mose. 3, 24

29 G. Scholem: Walter Benjamin, a.a.O., S. 233

30 W. Benjamin: Angelus Novus, a.a.O., S. 96

31 W. Benjamin: Lehre vom Ähnlichen. In: Siegfried Unseld (Hrsg.): Zur Aktualität

Walter Benjamins.
Frankfurt/Main 1972, S. 23

32 W. Benjamin: Angelus Novus,
a.a.O., S. 96

Baum, Fagott und Pfeife

1 Paul Lorenzen: Grundbegriffe
technischer und politischer
Kultur. Frankfurt/Main 1985,
S. 29

2 Vgl. G. E. Moore: Eine Verteidigung des Common Sense.
Fünf Aufsätze aus den Jahren
1903–1941. O.O. 1969

3 Norman Malcolm: Erinne-
rungen an Wittgenstein.
Frankfurt/Main 1987, S. 117 f.

4 Ebd., S. 125

5 Ebd., S. 199

6 L. Wittgenstein: Über
Gewißheit. Frankfurt/Main
1970

7 In: N. Malcolm: Erinnerungen
an Wittgenstein, a.a.O., S. 216

8 L. Wittgenstein: Über
Gewißheit, a.a.O., S. 121

9 L. Wittgenstein: Philosophische Untersuchungen.
Nr. 38. In: Schriften 1960

10 Wilhelm Kamlah und Paul
Lorenzen: Logische Propä-
deutik. Vorschule des vernünftigen Redens. Mannheim 1967,
S. 14

11 Vgl. P. Lorenzen: Konstruktive
Wissenschaftstheorie.
Frankfurt/Main 1974; ders.:
Methodisches Denken.
Frankfurt 1974

12 P. Lorenzen und Oswald
Schwemmer: Konstruktive
Logik, Ethik und Wissen-
schaftstheorie. Mannheim
1975, S. 11

13 R. Descartes: Meditationen
über die Grundlagen der Philosophie. Hamburg 1960, S. 15

14 W. Kamlah und P. Lorenzen:
Logische Propädeutik, a.a.O.,
S. 16 f.

15 P. Lorenzen: Methodisches
Denken, a.a.O., S. 28 f.; vgl.
Hans Blumenberg: Schiff-
bruch mit Zuschauer.
Frankfurt/Main 1979, S. 72 ff.

16 Jürgen Mittelstraß: Die
Möglichkeit von Wissenschaft.
Frankfurt/Main 1974, S. 201

17 W. Kamlah und P. Lorenzen:
Logische Propädeutik, a.a.O.,
S. 27

18 Ebd., S. 28

19 W. V. O. Quine: Die Wurzeln
der Referenz, a.a.O., S. 71

20 L. Wittgenstein: Philosophische Untersuchungen
Nr. 28, a.a.O

21 Ebd., Nr. 33

22 Ebd., Nr. 9

23 Michel Foucault: Les mots et
les choses. Paris 1966. Dt.
Übersetzung: Die Ordnung
der Dinge. Frankfurt/Main
1971

24 Michel Foucault: Dies ist
keine Pfeife. Frankfurt/Main,
Berlin und Wien 1983, S. 21

25 Platon: Kratylos, 439 b

26 L. Wittgenstein: Tractatus
logico-philosophicus
Satz 4.002, a.a.O.

ANMERKUNGEN 273

Namensregister

Alexander Aphrodisiensis 154, 179
Aristophanes 112
Aristoteles 15, 56, 59, 179, 209

Baudelaire, Charles 216
Benjamin, Dora 216f.
Benjamin, Walter 14, 15, **211–235**, 239, 260f.
Berkeley, George 115, 132f., 135, 139, 141
Bernays, Martha 104, 113
Bevan, Edward 241
Black, Max 240
Brown, Stuart 240
Buñuel, Luis 123, 124

Carnap, Ina 155, 159f., 169, 180, 186, 213
Carnap, Rudolf 14, 17, 142–144, **153–181**, 185–189, 190, 191, 197, 202, 213, 239, 260
Cohn, Jula 217, 220

Defoe, Daniel 50
Deleuze, Gilles 114
Deneuve, Catherine 123
Derrida, Jacques 15, 250
Descartes, René 246, 249, 250
Diderot, Denis 23
Diodoros Kronos 154, 176, 179f.
Diogenes Laertius 179

Elisabeth II. 210
Empedokles 117
Engels, Friedrich 51, 54, 62, 67f.,

69, 83f.
Epikur 63

Feigl, Herbert 187f., 191, 213
Feigl, Maria 187, 213
Fichte, Johann Gottlieb 38
Foucault, Michel 15, 255
Frank, Philipp 189
Frege, Gottlob 131, 164, 171–175
Freud, Amalia 93, 95
Freud, Jacob 93
Freud, Martha *siehe Bernays, Martha*
Freud, Sigmund 13, 15, 16, 17, **89–118**, 120–122, 124, 145, 150, 239, 259, 262
Freud, Sophie *siehe Halberstadt, Sophie*
Freund, Anton von 102, 109
Friedrich Wilhelm IV. 51, 60–62

Goethe, Johann Wolfgang 13, 15, 16, 17f., **19–47**, 59, 70, 71f., 92, 94, 97–99, 118, 216, 218, 258, 261, 262
Goodman, Nelson 160, 181
Guattari, Félix 114
Guizot, François 62

Halberstadt, Ernst 95–101, 102, 105, 107, 113–115
Halberstadt, Max 97
Halberstadt, Sophie 95–97, 100–102, 109, 110, 115
Hegel, Georg Friedrich 53, 63, 66,

67, 69
Heidegger, Martin 11, 12
Heine, Heinrich 60, 70, 91
Herder, Johann Gottfried 23, 31, 45
Hermogenes 256
Hitler, Adolf 158, 203
Hoffmann, Ernst Theodor Amadeus 108
Homer 21, 31, 45–47, 72, 258
Humboldt, Alexander von 17, 59, 60, 62, 70
Humboldt, Wilhelm von 38
Hume, David 132, 187

Janich, Peter 245
Jones, Ernest 109

Kafka, Franz 126–129, 145, 150
Kambartel, Friedrich 245
Kamlah, Wilhelm 245, 249, 251
Kant, Immanuel 11, 36, 41, 42, 187, 249
Keynes, John Maynard 137
Körner, Christian Gottfried 37
Kratylos 256f.

Lacan, Jacques 114
Lacis, Asja 217
Lassalle, Ferdinand 54
Levasseur, Thérèse 34f.
Levy, Lajos 110
Locke, John 132
Lorenz, Kuno 245
Lorenzen, Paul 14, 238, 245, 248, 249, 251
Louis Bonaparte 84
Louis Philippe 60
Low, Barbara 111

Magritte, René 254f., 261
Malcolm, Norman 240f., 242
Marx, Jenny 60, 62, 64, 79
Marx, Karl 13, 15, 16, 17, **49–87**, 91f., 239, 258f., 262
Meissner, Otto 57
Moore, George Edward 138, 240,

242
Morrell, Ottoline 131f.
Morris, Charles 159
Napoleon I. 84
Napoleon III. 84
Neurath, Otto 144, 202
Newton, Isaac 42

Pap, Arthur 180
Parem, Olga 219
Philon von Megara 173f., 179
Platon 12, 15, 16, 41, 42, 43f., 47, 63, 65f., 68f., 72, 75, 112, 202–210, 245, 256f., 260, 262
Popper, Josefine Anna 187, 202, 213
Popper, Karl 14, 15, 16, 17, 181, **183–210**, 213, 240, 260
Propertius 79
Proudhon, Pierre Josef 69
Proust, Marcel 216
Ptolemaios Soter 179

Quine, Willard Van Orman 155f., 157, 159f., 181, 251

Reichenbach, Hans 202
Rescher, Nicholas 180
Ricardo, David 53
Rousseau, Jean-Jacques 13, 15, 19, 23–28, 30f., 34f., 39, 47
Russell, Bertrand 131f., 134, 138, 164, 171, 174f.

Sacks, Oliver 140f.
Saussure, Ferdinand de 228, 239
Schiller, Friedrich 34, 36–40, 41f., 44, 46
Schilpp, Paul Arthur 185
Schlick, Moritz 144, 159, 189, 202
Scholem, Gershom 215, 216f., 219, 222, 225, 232
Schopenhauer, Arthur 111f.
Schwemmer, Oswald 245
Sellars, Wilfrid 180
Sextus Empiricus 173
Shakespeare, William 78

Smith, Adam 53
Sokrates 110, 206, 209, 256f.
Sonnerat, Pierre 251
Spinoza, Baruch de 42f.
Stein, Charlotte von 28, 34
Stilpon 179
Stirner, Max 67, 69

Thales von Milet 12
Tschech, Heinrich Ludwig 61

Vulpius, Christiane 34f., 47

Waismann, Friedrich 142, 144
Weismann, August 110
Westphalen, Ludwig von 64
Whitehead, Alfred North 174
Winnicott, Donald 115
Wittgenstein, Ludwig 10, 12, 13f.,
    15, 16, 17, 118, **119–151**, 162, 164,
    171, 174f., 190, 191, 202, 240–
    244, 251–253, 259, 260, 262
Wittgenstein, Margarethe 137

Volker Spierling

Kleine Geschichte der Philosophie

50 Porträts von der Antike bis zur Gegenwart. 374 Seiten. Serie Piper

Wer sich mit der Philosophie beschäftigen möchte, stellt bald fest, daß es kaum eine leichtverständliche Einführung gibt. Volker Spierlings Kleine Geschichte der Philosophie des Abendlandes füllt diese Lücke auf amüsante Weise. Sie präsentiert fünfzig der wichtigsten Philosophen von Thales bis Popper, stellt deren Denken in den Zusammenhang ihrer Lebensumstände und gibt weiterführende Hinweise zum Studium ihrer Werke. Sie setzt nichts voraus als die Bereitschaft zu freiem, spielerischem Denken und ist für junge Leser besonders gut geeignet.

»Philosophie ist für alle da. Ihre Fragen gehen jeden an, und ihre Antworten ermuntern zum Nach- und Weiterdenken, bereichern und gestalten die eigene Geisteshaltung.« Diese Überzeugung ist Volker Spierling aus seiner langjährigen Lehrtätigkeit erwachsen und liegt der »Kleinen Geschichte der Philosophie« zugrunde. Fünfzig Philosophen von der Antike bis zur Gegenwart werden vorgestellt, und es werden die zentralen Punkte ihres Denkens erläutert. Die Auswahl der Philosophen repräsentiert annähernd das gesamte Spektrum der abendländischen Philosophie.

»In der Philosophiegeschichte ist nichts aus zweiter Hand. Volker Spierling entwickelt seine Porträts aus den originalen Texten, und er will die Neugier des von speziellen Vorkenntnissen unverdorbenen Lesers auf das authentische philosophische Wort lenken.«
Albert von Schirnding.
Süddeutsche Zeitung

»Die Gliederung ist bis ins Detail übersichtlich und wohldurchdacht, die Sprache auch für den philosophischen Laien verständlich. Spierling läßt, wo es nur geht, die Philosophen selbst zu Wort kommen und hält die eigene Wertung zurück. Das macht Appetit auf mehr. Wer jetzt zum Original greifen will, findet im kommentierten Werkverzeichnis ein nützliche Orientierungshilfe.«
Bild der Wissenschaft

SERIE PIPER

SERIE PIPER

Robert C. Solomon, Kathleen M. Higgins

Eine kurze Geschichte der Philosophie

Aus dem Amerikanischen von Sonja Hauser.
243 Seiten. Serie Piper

Ob Buddha, Konfuzius, Sokrates oder Descartes, Spinoza, Kant, Hegel, Marx und Simone de Beauvoir: Für diese und viele andere bedeutende Philosophen war die Liebe zur Weisheit die Mitte ihres Lebens. Sie haben mit ihren Ideen das Denken und die Geschichte der Menschheit beeinflußt. Robert C. Solomon und Kathleen M. Higgins erzählen von den großen Zusammenhängen und lassen die Unterschiede und Ähnlichkeiten im Denken der wichtigsten Philosophen deutlich werden. Ein informativer und erfrischender Reiseführer durch mehr als dreitausend Jahre Weltphilosophie.

Einstein sagt

Zitate, Einfälle, Gedanken. Herausgegeben von Alice Calaprice. Vorwort von Freeman Dyson. Betreuung der deutschen Ausgabe und Übersetzungen von Anita Ehlers. 280 Seiten mit 26 Abbildungen. Serie Piper

Mit Einstein ist es wie mit Gothe: Mit einem Zitat von ihm liegt man immer richtig! Er formulierte glänzend und einfallsreich, seine Worte und Sprüche waren nicht nur witzig, sondern hatten auch bedenkenswerten Tiefgang. Die hier versammelten fünfhundert Einstein-Zitate ordnen zum ersten Mal seine Gedanken und Ideen nach Themen: der Leser findet also Einsteins Äußerungen über sich selbst, Deutschland, Amerika, die Juden und Israel, den Tod, die Ehre und die Familie, Krieg und Frieden, Gott und Religion, Freunde, Wissenschaftler und die Frauen. Er selbst würde vermutlich über die Sammlung seiner geflügelten Worte schallend lachen und seinen Stoßseufzer von 1930 wiederholen: »Bei mir wird jeder Piepser zum Trompetensolo!«

05/1242/01/L

Robert Levine

Eine Landkarte der Zeit

Wie Kulturen mit Zeit umgehen.
Aus dem Amerikanischen von
Christa Broermann und
Karin Schuler. 320 Seiten.
Serie Piper

Um herauszufinden, wie Menschen in verschiedenen Kulturen mit der Zeit umgehen, hat Levine mit Hilfe von ungewöhnlichen Experimenten das Lebenstempo in 31 verschiedenen Ländern berechnet. Das Ergebnis ist eine höchst lebendige Theorie der verschiedenen Zeitformen und eine Antwort auf die Frage, ob ein geruhsames Leben glücklich macht.
Können Sie sich vorstellen, ohne Uhr zu leben? Können Sie auf Pünktlichkeit bei sich und anderen verzichten? Können Sie ruhig und gelassen im Stau stehen, wenn ein wichtiger Termin ansteht? Der Wissenschaftler Robert Levine hat das Verhältnis des Menschen zur Zeit in 31 verschiedenen Ländern untersucht und ebenso ausgeklügelte wie ungewöhnliche Experimente entwickelt, um die Unterschiede im Lebenstempo zu ermitteln. Dabei wird deutlich, daß das Zeitgefühl eines Kulturkreises tiefe Konsequenzen für das körperliche, seelische und soziale Wohlbefinden seiner Menschen hat. Levine beschreibt die »Uhr-Zeit« im Gegensatz zur »Natur-Zeit« – dem natürlichen Rhythmus von Sonne und Jahreszeiten – und zur »Ereignis-Zeit« – der Strukturierung der Zeit nach Ereignissen. Robert Levine glückte ein anschauliches und eindrucksvolles Porträt der Zeit, das dazu anregt, unser alltägliches Leben aus einer anderen Perspektive zu betrachten und ganz neu zu überdenken.

»Eine ausführliche und unterhaltsame Kulturgeschichte, die die Zeitmeßgeräte ebenso behandelt wie den Umgang mit Pünktlichkeit in aller Welt, die Zeit als Machtinstrument oder die Frage, wo bei aller Hektik in Europa la dolce vita geblieben sei.«
Der Spiegel

SERIE PIPER

SERIE PIPER

Jeanne Hersch

Das philosophische Staunen

Einblicke in die Geschichte des Denkens. Aus dem Französischen von Frieda Fischer und Cejatan Freund. 354 Seiten. Serie Piper

Selten zuvor haben Menschen so dringlich nach dem Sinn ihres Lebens gefragt, haben sie angesichts der Entwicklungen der Gegenwart vor so schwerwiegenden Entscheidungen gestanden. Das Bedürfnis nach philosophisch-gedanklicher Durchdringung dieser Probleme ist weit verbreitet. Es fehlen jedoch die Ausdrucksmittel, die Kenntnis möglicher philosphischer Standpunkte; es fehlt vielleicht jene geistige Beweglichkeit, die aus der Beschäftigung mit den Gedanken und Einsichten der großen Denker herrührt. Diesem Mangel versucht die Genfer Philosophin Jeanne Hersch abzuhelfen. Ihr Buch, das sich bewußt an ein philosophisch interessiertes allgemeines Publikum wendet, verfolgt drei Ziele: Es möchte mit den großen Epochen der Philosophiegeschichte bekanntmachen, die Werkzeuge philosophischer Reflexion bereitstellen: Begriffe, Denkschemata, Problemstellungen. Vor allem aber möchte es den Leser dazu bringen, das schöpferische Staunen der großen Philosophen denkend nachzuvollziehen und die Gegenwartsfragen philosophierend aufzugreifen.

Peter D'Epiro, Mary Desmond Pinkowish

Sieben Weltwunder, drei Furien

Und 64 andere Fragen, auf die Sie keine Antwort wissen. Aus dem Amerikanischen von Thorsten Schmidt. 443 Seiten mit 8 Abbildungen. Serie Piper

Kennen Sie die 3 Hauptsätze der Thermodynamik, die 3 Instanzen der Psyche und die 3 Furien? Wer sind die 4 apokalyptischen Reiter, und was sind die 5 Säulen des Islam? Können Sie die 10 Gebote aufsagen und die Namen der 12 Ritter der Tafelrunde nennen? Dieses Lexikon gibt, nach der Zahl geordnet, unterhaltsam und fundiert Antwort auf 66 Fragen, die man einmal wußte, inzwischen wieder vergessen hat – und nun in diesem Buch nachschlagen kann.

»Eine amüsante Tour de Force durch den klassischen Bildungsfundus.«
Die Presse Wien

Michael Wittschier

Abenteuer Philosophie

Ein Schnellkurs für Einsteiger. 176 Seiten mit zahlreichen Abbildungen. Serie Piper

Philosophie macht Spaß, meint der Autor, und führt seine Leser in das Abenteuer des philosophischen Denkens ein. Dazu stellt er kurze klassische Texte vor – von Sokrates, Descartes, Kant – sowie moderne Autoren und illustriert seinen Philosophiekurs für Einsteiger mit amüsanten Beispielen, witzigen Comics und mit Denksportaufgaben, die es in sich haben.

Ein Reiseführer durch die Welt der Philosophie einmal anders – überschaubar und auf jeder Station voller Anregungen. Ausgehend von alltäglichen Lebenssituationen, animiert Michael Wittschier den Leser zu eigenen Fragen, zu Zweifeln und zu philosophischem Staunen. Zugleich stellt er die Ansichten und Einsichten großer Philosophen zu den Themen Wahrheit, Wirklichkeit, Erkenntnis und Moral so vor, daß man lähmende Schulerinnerungen getrost vergessen kann.

SERIE PIPER

SERIE PIPER

Ernst Peter Fischer

Aristoteles, Einstein & Co.

Eine kleine Geschichte der Wissenschaft in Porträts. 447 Seiten. Mit 26 Abbildungen. Serie Piper

Wer sind die Menschen, die in die Geschichte der Wissenschaft eingingen? Was wissen wir über ihr Leben, ihr Werk, ihre privaten Vorlieben und Gewohnheiten? Ernst Peter Fischer weckt in diesem Buch die Neugier auf die Wissenschaft und ihre »stillen Stars«. In sechsundzwanzig leicht und vergnüglich zu lesenden Porträts stellt er die Großen der Wissenschaft von der Antike über das mittelalterliche und moderne Europa bis in unser Jahrhundert vor. Er erzählt unter anderem von Bacon, Galilei, Kepler und Descartes, den vier Wissenschaftlern, die vor vierhundert Jahren die Wende zur Moderne möglich machten, und von Newton, Marie Curie und Albert Einstein. Ernst Peter Fischer zeigt, wie spannend die Geschichte der Wissenschaft und ihrer Protagonisten ist, wenn sie mit biographischer Neugier erzählt wird.

05/1190/01/L

Ernst Peter Fischer

Leonardo, Heisenberg & Co.

Eine kleine Geschichte der Wissenschaft in Porträts. 361 Seiten. Mit 41 Abbildungen. Serie Piper

In unserem Alltag sind die Wissenschaften allgegenwärtig. Wer aber waren und sind die Menschen, denen wir die entscheidenden Forschungen verdanken? Der anerkannte Wissenschaftshistoriker Ernst Peter Fischer hat nach seinem erfolgreichen Buch »Aristoteles, Einstein & Co.« zwanzig neue Porträts großer Wissenschaftler geschrieben. Unter anderem erzählt er vom Universalgenie Leonardo da Vinci, der Naturforscherin und Künstlerin Maria Sybilla Merian und dem Mathematiker und Philosophen Gottfried Wilhelm Leibniz. Die berühmten Quantenphysiker Max Planck, Werner Heisenberg, Erwin Schrödinger und Wolfgang Pauli werden ebenso porträtiert wie Konrad Lorenz, Francis Crick und James D. Watson. In Fischers unterhaltsamer »wissenschaftlicher Hintertreppe« verbinden sich Vergangenheit und Gegenwart in den Geschichten berühmter Frauen und Männer.

05/1191/01/R

Sven Ortoli
Nicolas Witkowski

Die Badewanne des Archimedes

Berühmte Legenden aus der Wissenschaft. Aus dem Französischen von Juliane Gräbener-Müller. 192 Seiten mit 25 Abbildungen. Serie Piper

Wußten Sie, daß Archimedes nicht nur in der Badewanne nachdachte, sondern auch in Waffengeschäfte verwickelt war? Und stimmt die Geschichte von dem Schmetterling und dem Wirbelsturm wirklich? Die berühmtesten Legenden aus der Wissenschaft werden in diesem vergnüglichen Buch zugleich entlarvt und ernst genommen.

Wer glaubt, Archimedes habe das hydrostatische Prinzip in der Badewanne entdeckt, Newton das Gravitationsgesetz durch den berühmten Apfel erkannt und Kekulé die Benzolformel geträumt, der kann sich hier eines Besseren belehren lassen. Die beiden französischen Journalisten Sven Ortoli und Nicolas Witkowski gehen die berühmten Legenden der Wissenschaft ganz respektlos an: Sie haben eine Vielzahl von Geschichten und Mythen aus dem Poesiealbum der Forschung unter die Lupe genommen und auf ihren Wahrheitsgehalt untersucht. Ausgestattet mit feiner Ironie, totaler Skepsis gegenüber gängigen Klischees und mit viel Sinn fürs Paradoxe, zeigen sie, daß zwischen Wissenschaft und ihren Mythen kein Widerspruch bestehen muß.

»Die französischen Physiker und Journalisten Sven Ortoli und Nicolas Witkowski haben ein Schatzkästchen solcher Erzählungen zusammengetragen, ein Kompendium von Legenden, von denen die meisten auch das Menschliche im Rationalen dekuvrieren. In ihrer anekdotischen Form bewahren diese Geschichten von Sternstunden der Wissenschaft den Sinn für das Scheitern der Vernunft. Denn sie alle zeigen, daß der Mythos sein vermeintliches Gegenteil durchkreuzt. Auch heute gibt es kein Verstehen ohne Mythen.«

Frankfurter Allgemeine Zeitung

SERIE PIPER

SERIE PIPER

Karl R. Popper

Auf der Suche nach einer besseren Welt

Vorträge und Aufsätze aus dreißig Jahren. 282 Seiten. Serie Piper

Karl Raimund Popper zählt zu den bedeutendsten Philosophen dieses Jahrhunderts. Sein »kritischer Rationalismus« und seine Konzeption der »offenen Gesellschaft« haben nachhaltigen Einfluß auf die Philosophie, die Wirtschafts- und Sozialwissenschaften und auf die Politik der westlichen Welt ausgeübt – sie tun dies bis heute. Der vorliegende Band – vom Autor selbst gestaltet – versammelt zentrale Vorträge und Aufsätze Poppers aus dreißig Jahren. Die Texte faszinieren durch ihre lebendige und klare Sprache. Sie konfrontieren den Leser mit Poppers großen Themen und mit der Vielfalt seines Denkens.

»Die Textsammlung ist selbst für versierte Popper-Kenner noch anregend und aufschlußreich.«
Das Parlament

»Wer Popper wenig oder nicht gelesen hat, wird hier einen vortrefflichen Überblick über sein Denken gewinnen.«
Die Presse

Platon

Drei große Dialoge

Phaidon · Das Gastmahl· Phaidros. Aus dem Griechischen von Arthur Hübscher. 320 Seiten. Serie Piper

»Phaidon«, »Das Gastmahl« und »Phaidros« zählen zu den wichtigsten Dialogen in Platons Werk. Im fragenden Gespräch mit Sokrates führen sie zur dialektischen Erkenntnis des Guten und der Tugend und schließlich zu den Ideen. In »Phaidon« berichtet Platon über die letzten Stunden seines Lehrers Sokrates und die Unsterblichkeit der Seele. Im »Gastmahl« spricht er von seiner Begegnung mit Diotima und vom Wesen der Liebe. Und in »Phaidros« schließlich, entstanden in der Reifezeit des Philosophen, sucht er das Wesen der Seele zu ergründen.

»Mit Platon fängt die philosophische Wissenschaft an.«
Georg Wilhelm Friedrich Hegel

Verlag Rogner & Bernhard
(Bücher von R & B nur bei Zweitausendeins, Tel. 069-420 8000, www.Zweitausendeins.de)

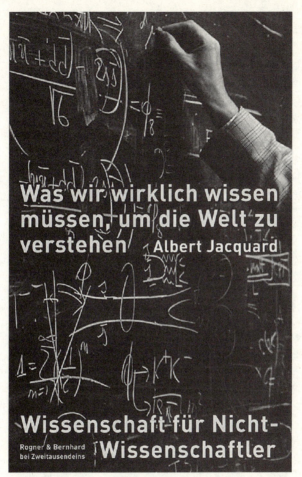

Deutsch von Michael Hein, 240 Seiten, geb., € 14,95

»Sie träumen davon, alles über das Plancksche Wirkungsquantum, Cantors Unendliche, die Relativitätstheorie zu wissen, aber Sie haben sich nie getraut, danach zu fragen? Der Genetiker Albert Jacquard, unermüdlicher VIP der Naturwissenschaft, beweist uns nach A plus B, das das alles ein Kinderspiel ist. Ebenso klar wie gelehrt geschrieben, liest sich sein Essay wie ein illustrierter Roman.« *France Madame*